药品帝国
一部公共医药垄断史

OWNING THE SUN
A PEOPLE'S HISTORY OF MONOPOLY MEDICINE
FROM ASPIRIN TO COVID-19 VACCINES

〔美〕亚历山大·扎伊奇克（ALEXANDER ZAITCHIK） 著
贾 容 译

中国出版集团
中译出版社

OWNING THE SUN

Copyright © 2022 by Alexander Zaitchik
Published by arrangement with Salky Literary Management, LLC in conjunction with Claire Roberts Global Literary Management, through The Grayhawk Agency Ltd.
The simplified Chinese translation copyright © 2025 by China Translation & Publishing House
ALL RIGHTS RESERVED.

著作权合同登记号：图字 01-2024-1013 号

图书在版编目（CIP）数据

药品帝国：一部公共医药垄断史 /（美）亚历山大·扎伊奇克（Alexander Zaitchik）著；贾容译. 北京：中译出版社，2025. 4. -- ISBN 978-7-5001-7287-1

Ⅰ. F471.267

中国国家版本馆CIP数据核字第2025D8E083号

药品帝国：一部公共医药垄断史
YAOPIN DIGUO: YI BU GONGGONG YIYAO LONGDUAN SHI

出版发行	中译出版社
地　　址	北京市西城区新街口外大街 28 号普天德胜大厦主楼 4 层
电　　话	(010)68005858，68359827（发行部）
邮　　编	100088
电子邮箱	book@ctph.com.cn
网　　址	http://www.ctph.com.cn

出 版 人	刘永淳
出版统筹	杨光捷
总 策 划	范　伟
策划编辑	赵　青　朱安琪
责任编辑	黄亚超
文字编辑	赵　青　马雨晨
封面设计	潘　峰

排　　版	北京竹页文化传媒有限公司
印　　刷	山东新华印务有限公司
经　　销	新华书店

规　　格	710 毫米 ×1000 毫米　1/16
印　　张	21.75
字　　数	261 千字
版　　次	2025 年 4 月第 1 版
印　　次	2025 年 4 月第 1 次印刷

ISBN 978-7-5001-7287-1　定价：89.80 元

版权所有　侵权必究
中 译 出 版 社

献给
阿尔芭(Alba)和伊齐(Izzie)

由公共资金资助的发明应使公众受益,而不应成为纯粹的私人垄断品,因为垄断可能会使公共资金资助的技术受到抑制、限制使用,抑或使之变成一种为满足私人利益而强行榨取公众的工具……公共控制将确保发明被无偿而平等地享用……也将避免经济权力过度集中在少数几家大公司手中……美国进行或资助的科学和技术研究是一项巨大的国家资源,在实际和潜在价值上可与19世纪开放供解决的公共领域相媲美……一般而言,政府资助的技术的最佳处置方式是向公众无偿开放……并尽可能广泛地传播科学进步的好处。

——1947年美国司法部部长就政府专利实施和政策问题提交给美国总统的最终报告

目　录
CONTENTS

引　言　i

第 一 章
发端：伟大的美国专利之兴　001

第 二 章
科学共和国里的医学道德　023

第 三 章
禁忌之亡　瓶中阳光　051

第 四 章
瑟曼团队：抵制垄断的罗斯福新政　065

第 五 章
瓜分无尽的前沿：专利、青霉素和超强科学　081

第 六 章
大型药企的诞生和改革的幽灵　107

第七章
制造怪物 139

第八章
黑色药丸：新自由主义和芝加哥转变 161

第九章
《贝多法案》和"里根加速" 183

第十章
关于史上最贵的药物：非专利药、齐多夫定和艾滋病 203

第十一章
世界贸易组织：历史尽头的药物垄断 229

第十二章
新型冠状病毒感染和一如既往的商业之争 259

第十三章
药企的"最佳伙伴"：比尔·盖茨和新型冠状病毒感染 275

第十四章
黑匣子里的冠上宝石：商业秘密和谎言 291

关于参考文献的说明 311
致　谢 327

引　言

药品的由来很有可能始于炼金术，它是冶金术和"魔术"的融合。炼金术士为了超越自然，追求永恒生命，获得把铅变为银、把铜变为金的法力而探索自然。虽然他们梦寐以求的炼金术圣杯——"贤者之石"从未被找到，但炼金术士在失败中获得的认知奠定了近代化学和药学学科的基石，并从中衍生出一个产业，该产业在 20 世纪终于把"将基本元素变成珍贵黄金的魔法"化为现实。

请考虑下述情况。2000—2018 年，全球最大的 35 家药物公司报告的累计毛利润几乎达到 9 万亿美元。与此同时，世界上所有黄金储备的价值总和最高也才刚刚 7 万亿美元出头。这一壮举背后的魔力与将普通分子合成更有价值的分子无关，实施"魔法"的"梅林法师"也不是研究该产业的科学家和技术人员，而是专利律师和游说者。这些公司售卖的产品当然有价值，但其价值绝不至于高得超过全部已开采的黄金。科学一旦向大众公开就能被复制和效仿，且大部分情况下效仿起来很容易。制药产业积累起来的这般财富是只能借由垄断的"政治魔法"才能创造出来的。倘若政府停止授予、执行和延长药品生产及销售的专有权，那么从公共投资和人类疾病中攫取私人财富的权力,就会如同传说中用炼金术提纯骨粉得到的磷自燃一样消失殆尽。

本书不讨论如何加速灭亡医药垄断,也不论述能够取代垄断药品来造福人类的替代药物。本书将从最早因授予挽救生命的发明垄断权而引发的道德和实用价值的辩论,到华盛顿强制使这种权利全球化,讲述一个关于医药垄断如何形成的故事。当前,互联网上有医疗众筹,马丁·施克雷利(Martin Shkreli)和对冲基金对于"谁能活下去、可以活多久"持有话语权,流感大流行期间生物技术领域不断产生亿万富翁,而疫苗工厂却停产闲置,还有游说、宣传和营销机器保护着该体系,为防止深谙其腐败和不公本质的民众对它爆发出强烈的愤怒。本书即是上述种种现实的长篇前传。

关于这个前传故事,药物公司曾花重金反复兜售自己撰写的版本,它在业内的专有名称就是"药品故事"。故事里说,垄断及其产生的巨额利润本身就能激励并产生创新。这个体系毫无问题,任何对它的干扰都将让人类付出高昂代价。异见者、批评家以及认为上述故事是危险谎言的反对人士则另有一套说辞。这些人在医药垄断发展的每一步发出挑战、步步紧逼,以"民主之声"回应英王亨利四世(King Henry IV)——他曾在1404年颁布法令,将通过炼金术手段"使用倍增工艺私造黄金和白银"定为重罪。亨利四世的《反倍增工艺法案》(The Act Against Multipliers)不是为了禁止异教徒仪式,也不是要表明反对超自然犯罪的立场,而是对私人财富采取先发制人的一击,避免其力量壮大以致对抗王权。几个世纪后,同样的恐惧激发了共和主义人士强烈反对北美殖民地上发生的垄断。这种反对的思潮在美国独立之后仍然存在,并且周期性地反复出现,强度不一。自第二次世界大战起,美国的制药产业就成了本国民主本能的固定目标，这种本能根深蒂固却被压抑，它倾向于广泛的公共利益，而不是狭隘的私人利益。

在过去近70年间，制药产业已发展得相当庞大，向这样庞大的目标挥拳绝不可能打偏失手，以至于不蒙上双眼就对它动手反倒觉得有失公允。不过，正是这丑陋的硕大身躯使它变得邪恶狡猾、难以制服。在亨利四世、托马斯·杰斐逊（Thomas Jefferson）和路易斯·布兰代斯（Louis Brandeis）看来，倘若任凭私人财富超乎常规地剧增，最终它的力量将挣脱所有的社会束缚。终有一天醒来，你会发现"梅林法师"已经"加冕为王"了。

1936年召开的民主党大会上，富兰克林·德拉诺·罗斯福（Franklin Delano Roosevelt）发表的著名演说就是在警示这种情况的发生。尽管罗斯福是向无名的"经济保皇派"宣战，但新政派明白，真正的目标是保皇派强大权力的无形根源——管制不力、法律缺失以及腐朽的法令法规，它们使垄断者控制了经济命脉，威胁了美国的自治实验。新政后期的一个重要问题是专利，但尚未明确特指药品专利。在20世纪30年代，制药产业正处在痛苦蜕变、奋力挣扎的最后阶段。它在去除自身反垄断传统的残余，呈现出罗斯福在演说中所指"新经济王朝求权若渴"的思想倾向和特征。学术研究界、制药界、街头药商或是有组织的医学界中听过那段演说的人肯定也听到了它的回声，这段敏锐而深刻的反垄断布道的回声会响彻美国医学界的广袤天穹很长时间。

至第二次世界大战结束，制药产业几乎切断了同反垄断传统的全部联系，此时美国政府已开始布置史上最慷慨的科学研究赠予。公共利益和私人利益双方对科学监护权的争夺将贯穿本书后续篇幅，这种故事情节由赋予医药知识或任何知识与单簧管或拖拉机相同的财产地位所产生的内在张力驱动。我们早已感觉不到这其中有任何异样，但"知识产权"的概念，即便不是自相矛盾的，也是违反直觉的。假设你有一头奶牛，而邻居把它偷走了，你就失去了它。把这件事放在任何文化里考量——东方或西方、古代或现代——都会有某种形式的复仇或是法律补救手段。不过，假如你发现了一种让牛奶喝起来更健康或更安全的加工方法，你的邻居效仿你的方法，让他的奶牛产的奶也更健康或更安全，如果这被判为"偷窃"或是其他应受惩罚的罪行的话，舆论的天平会重重地倒向判决的对立面。这是因为邻居虽占有了你的想法，但并不减损你对该想法的持有。事实上，反对这种判决是有道理的：科学知识，尤其与食品和医药有关的科学知识，是一种公共产品，知识传播得越广泛，产生的利益就越大，例如疫情期间以最低成本来实现利益最大化的疫苗生产。经济学家称这样的公共产品具有"非对抗性"，正如托马斯·杰斐逊所说："从我这里获得想法的人，他得到了教诲而没有减损我的想法；正如用烛芯从我这儿取火的人，他拥有了光明也未让我处的光线变暗。"

我们会发现，当今的社会经济体系常常让人产生一种必然和永恒的压抑感，但即使缩小历史视野也于事无补。如果人们相信某件事一直如此，就很难想到去改变它。就目前而言，在世界贸易组织（World Trade Organization，简称 WTO 或世贸组织）强制施行的知识产权制度是弃是留的争议中可以明显地看到这一点。同 1980 年出生的人聊天时，你大概率会发现他们认为 WTO 是一直存在的，堪称全球贸易的一座"泰姬陵"。但就在他们曾经生活的一段岁月里，美国的医药垄断不仅被广泛谴责，更是不被承认，而 WTO 强力推行的知识产权制度则只被看作辉瑞公司（Pfizer）少数高管主观扭曲的幻想罢了。如果你出生于 1975 年，如今的制药强国瑞士彼时还没有授予任何药品专利权,但到了1977年,情况就变了。在意大利和瑞典,同样的变化发生在1978年。而在西班牙,直到1992年情况才不一样了。

早在医药成为垄断争论的议题之前,许多国家不愿接受"占有想法"这个一般性的英美概念。就垄断权作为发明奖励的合理性和价值意义所展开的争论,如暴风骤雨般裹挟着整个欧洲走过19世纪,进入20世纪。在1912年以前,荷兰骄傲地坚持着被其称为"发明的自由贸易"的做法。在这场旷日持久的辩论中,对知识产权最严厉的声讨并非来自左翼期刊,而是来自《经济学人》(The Economist),这本杂志的编辑们要求废止英国的专利制度。1850年,《经济学人》主张发明人要"确立本人发明的所有权",首先必须"放弃从他人的知识和发明中获得的所有知识和帮助……这是不可能办到的,而这表明,每一个人的思想和发明实际上是全社会脑力整体的一部分,故其发明并非私人所有"。

最终,自由贸易者和自由主义人士输掉了这场辩论。20世纪早期,专利垄断作为各种各样发明发现的奖励,成为工业化国家的常态。只有一大例外:如果说人们对医药专利史还略知一二的话,那他们就该知道乔纳斯·索尔克(Jonas Salk)研制的脊髓灰质炎疫苗不属于任何人的专利。因为就在20世纪50年代,索尔克研发的疫苗宣布成功这一重磅新闻发布的那天,他在电视直播上说了这样一句话:"你能为太阳申请专利吗?"他用寥寥数语发出永恒的反诘,直戳问题的核心,重启了"二战"后对药品问题的辩论。

围绕这句妙语的诸多细节都值得回味。在与脊髓灰质炎疫苗相关的所有科学和技术知识对大众公开之后,美国政府与几家药物公司签署了生产协议,把每剂疫苗的价格上限硬性设定在生产成本的3倍。药物公司对用于生产的基础设施建设费用提出了补偿要求,但遭到了政府拒绝——这些公司拿钱做事，还赚了钱，这就够了。疫苗临床试验在全美国范围内取得成功后，德怀特·艾森豪威尔（Dwight Eisenhower）发表讲话，宣布"疫苗的全部制造细节以及注射疫苗的技术将赠予每一个乐意接受这一知识的国家，包括苏联在内"。

与之相对的是下述企业"疫苗民族主义"①（vaccine nationalism）上演的《奇爱博士》式②（Strangelovean）喜剧。2020 年 5 月，美国联邦政府宣布的旨在加速疫情相关研究的"曲速行动计划"（Operation Warp Speed），使疫苗产业此前每年享有的 420 亿美元津贴进一步上调，疫苗公司得以继续控制专利权而不用受定价限制或承担向世界其他地区转让技术的责任，还把由此产生的疫苗垄断当成医疗主题的《谍对谍》（Spy vs. Spy）卡通片中的国家安全机密来处理。第一批也是当时认为最有效的一批新型冠状病毒感染（COVID-19）疫苗，是基于主要由美国国立卫生研究院（National Institute of Health，简称 NIH）开发的信使核糖核酸（mRNA）技术研制的。尽管许多专利归美国政府所有且与之利害相关，但面对商业合约商莫德纳公司（Moderna）时，美国政府得心应手地扮演起了巴结讨好的初级合伙人角色。2020 年 3 月上旬，一群众议院民主党人试图就新型冠状病毒研究的首批 80 亿美元津贴部分来设立一些温和的限制条款，但药物公司和生物技术公司启动游说机器，轻易地将他们甩开了，如同对付小人国里的矮人，毫不费力。制药产业在华盛顿的代表史蒂芬·乌布尔（Stephen Ubl）对立法者发出警告，称如果与政府合作，哪怕是非

---

① "疫苗民族主义"是指部分发达国家为本国民众大量囤积疫苗的现象。——编者注
② 《奇爱博士》（Dr. Strangelove or: How I Learned to Stop Worrying and Love the Bomb）是美国导演斯坦利·库布里克（Stanley Kubrick）根据彼得·布莱恩·乔治（Peter Bryant George）的小说《红色警戒》（Red Alert）改编的黑色幽默电影，对不加约束的科技发展和军备竞赛进行了讽刺性的揭示。——校译者注

常有限的合作，也会导致产业知识产权受损；抑或受制于政府定价的话，那么整个产业会带走自己的技术并退出合作。

制药产业一直惯于下最后通牒——的确，这是一个靠着威胁手段建立起来的产业——而疫情盛行的大背景更突显了它的倒行逆施，反而对资助其工作、保护其经营模式的政府出言要挟。在私营部门内，发明的所有权归属于为发明买单的公司，这是标准政策，而美国政府没有对其国立卫生研究院资助的研究项目强制施行类似的做法则是一场错综复杂的背叛，后文将对此进行讨论。

数十年来，医药产业惯用的辩解之词是，只有垄断财富才能激励科学进步和医药创新。粗略地回顾一下历史以及惯常由各国（包括我们美国自己的）公共研究部门取得的突破性成果，便可识破这个彻头彻尾的谬论。早在第一家药物公司肆意提高价格之前，人类就在开发药品。自从牛痘（vaccinia）赋予了疫苗（vaccine）英文名①，各国政府就已经证实了其与私营部门进行交易而不失自身尊严与权威的可能性。同样荒谬的是，该产业宣称，削减其对大众科学的垄断控制会对自由市场原则产生冲击。但根本没有药品自由的市场。垄断权由政府批准授予并由其强制执行，这种双倍的人为垄断保护是制药产业发展壮大的根基，雪上加霜的是，源源不断的公共研究津贴资助了其几乎全部产品。2018年，唐纳德·特朗普（Donald Trump）向美国国会提交议案，建议削减这项津贴，支持自由市场体制的药物公司则大声抗议、叫苦不迭。这项提议终被推翻。

制药产业最后的招数便是发出险恶的恫吓，它声称，若稍有触犯它们的垄断禁地，人类社会势必难逃大衰退，重返希波克拉底

---

① 拉丁文"vacca"指"牛"，而"vaccine"的拉丁文词源"vaccinia"则与"一切关于牛的认知"有关。——校译者注

（Hippocrates）"四种体液学说"①的时代、水蛭吸血和破皮放血治疗的时代，以及分娩和普通感染致死的时代，这样的大衰退将无可挽回。若不以垄断收益引诱科学向前发展，生命将重归野蛮、苦短，只能依靠捣烂的根茎和药草苦苦支撑。这些财富正是由20世纪50年代以一系列专利抗生素为"印钞机"的公司创造的，它们系统性地错开抗生素处方或是加大医嘱规定的剂量，加速导致了当前的抗生素耐受危机。这种行径在美国市场受到监管限制之后，就转移到发展中国家继续，借虚假的适应证来推销品牌抗生素，对于研究结核病、恰加斯病、登革热以及众多其他影响"全球南方"国家10亿人口的疾病却不感兴趣。

20年前，该体系在应对非洲的艾滋病危机中表现糟糕，其合理性因而遭到了质疑和动摇。本书写作之时，21世纪的首场大流行病又考验着它是否该拥有对疫苗和药品的生产权利。2021年夏，正值我写作此书之际，七国集团（G7）国家的疫苗接种进展顺利，有望在当年年底实现全民接种。而低收入国家的疫苗接种进展缓慢，预计到2078年方可实现全民接种。然而，按药物和生物技术行业协会及其政治盟友所说，这是在干涉被称为《与贸易有关的知识产权协定》（Agreement on Trade-Related Aspects of Intellectual Property Rights，简称TRIPS协定）的知识产权制度。按美国贸易代表戴琪（Katherine Tai）的说法，TRIPS协定是一项"非凡举措"；事实上，TRIPS协定本身并无非凡之处，无视它的存在也没什么大不了的。和联合国《世界人权宣言》（Universal Declaration of Human Rights）在第二次世界大战之后表达全人类的抱负不同，TRIPS协定不代表

---

① "四种体液学说"是由被誉为西方医学奠基人的古希腊医者希波克拉底提出的病理学说，其认为人体由血液、黏液、黄胆汁和黑胆汁这四种体液组成。——编者注

"后'冷战'时代"的全球共识,本质上体现的是凶残且霸道的财团控制(corporate power)。据一位出席 TRIPS 协定制定大会的美国官员说,"不到 50 个人"就干成了这件事。勉强同意该协定的印度与会官员之一普拉巴特·帕特奈克(Prabhat Patnaik)则认为,这条通往 TRIPS 协定的道路是在"拙劣地模仿最疯狂的阴谋论"。

最终实现美国式医药垄断全球化的磋商,与其说是在谈判桌上,不如说是在肢刑架上进行的。要想执行像医药寻租这样奇特和普遍会遭到拒绝的概念,这是唯一之法。本书将讲述这样一个故事:历史上最糟糕的想法是如何与几个世纪的传统背道而驰,并最终深入人心、主宰世界的。

第一章

发端
伟大的美国专利之兴

人类初涉科学的尝试最早可追溯到石器时代末期。大约1万年前，新月沃地的村落通过观察和反复试验培植了亚麻、小麦和大麦。在同一时期的亚洲，人们也在做同样的事情，并发明了牦牛和野牛的新用处，从而节省了劳动力。自此，从美索不达米亚三角洲到中美洲的内陆帝国，科学、技术和艺术都在迅猛发展。知识的产生、传播和应用发生在各行各业，而今天的我们称之为"进步"：计时技术、冶金术以及天文学；玛雅人发现了数学概念"零"；埃及人开始测量分数；印度人制造了最早的秤；据说一位克里特岛国王用山羊的膀胱做了避孕套……人类的进步，不一而足。

在人类发明历程的早期就出现了医药的身影。通常认为，生活在大约公元前4000年的苏美尔人最先提出这一假说，很快便被用来发展医学以及手术产品和技术，苏美尔宗教把这些与神祇尼纳祖（Ninazu）关联起来。其象征符号是被蛇盘绕的神杖，代表健康与疾病、生命与死亡。该符号从古希腊、古罗马流传至今，频频出现在美国连锁医院和保险公司的商标中。

调制新的治疗药剂的不单是苏美尔人。我们记忆中那些用大篷车载着丝绸和香料往来穿梭的古代全球贸易之路，也为大量的草药贸易提供了便利，其中约有百种沿用至今：基列香膏、大麻（今为毒品）、鸦片（今为毒品）以及夹竹桃等等。

设想某个古代贸易商人从他的驮畜背上摔了下来，撞到了脑袋，如同19世纪时空穿梭文学作品中的主人公那样，他醒来时发现自己穿越到了21世纪。什么会令他最为困惑不解呢？当然不会是使用药粉、植物和血清来镇痛、消疹和治病。他很可能也看得出在获取医疗机会方面存在不平等，就像很多古代社会里医药专属于精英阶层一样，而大部分人治病只能依靠宗教仪式、迷信或是夜晚睡在供奉治愈之神的庙宇里。

令这位古代商人困惑且至今仍困扰大部分人的是，我们迷信于一股制约着现代酊剂、粉剂和血清的隐形力量，即使这些药剂所含成分的价格便宜、供应充足且制作它们的知识广为人知，这股力量还是限制了其制造和贸易。鉴于古时候宗教和医药密不可分，这位商人会毫不犹疑地认为这股力量代表了某个邪恶之神的愿望，或者可能本身就是神，向人类降下不可救治的疾病，从而以这种方式定期索取人祭。

这不会错的。

这股限制知识应用的隐形力量是欧洲重商主义的产物。在文艺复兴晚期的意大利，君主们开始以特定仪式宣告王室颁发特权，赐予控制个别商品甚至整个类别商品的生产与贸易的权利。特权条款在隆重的典礼上以宣读一封盖有国玺的公开信——拉丁文为"litterae patentes"，即"专利"——的方式被颁布出来。这种做法伊始，这些信件的意图就是大张旗鼓地承认其摩擦性矛盾的内核：授予私人独占原本人人可用的知识的权利。最先将有限的垄断权正式确定下来的君主们，预料到他们的行为会引发反感和异议，因而将这种特权作为一种统一君主、专利权人和整个王国利益的临时三方社会契约，而不是作为房屋或船队这类财产的所有权推出。专利特权在短期内只有利于特权获得者，但被包装成了一项值得众人赞美的事业——激励知识的广泛传播，从长远来看，这对君主及穷人都有好处。

16世纪和17世纪早期，这份三方社会契约在英国得到了进一步发展。在一场决定知识、实施及市场所有权的形式与期限的关于王室特权权限的斗争中，诞生了现代专利的雏形。引发那场斗争的问题在5个世纪后仍未解决：**知识产权真的促进了知识的传播和广泛的公共利益吗？还是说，它只是一块无耻地圈占公地的遮羞布，是承诺要促进、实则延缓前进脚步的私人利益的来源？**

这一问题引发的首次小规模政治冲突出现在女王伊丽莎白一世（Queen Elizabeth I）统治时期，当时统治阶级正处于15世纪英国因乡村圈地运动而引发的经济压力之下。在这场持久的土地变革运动发生之前，农民有权使用土地以及森林资源，并集体管理这些资源。剥夺农民的这份权利，实际上使得全英国的耕农失去了维持生计的基本物质基础。被剥夺了财产、身无分文的英国农民大军被迫成为新型封建佃农，以出卖劳动力赚取生存物资的雇佣体系逐渐兴起。这反过来迫使统治者扩增新产业充当社会安全阀。英国早期授予的很多专利都是用来吸引具备专业化知识的外国人前来帮助发展英国经济的。依据当时的情况，这些外国人的专业知识能够使新产业兴旺昌盛。一开始，这些知识会出现暂时性的垄断，等过了专利保护期限之后，通过普遍传播，这些外国人的知识就能使相关产品的物价下降，使英国国内的供应量或贸易量上升。

可是，女王伊丽莎白一世的专利政策时常在变。每当伊丽莎白一世招募发明家时，她就会给予宠臣特权，但除了他们自己和都铎王朝之外，没有任何人获得明显的好处。议会里出现了批评的声音，指责王室的特权授予令中对社会契约的宣扬是为肆无忌惮的分赃体系打掩护，这个体系导致物价人为地虚高，新技术和手艺的应用被阻碍，在延伸到印刷这个新行业后，又成为王室审查的有效工具。侵犯这些皇家垄断的人几乎没有追索权而成为私人专利警察的目标，这些警察既令人厌恶又令人恐惧。

早期英国专利涉及的领域有多宽，它在人们心中引起的不满就有多深。有些专利是有时间限制的，涵盖具体的发明或新颖的制造工艺；有些专利相当于对整个产业和贸易的永久控制权做了无偿转让；还有一类专利授予的是在执行前述两种专利时以向侵权者征收罚款或进行其他处罚方式获利的权利。专利警察履行了许多当今与管理国家相关的职能，他们既巡视监督生产制造的标准，又是社会控制的工具。

虽然与事实不符，但伊丽莎白一世统治时期的专利语言总是极力地推崇至高无上的公共利益。从它们的表述文字中可以看出，王室对垄断权的授予仍是以符合现代早期的公共产品概念为前提的。通过宣扬有关价格控制和获取的规定，他们预料到了"合理条款"的需要，也就是现代法律中规定政府资助研究的专利权分配的条款。这些公共利益条文是当时宣布新专利授权时王庭宣读的一部分。历史学家奥伦·布拉查（Oren Bracha）指出，伊丽莎白一世统治时期的专利颁授仪式是从详细叙述专利对公共的各种福祉开始的，其中很多在今天听来并不陌生，如有限垄断会增加就业机会，挽救"衰退的城镇"。

如果受让人滥用他们手上令人垂涎的垄断特权，或是没能兑现他们由王室担保的承诺，那么从理论上讲，君主可以撤回该专利权，并追索专利持有人的责任。但在实际操作中，这种情况很少发生。彼此关联的王室法庭资助人常常滥发专利特权，只为达到巩固其权力、积累其财富的目的，而将这份协议中承诺之事抛诸脑后。

随着滥发专利权之势日益显现，垄断专卖盛行，诸如食醋和果干之类的日常产品纷纷涨价，到了女王伊丽莎白一世统治末期，酝酿已久的不满情绪终于爆发。颇有威望的国会议员约翰·卡尔佩珀（John Culpeper）爵士把人数日趋庞大的王室专利持有人称为"满地爬行的一窝黄蜂或一群害虫……他们是嗜血的水蛭，狠狠地榨取着公共财富，几近疯狂"。

清教徒对王室专利权势的反对呼声高涨，这令年老的伊丽莎白一世感到惊恐。1597年，为了安抚对自己不满的人，她感谢他们使自己留意到这个问题，并恳请他们给予自己耐心和信任。她承诺，以后颁发专利权的决定将效仿更加严格的英国普通法的规定。女王曾在由掌玺大臣传达给议院的旨意中称，她的专利特许权是"她花园里的花魁、王冠和头饰上最贵重的珍珠"。

1603年，没有子嗣的伊丽莎白一世薨逝，这个问题交到了继承王位的詹姆斯一世（James I）手中。他被后世记住是因为他下令翻译了以他的名字命名的《圣经》译本，但他在世执政时，人们关注的则是专利争端议题——按历史学家克里斯·丹特（Chris Dent）的话说，"持续的'不满抱怨'推动着下议院和君主之间关系的发展演变"。

1624年，就在詹姆斯一世离世前不久，情况出现了转机。他在一项议会法案上做出妥协和让步，这便有了《垄断法》（Statute of Monopoly）。该法有效地禁止了"有悖于王国律令"的垄断，但同时沿袭了一部更加古老的威尼斯法律，容许一项重大的例外——新制造方法的"首个真正发明人"有资格获得一定期限内独家使用自己的发明并从中获利的权利。这项特权的有效期是14年，这是知识培养孵化的周期，也就是培养两批学徒掌握一门新技术或手艺的预估耗时。而到了第 15 年，知识将得到传播，该项发明也将供所有人享用。

与该法令颁布前的情况一样，宣称具有治愈功效的化合物或者发现，如果被认定是"新颖的物质组分"，则可被授予专利。但此类专利很少被颁发，首批能证实该规定的例外之一是 1693 年授予英国植物解剖学家尼赫迈亚·格鲁（Nehemiah Grew）的一项专利，奖励他发现了"净化之盐"的配方，其更为人熟知的名称是泻盐。

在 1688 年《权利法案》（Bill of Rights）赋予"英国人权利和自由"的 60 余年前，《垄断法》粉碎了强大的英国王室分赃体系，大大缩小了专利垄断的合法范畴。差不多 5 个世纪之后，《专利法》（Patent Act）保留着 1624 年《垄断法》的基本思路，假借发明者权利之名批准垄断，附属于这些权利的关乎社会利益的普通法条款也被编入其中。在垄断被判定为"不利于国家，导致国内日用商品价格上涨，或损害贸易，或造成普遍不便"的情况下，临时专权将被否决（误授的专权可以作废）。这是公众首次可以在民事法庭上对这些"造成不便的"专利提起诉讼，追索损失；同时，专利持有人相关诉讼豁免权被剥夺。至此，具有一定期限的现代发明专利及其符合公共利益的辩护之词和规定就形成了，并被奉为圭臬，经久不衰。

这反映了议会和新的重商主义阶级力量在崛起，在他们看来，王室对经济的控制威胁到了自身利益和社会稳定。《垄断法》颁布之前的数年里，失业率不断上升，贫困普遍存在，年年歉收更是加重了圈地运动造成的社会和经济紊乱。下议院里的改革派不仅包括反对王室的清教徒，也包括新贸易公司和联合股份公司的投资人，他们的背后是伦敦城里的金融资本家和权势日益高涨的债权人。他们认为，垄断扼杀了新产业的发展，降低了就业和投资机会。垄断是高墙，保护着从限制贸易所获的既得利益，而无益于新技术和手艺的推广——垄断是"商业瓶颈"，300年后，美国一位权威的专利垄断评论家如是说。君主与伦敦金融城之间不断恶化的债务纠纷使其在这场争论中处于不利地位。在这方面，1624年也为未来5个世纪的发展定下了基调，后世也会重复这种情形：知识产权领域重大的范式转变是由有权势的私人和具有国际意识的参与者推动的，他们只关心投资机会和贸易平衡。

1624年后的专利没有掀起大的政治风浪，但仍旧有悖常理。作为能为私人带去巨大利益的一项重要特权，若能承诺将带来人人可以享有的社会公共利益作为交换条件，它便是正当的。专利允许私人染指公共利益，只要承诺在不远的将来以数倍的利益偿还公众。当时和现在一样，这种取舍也备受质疑和争论。

载入《垄断法》的专利制度为美洲殖民地提供了效仿的榜样。第一个殖民地专利制度于1641年在马萨诸塞邦订立，其采用了英国的法令，禁止一切垄断，"但短时间内能使国家获益的新发明垄断除外"。与英国发生的情况相同，美国波士顿的殖民政府保留了在专利持有人开出"不合理"价格时取消该专利的权力，且有权在授予专利时制定该价格。

启蒙运动中普遍的"专利怀疑论"（Patent Skepticism）也在殖民地生了根。在这里，对待由英国模式发展而来的专利制度的热忱度本就不高，而无论这种知识垄断时效多么短暂、多么与王权分离，其合理性和好处都受到了深刻质疑，到了要酝酿国家立法之时，两种态度就免不了一番较量。

在费城举行的美利坚合众国制宪会议（简称制宪会议）的辩论临

近尾声时，专利问题被提了出来。那是1787年8月，天气出奇地炎热，制宪会议召开已接近3个月，在即将结束的时候，来自弗吉尼亚州的詹姆斯·麦迪逊（James Madison）和南卡罗来纳州的查尔斯·平克尼（Charles Pinckney）这两位美国南方人提出了专利议题。当时会上的反响很是冷淡。这并不难理解，毕竟与会代表们刚刚经历过一场反抗君主、追求独立的斗争，这名君主正是通过战略性的垄断手段对殖民地施加控制。他们的看法透着来自这场斗争以及约翰·洛克（John Locke）、亚当·斯密（Adam Smith）和会上的本杰明·富兰克林（Benjamin Franklin）等"专利怀疑论"权威人物观点的影响。麦迪逊和平克尼则是醒目的例外，他们发表讲话支持设立英国那样的联邦专利局。与会代表们对麦迪逊的观点已经有所了解，因为他在《联邦党人文集》（*Federalist Paper*）第43篇中以"普布利乌斯"（Publius）的名义，用大量的篇幅以功利主义和天赋人权为根据为版权和专利辩护，并得出结论："在这两种情况下，公共商品（版权和发明专利）与个人的权利要求完全一致。"

这一点对会上的很多人来说并非显而易见，但麦迪逊很有说服力，暗中从同样来自弗吉尼亚州的联邦党人乔治·华盛顿（George Washington）处得到不少支持。经过一轮短暂的辩论之后，9月5日，全体与会人员一致同意在新《美利坚合众国宪法》（简称美国宪法）的第1条第8款下增加一句条文。这句条文长期以来被称作"进步条款"（Progress Clause），近来则被称作"知识产权条款"（Intellectual Property Clause），授权国会"保证著作人和发明人在限定期限内对自己的著作和发明拥有专有权，以促进科学和实用技术的进步"，连同"商业与合同条款"（Commerce and Contract Clauses）一起成为美国宪法中列出的仅有的关于促进贸易和经济发展的国会权力。①

这里值得注意的是，麦迪逊受启蒙运动的影响，对专利垄断的热忱是有所克制的。他纵然在制宪会议上大力地推动专利垄断，但也对它保持警惕，理解那些对美国宪法保护专利特权仍持谨慎态度的人的论点。著名的专利批评者托马斯·杰斐逊，身在巴黎却依靠通信密切关注着制宪会议的进程。他在1788年写给麦迪逊的一封信中表示对建立美国专利局推广独家知识产权的这个想法感到担忧，认为这些权利带来的好处"太不确定了，不足以对抗因禁止这些权利而带来的好处"。杰斐逊在担任美国首位专利管理官员期间始终抱有这样的疑虑，一直到他1826年去世。

与亚当·斯密一样，杰斐逊也怀疑专利是否能起到所期待的功用，担忧专利可能会对进步产生同等甚至更大的阻碍作用。1813年，杰斐逊给宾夕法尼亚州的磨坊主伊萨克·麦克弗森（Isaac McPherson）写信道："总的来说，其他国家都认为这些垄断权给社会带来的更多是阻碍而非好处。我们可以看到，拒绝发明垄断的国家在新式实用的仪器设备方面取得的成果并不亚于英国。"

谈及人类自由，身为奴隶主的杰斐逊是彻头彻尾的伪君子，但论及知识产权，他确实做到了言行一致。他发明了一件可以降低麻秆加工所需劳动力的工具，但并没有为它申请专利，而是匿名公开了这项发明的设计规格，"是为了防止假冒专利持有人阻止别人使用该项发明"。

---

① 本着实验精神，美国一些开国元勋倾向于在制宪会议之后继续考虑替代英国模式专有权的其他方案。在1791年提交给国会的一份报告中，亚历山大·汉密尔顿（Alexander Hamilton）承袭亚当·斯密的观点，阐述激励发明同时收紧专利颁发的"金钱回报"制度——基本上就是奖励或奖金制度——的好处。这样的制度会减少垄断的数量，但不可避免地，让人担忧它将招致当权者对某些人的偏袒，转嫁风险给政府。——作者注

本杰明·富兰克林将永远成为共和党"专利怀疑论"的代表人物。举世闻名的富兰克林在 81 岁高龄时参加了在家乡城市举办的制宪会议，一时间成为最负盛名的美国人，以及那个时代还健在的最知名的科学家和发明家。关于富兰克林是否在美国宪法第 1 条第 8 款商议期间发表过意见，没有相关记录留存下来。据说，他保持缄默。无论他发表过怎样的言论，或是拒绝发声，都没有哪个代表在这个问题上的观点比他更清晰。因为在富兰克林划时代的一生中，他从没有为自己的任何一个想法、发现或发明谋求过专利。当这些机会摆在他面前时，他反其道而行之，常常不遗余力地反对拥有可信"所有权"的"唯一发明人"这一概念本身。富兰克林在自传中讲了一名英国五金商贩利用他本人已经公开发表的新型火炉设计蓝图获取专利而发了一点儿小财的故事，并借此阐明自己的立场。"我拒绝（专利）是出于我在这种情形下很看重的一项原则，"他写道，"**即因为我们从别人的发明创造中获得了巨大好处，所以我们应该为有机会以我们自己的任何发明来服务他人而感到荣幸，而且我们应该无偿慷慨地这么做。**"原文就以黑体的形式出现，显示出这条忠告对富兰克林本人而言犹如指引人生正确方向的座右铭。

每一个发现都是建立在前人发现的基础之上的，而每一代人不过是在不可控制、不可阻挡也不可能据为己有的知识洪流中贡献一些力量，这一观点成为那个年代专利辩论的一个重要主题。1781 年，宾夕法尼亚州的天文学家、富兰克林的同事欧文·比德尔（Owen Biddle）在美国哲学学会（American Philosophical Society）的讲话中滔滔不绝地谈论什么可称为"共和主义知识观"。他针对的是印刷业的问题而非专利本身，但其中暗含着明确的知识产权立场，为那些使美国成为"盗版书"出版中心而在欧洲声名狼藉的做法进行了辩护。

出版社批量生产副本的便捷以及书籍在各阶层人群中的传阅，使得每一项技术的发明或每一次科学的进步都如阳光普照一般在各处产生影响。简言之，这样的技术（指印刷）有着完美的共和主义本质，无论你是何人，它都给你带来同样的好处。

在比德尔看来，在蓬勃兴起的科学期刊地下市场中传播的知识，恰恰佐证了富兰克林对"独立进行的"发明及随后对发明相关知识提出所有权要求这一谬论的见解。"我们一切有价值的成就都是基于……历经千辛万苦获得的事实真相，"比德尔写道，"各种发明承前启后、缓慢而渐进地发展，任一发明都是由许多遥远的发明而来，也将开启许多其他遥远的发明，这种催生关系是不可预见的。"

美国独立战争后的一段时期为美国本土反专利运动提供了滋生土壤。席卷全美国的共和主义价值观认为，任何特殊的法律地位和特权都是危险的王权势力残余，有待嗅探、干预和盘问来确定它是否对美国构成威胁。这包括专利垄断和公司特许，它们被看作同一枚"非民主硬币"的两面。在授予政府拨款和豁免权的热烈争论中，公司特许被谴责为"重商主义垄断"，是不能见容于任何一个共和制国家的。"这些特许权和特许拨款在君主制国家作为'限制和约束绝对权力'的手段或许是合理的，"戈登·伍德（Gordon Wood）在其经典研究著作《美国革命的激进主义》（*The Radicalism of the American Revolution*）中写道，"但既然人民是唯一的统治者，授予这些公司特权似乎是极其有害的。"

早期美国人可能痛恨旧政体的一切余孽，但在专利垄断问题上并没有听从富兰克林和杰斐逊的教诲。他们频繁光顾专利局以至于杰斐逊不得不承认，哪怕专利制度本身没有引发发明热潮，那么至少能使"发明大量涌现,让我无法理解"的局面保持有序。临近19世纪时,每年数以千计的公民发明人带着新机器或新方法的草图出现在费城专利局。其中大部分内容涉及植物、庄稼和化学原料的加工处理。第1项美国专利于1790年7月由乔治·华盛顿签署,授予费城的塞缪尔·霍普金斯(Samuel Hopkins)生产化肥用钾肥(工业钾的前身)的新方法的14年专有权。1794年,第74项美国专利被授予康涅狄格州一位名叫伊莱·惠特尼(Eli Whitney)的教师,他因此实现了对一种加速原棉脱籽过程的关键机器的市场控制。

随着专利数量总体稳步上升,宣称有治愈疾病功效的药方专利也经历了短暂的繁荣。通常,这些药方不过是苦涩的安慰剂,其专利所有人承诺有奇效但又不提供无效退款保证。在那个时代,生病的人有充分的理由拒绝信任任何仍迷恋放血治疗和四种体液学说的医生。19世纪的美国人购买了数以百万计的品牌药剂,催生了以专利药为产品的家庭手工业。"专利药"这一说法的诞生和使用多有嘲弄之意,很快便演化成指代各种各样的功效存疑的万能药,与是否有专利无关了。让这些万能药手工业者团结起来的是压在他们身上的来自费城的正统医药守卫者的鄙夷和蔑视。与富兰克林、杰斐逊和比德尔一样受到共和思想和启蒙运动传统影响的、"有道德的"医生和药商们反对将医药、商业行为和垄断混为一谈,使"专利药"带上了江湖郎中医术低劣的骗人意味,就这样一直延续到20世纪。

医学界是唯一顽强抵抗专利的金城汤池。在它之外,1828年,随着安德鲁·杰克逊(Andrew Jackson)当选美国第7任总统,原先的共和党"专利怀疑论"在这个快速发展、一片繁荣的国度几近灭迹。开国一代的弗吉尼亚王朝和波士顿王朝退出了政治舞台,后来亦从世人的记忆中消失,随之而逝的还有那个时代对专利、联邦和开放科学固有的社会价值的理解，以及作为人文主义第一原则的广泛传播知识是为了知识更好地发展的思想。就此留下的空白为卑劣的价值观和定义杰克逊时代的专利思想所占据。

杰克逊和他的民主党同僚们对开国元勋们将专利视为一种双向社会契约的愿景几乎毫不在意。以 1836 年对专利系统的管理进行彻底改革作为开端，他们剥去了知识产权共和思想的外衣，将其作为普通产权重新引入专利和版权的概念——原本促进共同发展的义务被裁掉了，也不再受累于开国元勋们提出的关于建立永恒共享的人类知识宝库的启蒙运动设想。

1836 年，杰克逊签署《专利法案》（Patent Act）将上述变更制度化，也将原先人手不足、混乱不堪的专利局变成了井井有条的办事机构，监管官员明白自己的职责在于使专利权民主化。作为杰克逊改革中的一部分，专利局搬到了现为美国国家肖像画廊（National Portrait Gallery）的地方，在那里它见证了专利的一段迅猛增长期。在 1790 年至 1900 年间美国颁发的 65 万项专利中，那些在杰克逊时代前颁发的全部专利加起来只能算是涓涓细流，无法匹敌 1836 年《专利法案》激起的专利狂澜。这种激增在英国并没有出现，在那里，为殖民地提供蓝图的专利制度仍然与古老的"清教徒怀疑论"相结合。1839 年，美国联邦最高法院法官约瑟夫·斯托利（Joseph Story）注意到了两者的区别，认为美国对专利持有"自由而拓展的观点"，而英国对专利的理解则与之形成鲜明对比——专利"有垄断的本性，因此得严加监管"。

杰克逊重塑美国专利的关键盟友是一名来自缅因州的民主党参议员，以"专利局之父"著称的约翰·拉格尔斯（John Ruggles）。在杰克逊-拉格尔斯派看来，专利赋予的权利是一种有形货币，可与物质财产连带权利相媲美。与地皮或者机器的所有人一样,专利所有人可以依自己决定选择在其立界标出的知识土壤上耕种或是让它闲置。无论怎样选择,都不关政府的事。"利用(已授予专利的)创新来创造收益的决定,"赫伯特·霍温坎普(Herbert Hovenkamp)写道,"效仿物质财产法律,成了纯粹的个人行为。"与此同时,担忧经济发展的说辞"变得不再重要,日渐陈腐"。

早在1889年,马克·吐温(Mark Twain)的时光旅行小说《康州美国佬在亚瑟王朝》(*A Connecticut Yankee in King Arthur's Court*)中就出现了对杰克逊专利概念的讽刺。哈特福德一座工厂的工程师汉克·摩根(Hank Morgan)在头部受到重击后醒来,发现自己身处6世纪的英格兰,他很快就开始按美国19世纪的样貌重建卡米洛特王宫。"在我任首相后——也是在我走马上任的首日——我办的第一件公务就是设立专利局,"摩根叙述道,"因为我知道,没有专利局和完备专利法的国家就等同于只能横行或后退的螃蟹,无法走远。"

马克·吐温认为,汉克·摩根之所以坚定不移地信奉专利这种民间信仰,是因为他往昔生活的时代与南北战争后美国社会现实之间的关联日趋薄弱。在19世纪中晚期,大部分边远地区的发明家和作坊里的机械师都被近代企业实验研究室取代了,如托马斯·爱迪生(Thomas Edison)于1876年在新泽西州门罗公园创建的那所实验室。公司企业不仅开始主导整个发明领域,而且他们利用专利的方式符合杰克逊以一般财产权重新定义专利所做的预想。专利受到重视——而且越来越多地被囤积——不是为了英国普通法和美国宪法所要求的推动技术进步,而是为了主动地、有策略地阻止技术的进步。它不但没有刺激新产业出现,反而成为保护已有产业的城壕,使后者免遭竞争。

为了使专利法符合新的现实情况而进行的斗争是反托拉斯运动的

一部分，这场运动出现在企业化、工业化的时代，也就是马克·吐温笔下的"镀金时代"（the Gilded Age）。汉克·摩根在6世纪的英格兰强制实施专利政策或许不会受到什么反抗，但回到他自己的时代，耕农正在发起一场平民主义运动，质疑企业垄断从缝纫机到火车头零件的一切知识性的行为。自"进步条款"被写入美国宪法以后，"专利特殊论"（Patent Exceptionalism）——标榜专利是一种善意形式的垄断——首次受到了国会和法院的审查。

杰克逊时代发生的转变造就了一种新的掠食物种，南部和西南部的小型农场是这些掠食者的给养之地，也是强烈反对专利的平民主义初现端倪的地方。因联邦法院已确立了知识产权作为一般财产权执行的先例，就有企业家从这个行骗和胡闹的大好机会中获利。历史学家史蒂文·W. 乌塞尔曼（Steven W. Usselman）和理查德·R. 约翰（Richard R. John）描绘了这些"专利骗子"是如何以侵权起诉，威胁使用了平开门和重力供水箱这类农村常见技术的农民而行骗的。

> 在西南部贫瘠的土地上，令成千上万的农民和农场主感到愤怒的是，专利代理人蜂拥而至，向使用平开门和重力供水箱的人发出警告，如果他们不想支付50美元的许可费，就必须跑去圣路易斯市出庭为自己辩护。当得知专利局原本已经把该水箱的专利授予了一名声称在内战服役期间发明了这种水箱的联邦军军官后，专利代理人的这般肆无忌惮让农民更加愤懑不平。甚至就连坚定的联邦主义者也好奇为什么自己要为一项由联邦职员在内战期间设计出来的发明的所有权支付费用。[①]

[①] 请留意最后这个细节，即要求农民为使用由政府雇员于办公时间发明的技术支付费用引发的愤怒与怀疑情绪。因为，此处的不满预示着一场在此后一个世纪持续了30年之久的关于私人获取公共科学的争议。——作者注

这个国家愤懑难平的农民团结起来，形成了美国第一个平民主义全国农民协会，即美国全国农业保护者协会格兰其（The National Grange of the Order of Patrons of Husbandry）。在被更广大、更激进的农民联盟运动（Farmers' Alliance）取代之前，格兰其围绕专利展开运动，并将其推向了正在形成的更广泛的反垄断运动的中心——农民认为是垄断导致了包括基本设备和铁路运输费用在内的所有物价的上涨，从而对垄断的不满情绪加剧。1872年，国会和联邦最高法院准许胜家缝纫机公司（Singer Sewing Machine Company）持有的一项即将到期的专利展期，实际上预告阻止了市场上出现价格更低廉的型号，围绕专利的政治斗争形势就此激化。

格兰其与看似不太可能成为盟友的铁路大亨结成了同盟。维护铁路所需的数千枚连接零部件需要频繁更换，这使得铁路公司备受专利侵权的指控；与农民的诉求一样，这些大亨寻求通过改革来惩治专利骗子，降低支持专利侵权的法官判罚巨额赔款的概率。为此，铁路运输业帮忙撰写了一项议案，要求对侵权诉讼和惩罚设定严格的限制。然后，这些大亨隐退到幕后，让这些平民主义农民成为公众眼中的议案代言人。

格兰其发起了一场强有力的运动，成功使得专利议题成为1874年中期选举前期的焦点问题。两年的时间里，任何反对该议案或是公开支持胜家专利展期的议员都会遭到农民的一顿痛批。这场运动的成功之处在于，民主党人在众议院中获得多数席位，足以扭转局势，从而将该议案推进参议院表决。不过议案最终没能在参议院通过，很可能是绝对禁酒主义者、纽约州共和党人罗斯科·康克林（Roscoe Conkling）所为，他是美国宪法第14条修正案的起草人员之一，曾经是一名专门处理专利侵权案件的律师。

除了基于利害关系而与铁路大亨结成的一次性联盟之外，平民主义者反抗专利滥用的斗争都是在孤军奋战。不过，他们在联邦最高法院有一位支持者。1883 年，法官约瑟夫·布莱德雷（Joseph Bradley）做出了具有里程碑意义的判决，驳回了一名波士顿造船商提出的侵权索赔要求。布莱德雷对"后杰克逊时代"专利的态度比他的任何同僚都更消极，他借此次全票通过的裁决向他认为已经丧失美国宪法精神的专利体系宣泄自己的不满。他写道，这个专利体系非但没有如美国宪法第 1 条第 8 款要求的那样推动科学和实用技术的发展，反而已经退化、堕落到催生并维护"一众以阴谋诡计投机取巧之辈，他们的营生就是监视不断向前的进步浪潮，从旁收集激起的泡沫——专利垄断——并大加利用，给这个国家的产业造成了严重的负担……让诚信经营者处于尴尬的境地，担心面对法律诉讼中隐藏的留置令和未知的责任，还要给诚实经营赚取的利润颇费周章地做账"。

平民主义者领导的这场运动旨在削弱利用专利武器破坏公共利益的公司、托拉斯和机会主义者的势力，布莱德雷的上述表述是他们获得的仅有的声援。几乎每当出现转机之时，他们又会遭到国会和法院的阻挠。为平息高涨的反托拉斯声浪而通过的两部标志性法案——1887 年的《州际商业法》（Interstate Commerce Act）和 1890 年的《谢尔曼法》（Sherman Act）——对专利议题只字未提。与此同时，联邦最高法院发布了一系列裁决，重申了杰克逊的观点，即专利权是广泛而绝对的财产权，所有者可以以任何方式使用专利。这些裁决正牵涉那几项促使格兰其成立的专利：平开门和重力供水箱。

美国宪法第 1 条第 8 款背后的立法依据是公共利益，但它不仅遭受专利骗子侵权勒索行径的破坏，同时还面临来自新兴公司的实验研究室的威胁。随着技术越发复杂，愈加依赖专门的知识，由金融资本家、公司行政主管和受雇的职业科学家组成的团队取代了独立发明人。很快，在竞争中存活下来的独立发明人遭遇了始料未及的"专利丛"——与一项发明或一个研究对象有关的所有能想得到的（或可授予专利的）知识点都被专利覆盖——的现实困境，这样的专利数量庞大、彼此牵连，犹如盘根错节的树丛。从事本杰明·富兰克林所做的那种独立研究的机会就这样为大把的公司专利所扼杀。

上述情况在富兰克林·罗斯福政府的临时国家经济委员会（Temporary National Economic Committee，简称TNEC）于1941年发布的一份报告中有所记录，该委员会是一个专职调查如专利作用等经济领域权力集中问题的新政研究小组。报告中写道，公司实验研究室的兴起排挤掉了往昔的独立发明人，取而代之的是"研究技术员"，他们不过是"被雇来从事公司背书后即可进入流通领域的垄断信用额度的专员……这样的变化使专利脱离了它原本起作用的范围，偏离了它本应实现的目标……（而且）让这份特权沦为商业世界收购游戏里的工具，受缚于赚钱营利的律条。随着这个工具来到新的栖息生长之地后（被）用来追逐收益，其性质也彻底发生了改变，是否使用、留存后用或是封存不用，不再取决于它的价值，而是要看危急关头公司的政策如何"。

说到19世纪的传奇天才，爱迪生、莫尔斯（Morse）、古德伊尔（Goodyear）、威斯汀豪斯（Westinghouse）和福特（Ford）等是最常被人们想到的，事实上他们也是最杰出的"掘墓人"。他们盖起了研究城堡，拉起吊桥，迫使那些很可能想要追随他们的人去克服不断堆高的、由公司自己的专利律师团队维护的金融和法律壁垒。其中一位代表性人物是亚历山大·格拉汉姆·贝尔（Alexander Graham Bell），贝尔明白英雄发明家形象具有神话般的力量，因而在他被誉为"富兰克林式独一无二的美国天才"的一生中,他小心翼翼地把自己往这个方向塑造,同时也在去除这个形象中与之伴生但此时已不合时宜的共和思想——尤其是共和思想对知识的理解,即知识在根本上是不断累积的共同财产,靠集体维护,也靠每一个人的点滴贡献,一代一代地传承下去。贝尔的研究帝国在专利丛林中越长越大,他越是欢迎和陶醉于把他比作富兰克林的声音,这位费城圣人在坟墓里就一定呻吟得越响。

1888年,联邦最高法院判决支持贝尔的电话专利,给了他开创一个新产业独有的起步优势。这一判决受到了多方批评。有些人认为贝尔的专利是基于根本不归任何人所有的自然法则,另一些人则坚称贝尔和他的团队仅仅是把一名叫作丹尼尔·卓博(Daniel Drawbaugh)的竞争对手的研究成果进行了逆向工程处理。无论该项专利宣称具有怎样的价值,这一判决都开启了一个企业可以稳稳圈占科学知识的新时代,催生了这个国家最长久的垄断,为美国政府准许那一代由通用电气(General Electric)和西屋电气(Westinghouse)操纵的基于专利的灯泡卡特尔搭建了舞台,创造了条件。与贝尔有关的多个判决中,最后一个发生在1897年,证实了此时的美国法律和1000年来定义了宏大的专利协议的社会契约之间的距离。在美国政府诉贝尔电话公司一案中,陪审团多数人写道:"发明人是发现某件有价值的东西的人,那是他的绝对财产。他可以向公众隐瞒其知识。"

在美国的法学院里,贝尔判决案经常与一件不太有名、涉及更加原始的纸袋技术的案件被放在一起讲授。1908年,联邦最高法院裁决东部纸袋公司(Eastern Bag Company)不可以使用其竞争对手大陆纸袋公司(Continental Paper Bag Company)已取得专利的一种纸袋制造法,尽管后者表明它无意使用该项专利涵盖的技术。该判决先例的意义明确：无论一项新技术原本会有怎样的用途，其专利持有人都有权以某种策略阻止该技术的传播，这点毋庸置疑。

那起判决恰当地以"纸袋案"（Paper Bag）之名被载入史册。若是出席制宪会议的开国元勋们能亲历这一幕的话，他们很可能宁愿用案件中的纸袋罩住脑袋，也不想被认出是自己拟出了第 1 条第 8 款这样日后被玷污贬损的条款。

然而，这种知识产权制度的企业化尚未完成。在 19 世纪末的美国以研究为基础的产业经济领域内，依旧存在抵御新秩序的堡垒。医学、研究和药学界比任何其他经济领域更坚定地维持着抵御垄断的传统防线。1908 年，即"纸袋案"判决的那一年，一家名为美国药理学和实验治疗学会（American Society for Pharmacology and Experimental Therapeutics）的科学组织在其成立大会上正式通过了一部严格的道德准则，可见医生、研究人员和制药商长期以来一直抵制专利和垄断。该学会的内部章程禁止其会员进入快速发展的制药产业工作。在那里，一场截然不同的专利战争即将打响，远方的隆隆炮声已隐约可闻。

第二章

科学共和国里的
医学道德

人类历史的长河里，配制和施用医药的人常常有着与众不同的地位。在那些万物皆神圣的人类文明里，人们认为疗术师和他们的工具也是最接近神的，拥有最强大的魔法。依照习俗，亚马孙文明中的萨满巫医一直在偏僻的地方过着与世隔绝的生活。而在多神教和基督教传播早期的欧洲，具有相同职能的人住在林中或近林处，据说这种人群可通灵——如德鲁伊，还有中世纪保管药用植物知识、魔法和传说的女性，后来她们被谴责为女巫并遭到猎杀。

公元前3000年的泥板上有着关于医药、魔法和宗教之间联系的最古老的记录，显示了古代苏美尔人对医治女神古拉①（Gula）的尊敬崇拜，她是医治之主（The Great Physician），善用草药，会念强大的咒语。三者彼此交叠着向前发展直至古希腊"理性的诞生"。在孕育了亚里士多德（Aristotle）和希波克拉底誓词（Hippocratic Oath）的古希腊理性文明之中，医疗之神阿斯克勒庇俄斯（Asclepius）也同样受到尊崇。自古罗马医生盖伦（Galen）开始系统地把科学与超自然分开后的几个世纪里，对阿斯克勒庇俄斯的膜拜风靡整个罗马帝国和邻近的亚洲地区。遭受疾病折磨的信徒会睡在他的庙宇里，期望他能手持代表健康与疾病、其上盘绕着一条蛇的神杖现身在自己的梦中，

---

① 在不同的时间和地点又被称为"宁卡瑞克"和"尼尼辛娜"。——编者注

这一神杖标志源自苏美尔人的图腾。①

对穷人来说，阿斯克勒庇俄斯就是他们能够得到救治的最后希望，对他的信仰之盛破坏了早期基督教在吸引信徒上所做的努力，因而他们把这位受欢迎的希腊神看作耶稣基督（Jesus Christ）最强劲的对手。早期基督教的很多收容所最重要的功能是看护、治疗病人，也为穷人和外乡人提供避风遮雨之处。最初西欧的医院便由此而来。

医学源于宗教习俗，这影响了前一章节所讲的对知识的观念。医学和科学知识常常被看作上帝的智慧，人人可免费享用，不归任何世俗的权势所有。对这些知识的一切表述或使用，包括"新颖的"以及有利可图的，也是上帝的恩赐。历史学家、评论家刘易斯·海德（Lewis Hyde）说："买卖上帝恩赐所结之果实就是犯了买卖圣物罪。"这一精神体现在马丁·路德（Martin Luther）常被援引的名言中："我一直无偿地获得、无偿地给予，我不求回报。"后来，本杰明·富兰克林也说过类似的话。

启蒙运动使得科学与宗教分离，中世纪的神圣信仰被世俗化。在以自然科学快速发展定义的理性时代，医学占有一席之地。许多启蒙运动的人物是医生、博物学家，或两者兼而有之。他们相信运用理性将揭开人类健康的秘密，此时健康也已被看作人的自然状态。疾病，并非如人们以往一直被灌输的那样，是罪孽在身体上的表现，

---

① 古希腊的商业之神赫尔墨斯（Hermes）象征符号也是一个相似的神杖，但其上缠绕的蛇不是一条而是两条。按照古罗马人的说法，这两条蛇有羽翼，象征速度，赫尔墨斯就是信使之神墨丘利（Mercury）。阿斯克勒庇俄斯的神杖没有羽翼，因为速度被认为是违背康复愈合之道的，神杖与使用当时的常用药品有关。选用哪个象征符号（比如一条蛇还是两条蛇、有无侧翼）很重要，因为对古希腊和古罗马人而言，医药属于神的技艺，而非市井之术。神殿是单独辟出的一块地方，避免邪害入侵很重要。对比之下，古希腊的市集则是危险之地，满是夸大宣传和讨价还价的叫嚷与喧闹。现代卫生健康产业有时易将这两个古代图腾符号混淆，对现实何尝不是一种讽刺。——作者注

抑或恶灵所为，而是需要研究并解决的问题。研究和解决这个问题的是一群无国界科学共和国的公民，他们运用理性击溃疾病和痛苦，为全人类服务。

理性的潜能看似无限，有望最终征服死亡。"可以想象，"1780年，富兰克林在给杰出的英国科学家约瑟夫·普里斯特利（Joseph Priestley）的信中写道，"所有疾病都确保能够得到预防或治愈，连衰老也不例外，而我们的寿命可以如我们所愿得到延长，甚至超过大洪水前的标准。"

在富兰克林设想不死之躯时，他不太可能想象得到来自遥远世纪的神奇医药会被未来版的王室垄断特权严格控制。这样的念头出现在一个乐观的年代会显得牵强和悲观。不过，富兰克林也确实告诉在费城等待的人们，他们有了一个共和国，"只要能够守住它"。他明白，虽然科学知识和科技进步不可阻挡，但共和主义价值观并不享有这样的保障。

在英国专利传统中，医药的神圣起源造就了一套折中方案：制造医药的技术是可作专利权考量的合理客体，但医药本身不是。欧洲国家在19世纪开始采用专利制度，它们效仿英国的做法，明确区分医药工艺专利和医药产品专利。如果欧洲的制药商想要获得新药物的专卖权，他们得横跨大西洋来到美国。

在允许获得医药产品专利方面，美国保持着异于他国的做法，一路步入20世纪。大多数时候，美国是全球范围内的异类、人格分裂的怪胎。美国的双重药物经济，一方面包含所谓的专利药品市场，承诺包治百病的草药混合物和药剂，形成了19世纪美国最繁忙、最丰富、最赚钱的贸易之一。相比之下，与之对立的另一种药物经济则刻意保持清醒保守，且利润更低，谨遵精英阶层医药守卫者维护的官方药典。这个所谓的医学"道德"派，对兜售专利疗法的小贩不屑一顾。[①]他们自诩为启蒙思想火焰的看护人，认为自己是双重身份的公民，既是美国公民，又是永恒的国际科学共和国公民。丧失第二公民身份最快速的方式就是打破对专利垄断代表的一切形式的以医药牟取暴利和医药保密行为的严格禁忌。"有道德的"医学和制药行业协会因"深信自己应做出贡献和牺牲以促进科学知识发展"而结为联盟，19世纪美国医学道德观念界杰出的历史学家约瑟夫·M.加布里埃尔（Joseph M. Gabriel）如是写道。他还表示："对大多数医生而言，药物专利和药物保密没有什么差别，两者都是没有职业操守的自私自利的垄断行为。而且，一般认为，专利药方无异于江湖郎中的狗皮膏药。"

"有道德的"医学腹地在费城。宾夕法尼亚大学医学院和药学院联合一些有影响力的行业协会，密切监督同行中是否存在"从人类的苦难中汲取油膏"的无耻行径，此描述来自一位19世纪医药守卫者对借医药牟利行为的评论。1847年，在费城，美国医学会（American Medical Association）的前身在成立大会上正式通过了一部道德准则，宣告专利"不符合医生应尽的责任和义务，不利于发展治疗疾病的知识"。该学会称专利"有损职业品格"，禁止会员谋求专利或是开出含专利药的药方。

该准则直接以1823年纽约州医学会（Medical Society of the State of New York）发布的一份声明为模板。两者反映出同样的观点，认为医学是被贪婪和欺骗的汪洋包围着的一座美德和理性的孤岛。

[①] 需请读者留意，此处加引号的"道德"及下文加了引号的"有道德的"有两层含义。"有道德的医药"守卫者在大声宣扬公开发表和知识共享的人文主义理想的同时，也在包容对奴隶、殖民地属民、犯人和智障者进行的医药实验。这两者一直持续并存，直到20世纪中叶。20世纪30年代，美国医学会召开的全国会议，早上用来辩论医药专利的道德性，而下午就用来赞美歌颂塔斯基吉梅毒实验（Tuskegee Syphilis Study）的设计者。——作者注

药剂师和药物公司沿着正统医学指引的道路向前发展。1852年，新成立的美国药学会（American Pharmaceutical Association）正式通过了一项严格的反专利政策。同样是在费城召开的成立大会上，制药商援引了一条道德责任以保障医学发现和相关科学得到广泛传播，从而造福国家和全人类。药商们采取了医生对待专利禁忌的普遍哲学态度，以拒绝相信唯一天才的神话来支持禁止专利。鉴于科学发现随着时间推移而增加的累积性，宣称自己是"唯一发明人"被认为是欺诈行为。

屈服于医药垄断的诱惑就意味着要流亡于科学共和国之外，遭受公众的严厉谴责。1805年，一位费城医生给一种新型水蛭放血治疗手法上了专利，却发觉他的专利权遭到了忽视和严重侵犯，还被公开斥责为"不公正的、反自由的……狡诈的垄断"。这是任何以控制医学发现的使用权获利的医生、科学家或药商的必然下场。"如果一个药品获得了专利，那么其他医生就不能自由地研究它，也不能把它作为对症的处方药开给病人，"约瑟夫·加布里埃尔在他的美国早期医学伦理史著作《医药垄断》（Medical Monopoly）一书中写道，"保密也被理解为一种有损医学进步并危及公众的垄断形式。"

道德分界线的另一端是美洲大陆上绝大多数未经过医药学训练的企业家和商贩争相售卖各种包治百病的灵丹妙药的繁忙景象。那时没有"诚信的男装店铺"或者"有道德的石工行业"之类的说法，因为这些行业内部在价值观、作风和使命上并没有出现如医药业般显著的分歧而分裂成不同的阵营。

名牌专利药品四处盛行，利润丰厚。19世纪最畅销的药品是本杰明·布兰德雷斯（Benjamin Brandreth）的"蔬菜药丸"（Vegetable Pills）。这是一种声称能"净化血液"的泻药，据统计在19世纪中叶达到销售高峰时，美国使用该药丸的人次总计有1.5亿。它所承诺的能够"打造新的强盛体格,取代原先虚弱或有病之躯"的功效可能并不属实,但它的确造就了专利药品巨头布兰德雷斯新的强盛财富。到19世纪30年代晚期,他的工厂已占据纽约州的一整个街区。①

年轻时追名逐利的P. T. 巴纳姆(P. T. Barnum)从事的行当之一就是为专利药品撰写标签和广告文案。后来,他成了有名的演出经理人,其同名品牌专利药品因一场大出风头的营销活动而出名,这场活动象征了"有道德的"药学定义自己时必须避开的一切禁忌。巴纳姆专利蓖麻油的营销活动使用了其马戏团中最大的明星"大象金宝"(Jumbo)做形象代言,它是1882年巴纳姆从伦敦皇家动物园(Royal Zoological Gardens)买来的一头大型非洲草原象。

巴纳姆式的商贩和兜售万灵药的骗子成为当时文学作品中常见的人物形象。赫尔曼·梅尔维尔(Herman Melville)1857年出版小说《骗子》(*The Confidence-Man*),书名所指的角色正是一名冒用慈善机构之名贩卖草药营利的江湖医生。马克·吐温的《汤姆·索亚历险记》(*The Adventures of Tom Sawyer*)使兜售专利药的江湖骗子形象深入人心,之后的《哈克贝利·费恩历险记》(*The Adventures of Huckleberry Finn*)中的公爵和国王两个人物也是这类形象。马克·吐温那部为一个时代赋名的小说《镀金时代》(*The Gilded Age*),以伯瑞亚·塞勒斯(Beriah Sellers)上校的投机活动为线索铺叙展开,此人贩售一种被称作"万应特效帝国东方眼部酸胀舒缓搽剂"(Infallible Imperial Oriental Optic Liniment and Salvation for Sore Eyes)的产品,其成分九成为水,剩下一成是"每桶成本不超过1美元"的不知名配料。

1905年,马克·吐温收到了来自旧金山的万能药新产品"达菲水"

---

① 专利泻药的美国国内市场生意兴隆,以致那个时代形成了一种烂俗的说法,即要打开一个人的钱袋子,就得"使他的肠道通畅"。——作者注

（T. Duffy's Solution）的推销信，制备这款药水的人 J.H. 托德（J. H. Todd）称它为"长生不老之药，有净化血液、杀菌除病、延年益寿之功效"。马克·吐温叫来自己的秘书，并口述自己的回复，但从未寄出。"片刻之后我的怨恨就会减弱、消失，我甚至可能会为你祈祷，"信中写道，"不过趁着那一刻还没到来，我抓紧祝愿您误服一剂自己的毒药，随即进入地狱，这样的归宿是您和其他毫无怜悯之心、以万能药暗杀他人者挣来的，也确实是你们应得的。"①

公平地讲，人们完全有理由去搜寻万能药并妥协于它们受到质疑的功效，理由之一是当时尚未被命名的安慰剂功效，毕竟直到 19 世纪末"科学的"医学出现以前，可供医生选用的治疗手段很少，且都处于初级水平，治疗的过程十分痛苦。本杰明·拉什（Benjamin Rush）是美国早期最著名的医生，他狂热地主张用放血疗法治疗几乎所有疾病。这位受人推崇的前陆军军医处处长提出，所有疾病皆因"毛细血管张力"过高引起，应该通过大量放血和净化血液来治疗。对此，人们私下多有抱怨，说拉什从病人的身体里抽走了维持生命的液体，"直到他们变得面无血色，像泽西小牛肉般发白"，他"造成的流血多过历史上任何一位将军"。

科学时代到来以前，医学知识的局限性给人类造成了很多痛苦，但也起到了强化专利禁忌的作用。既然解决痛苦和疾病的有效方法如此之少，那么还有什么正当的理由去垄断这些为数不多的能够减轻痛苦、治愈疾病的有效手段呢？1846 年，人们如此愤怒地质问发现了硫醚能够在外科手术中安全地抑制意识的波士顿牙医威廉·莫

---

① 据《马克·吐温与医药》（*Mark Twain and Medicine*）一书作者 K. 帕特里克·奥伯（K. Patrick Ober）所说，马克·吐温在给一个朋友的信中私下承认过，对他所患的内痔唯一有效的是一种被他称为"相当致命的狗皮膏药"的万能药。——作者注

顿（William Morton）。若是莫顿大方地公开发表他的发现，他会受到人们的赞美和纪念，因为他的发现结束了人类延续最久的一种恐惧。数千年来，外科手术都是在病人有意识的状态下实施的，其间病人被人强行按住不得乱动，能用来缓解疼痛的只有酒和鸦片，若是走运的话，病人会暂时失去知觉。但是莫顿是一名牙医，不是受到医师协会道德准则濡染的医生，他成功地取得了这项发明的专利。这激起了医学组织的愤怒，但他们的怒火不是针对美国专利局，而是朝向从专利局获批专利的莫顿。他们的反应听起来几乎无异于真实的费解，如一名医生对一家波士顿医学期刊所说的："为什么我现在要购买（乙醚的）专利药使用权？对我来说，这和获取阳光的专利权一样不可思议。"

首先尝试在医学道德体系内回答这个问题的是一名纽约市的医生兼药剂师弗朗西斯·E. 斯图尔特（Francis E. Stewart）。从费城药学院（Philadelphia College of Pharmacy）和杰斐逊医学院（Jefferson Medical College）获得学位后，他成为纽约市一名执业医生，同时做着药物研究的副业。在从业生涯早期，他发现了一种治疗消耗性疾病的有效药物。从此，他的人生发生了巨大转变。

按照当时的道德准则，斯图尔特应该在医学杂志上公开他发现的药物，并允许其他人在此基础上继续开展研究工作，以确定该发现的价值。但事实是，斯图尔特越过了危险的红线，他接受与底特律市帕克－戴维斯（Parke-Davis）药物公司的乔治·戴维斯（George Davis）合作。帕克－戴维斯公司自身因试探"道德"制造的底线而出名，它通过图示和浮夸华丽的辞藻来宣传自己的产品。在一些人看来，比起大部分被批准药品所用的仅限文字的严肃广告，它更接近于巴纳姆之流。①在斯图尔特和帕克-戴维斯合作后，诸如要求剥夺他的从业资格之类的谩骂随之而来。他的罪过不在于为自己的消耗病药物取得专利，而在于这款药尚未被列入每10年更新一次的巨著《药典》（*Pharmacopeia*）的批准药品名单时，就协助公司推广它的使用。

斯图尔特与帕克-戴维斯合作设计的绕过《药典》的方法，需要收集使用这款新药的每家医院的使用效果报告。在收集了25份这样的"见效的病情报告"以后，再一起提供给各杂志以发表疗效总结。最初，1881年版本的斯图尔特的"见效的病情报告"并没有违背专利禁忌。尽管斯图尔特和帕克-戴维斯也开始暗自对禁忌的束缚产生怀疑，但他们明白垄断控制这款药物将降低病情报告的可信度，因为垄断会强化掩盖或忽略效果不良的病情报告的动机（或对该动机的意识），这些报告实质上都是人体实验。

帕克-戴维斯开始靠近被业界避之不及、富有争议的医药专利的道德问题是在10年之后。在一家竞争企业利用自己的病情报告抢占了帕克-戴维斯公司一款取材于植物的新型泻药的市场之后，乔治·戴维斯就认为此次事件"很好地说明了，在当前情况下实施我们的道德政策行不通"。1894年，他的公司获得了一种助消化酶的生产工艺专利，由此开创了一个重要的先例。

得到了戴维斯的支持，斯图尔特带着这些有争议的想法闯入虎穴。他主动以自己为例，证明与产业界合作而又不背叛一贯的道德准则理想是行得通的。他在全美国巡回开办面向持怀疑态度的医学界和科学界听众的演讲，以此呼吁改革。30年里，斯图尔特都以这样的中间立场出现在公众视野里，作为医学界中为制药产业提供全面咨询

---

① 1877年，美国医学会通过协会的内部章程规定，凡协会认可的药典中所列产品，禁止会员在广告中推荐或宣传。——作者注

服务而毫无愧意的第一人，推广着他的"见效的病情报告"模式。

如此，斯图尔特确实成功了，他成了"有道德地取得药物专利"这一新观念的领军人物。依照约瑟夫·加布里埃尔的估计，他成了"可能是医药界最著名的研究专利法及其与药学关系的专家，著作广泛"。在其发表的数十篇文章中，包括登载在《美国医学会杂志》（Journal of the American Medical Association）上的一系列文章，他主张专利符合传播医学知识的道德要求，原因是"一样东西获得专利也就是获得了公开"。此外，他说，科学的医学时代来临，专利可以用来资助这个时代所必需的昂贵的现代化实验室。到了20世纪中叶，药物公司将会从斯图尔特最先为专利所做的这一正当性辩护中创造出公共关系艺术和行业，不断进行优化以应对所有针对其权力、利润和价格的批判。①

医药垄断禁忌在被斯图尔特打开缺口之后的那个世纪里失去了效力。下一代的帕克－戴维斯行政主管们将在有生之年看到公司光明正大地利用知识产权去明目张胆地追求利润和市场控制，从而主宰医药制造和销售的景象。他们会和医学道德界里的旧同事联手实现这样的主宰，这个医学领域的领导核心的角色已从高级合伙人和古老准则的守卫者，变成了女仆和利用自身社会威望消除古老准则之影响力的帮凶。

当斯图尔特在世纪之交时于医学界内部插入一面异端旗帜，"有道德地取得专利"时，上述景象还只是存在于幻想中。在接下来数十年的医药专利渗透、侵蚀的进程中，情形似乎还是一样。而在这场犬

---

① 斯图尔特的慷慨并不包括商标和品牌名称的使用。他相信，只要一个品牌被永远地和这款药品联系在一起，商标和品牌的使用就可以将暂时垄断转变成永久垄断。在这个问题上，戴维斯和斯图尔特与他们保守的同行们联手，保持新出现的有商标的德国药物不被纳入《药典》。——作者注

牙交错的较量中，最重要的参与者不是帕克－戴维斯公司，也不是任何其他美国药物公司。在最受敬重的本土企业与费城的业内元老们商讨并衡量放宽专利禁忌在道德层面可能引发的后果时，于19世纪80年代对美国药物市场造成冲击的德意志帝国的"化学－制药"联合（chemical-pharmaceutical combines）的进程却未受到任何道德情感的牵绊。

论医学现代化，德国科学家功不可没。德意志帝国的皇帝慷慨资助的研究中心在细菌学和免疫学领域取得的重要成就堪比巴斯德研究所（Pasteur Institute）。与此同时，德国的化学工业在有机化学领域也取得了飞跃式发展，使其能够利用煤焦油原料合成染料和药物。这些化工和制药企业最大的市场正是美国，它们也成为这个新工业经济体的主力军。在华盛顿特区，这些企业聘用的美国律师成为美国专利局的常客，积累了数百份越来越重要的化学产品和工艺的专利。在纽约，德国药物公司成立分属机构并雇佣律所处理专利垄断的展期和保护事务。其中，HA美兹公司（H. A. Metz and Company）的服务备受青睐。该公司由化学家出身的32岁商人赫尔曼·美兹（Herman Metz）经营，此人精力充沛，不仅负责进口化学品的监督生产，还代表诸如赫斯特染料股份公司（Farbwerke Hoechst Aktiengesellschaft）这样的德国化学品和药物企业客户来执行专利保护。

德国公司进驻美国市场，改变了美国的药物经济、研究领域以及围绕二者的法律传统和文化习俗。在此之前，利用专利壁垒阻碍医药的研究与销售是不被允许的。其他产业都明白这点，唯独制药产业例外。人们还是把专利与巴纳姆等衣着艳丽但对科学一无所知的骗子兜售的大众市场产品联系在一起，鲜有例外。德国公司是利用专利手段围绕"有道德的"药物建造并保护独占市场的先驱。除了使用商标外，这些产品被"有道德的"药物公司以应有的冷静方式推销给医生。更重要的是，这些产品对医学有真正的贡献，这是不容忽视的。这让美国医学界和制药商处于棘手的两难境地。美国医学会和药学会的规章制度与行为准则，原则上禁止医生开出被授予专利和有商标的药物，因为他们认为，任何可靠的药物都理应供所有人享用并接受研究和价格竞争。而与此同时，医学领域的领导核心要对批准疗效无可争议的突破性新药物加以阻挠，其正当的理由何在呢？

德国的专利策略产生的影响远不止于形成市场垄断。这些德国公司执行"一条精心筹划过的策略，为研究过程中涉及的每一个化学品取得专利，实际上是围绕最终可上市销售的药物形成专利包围圈"，医药产业历史学家乔纳森·利贝瑙（Jonathan Liebenau）写道："这一手段成功地抑制了竞争，因为一旦每一个想要得到的相关产品都已受到专利保护，驱使完成开发阶段工作的动力就很小了。"

化工和药物公司弗里德里希·拜耳（Farbenfabriken vormals Friedrich Bayer）因围绕一系列突破性药物开展这一策略而声名狼藉。因此，这些药物产品在美国以外的其他地方都被禁止授予专利，连德国本土也不例外。19世纪八九十年代，该德国企业的美国分公司拜耳公司（Bayer Company）取得了3种合成奇效药物的专利。其一是1887年发售的强效镇静剂"舒砜那"（Sulfonal）；一年之后，公司又推出退烧药丸"非那西丁"（Phenacetin），这是其二。两种药都大受欢迎，但同样也招致了不少抱怨。1盎司[①]的非那西丁在德国的售价是6美分[②]，在英国、加拿大和欧洲大陆卖15美分，而在拜耳独享垄断专卖权的美国则要价1美元。其三是自非那西丁专利之后公司于1899

[①] 盎司是英美制质量或重量单位。1盎司等于1/16磅，合28.3495克。——编者注
[②] 美分是美元中最小的使用单位。100美分等于1美元，合7.0904人民币。——编者注

年获得专利的药物,致使公众和同行积蓄的愤怒如决堤的洪流倾泻而出。那一年,拜耳首次以"阿司匹林"(Aspirin)品牌推出新型消炎镇痛药,其化学名为"乙酰水杨酸",在彼时两年前即1897年的8月就已被费利克斯·霍夫曼(Felix Hoffmann)成功合成。同样是在1897年8月,霍夫曼还合成了一种强效鸦片制剂,被拜耳公司以"海洛因"[①](Heroin)的商品名销售。阿司匹林是柳叶茶的合成衍生物,拜耳公司把它制成白色粉末后装入有双面神象征的玻璃瓶中出售。阿司匹林随即作为治疗头痛和风湿的标准药物被广泛采用,算得上那个时代真正的"神药",也成为非美国医药垄断的代表而被仇视。

依据"有道德的"医学的标准,取得首个非致瘾性止痛药的专利是德国人所有可憎行径中最粗暴的。然而,阿司匹林毋庸置疑的实效及其科学起源让美国的医学守卫者们面临一个极其艰难的选择:他们可以采取行动捍卫反垄断准则,否认阿司匹林在医学上的合法地位,或者也可以接受拜耳公司的又一项垄断作为换取在科学医学企业化时代进步的代价。这个代价不只是丧失原则的隐喻,实际上,拜耳在美国市场的阿司匹林利润与非那西丁不相上下。

各类医学会和主要的制药商都在故意拖延时间,迟迟不做决定。邻国和街头药商的情况则不同。对他们而言,其中的利害关系已经超出了行业的道德准则的范畴。拜耳的预包装品牌产品还对同业公会的利益造成了冲击,威胁到药房内混合配制非专利药的传统,这项技能在拜耳品牌模式塑造的未来里将不再被需要。在注册商标的非那西丁被引入市场后,街头药商与走私犯合作,从黑市引进拜耳的产品,再以接近加拿大市场的售价卖出。1899年,首批阿司匹林

---

① 海洛因,吗啡类毒品总称,化学名为"二乙酰吗啡"。最初海洛因被用作药物,后来人们发现其成瘾性强,对人类的身心健康危害极大,将其认定为毒品。——编者注

垄断价格宣布时，他们扩大了走私网络，并开始投入资源形成有组织的公共运动以抵制德国专利，引发的各种形式的骚动和侵权运动一直延续到1917年美国加入欧洲战争为止。药商们通过犯罪网络、巡回演说、新闻媒体、国会代表和亲自上访白宫的举动与拜耳开战，使新出现的关于控制重要新药价格和市场的法定权利和道德权利的相关问题被曝光。

阿司匹林战争的主要阵线是美国历史上范围最广、系统性最强的走私行动之一。阿司匹林进入美国市场不到一年，黑市商人伙同美国国内的药商以惊人的规模批量低价进口阿司匹林，供应至美国国内大部分地区——包括包装好的成品和散装原料。托马斯·M. 雷默（Thomas M. Reimer）在他未发表的史学论文中对这个走私网络做了如下描述：

> 许多（走私犯）在加拿大边境处开展工作（将药物输入美国），这里不属于拜耳的势力范围，他们的行为也不违反加拿大法律。为了避开财政部缉私特工的追捕，精明的人支付关税，通过小商贩来操作，以规避邮件诈骗的指控。只要他们仅仅侵犯拜耳的专利权，那么所犯不过是民事侵权罪，而非重罪，拜耳公司在拿到并送达法院禁令前只能靠自己，在此之后，若走私者还执意继续行事则将被判藐视法庭罪……许多零售药商高呼他们为自由斗士。

很少有药商敢说自己没有参与过这样的走私行动。随着走私网络的扩张，警局拘禁的非法售卖和人体贩运阿司匹林的人数也不断增多。他们的认罪协议揭露了一场横跨大陆的行动，提及的名字多到足够拜耳扬言要起诉7000家零售药商，也就是大概美国国内每5名药剂师中就有一人被提到。因无法起诉他们所有人，为了将影响扩至最大，拜耳的美国律师对起诉对象做了筛选。截至1905年，拜耳公司已对800家社区药房提起诉讼。

尽管拜耳的专利合法，但美国本土的药剂师们相信自己是正义的一方，也符合美国国内的习俗惯例。在拜耳的律师开始与地方和联邦警察合作捣毁阿司匹林的非法交易市场后，这些药商也行动起来。他们明白自己拥有公众的同情，便借拜耳的起诉作为群众集会的关键时刻和新闻发布的契机。早在1896年11月，即阿司匹林取得专利的3年前，事态曾有过一次转变，一位名叫休·汀伶（Huge Tinling）的丹佛药物分销商因受指控非法进口125磅①拜耳产非那西丁被逮捕。拜耳公司的律师要求汀伶缴纳巨额罚款并公开承认拜耳专利的合法性，但汀伶拒绝了。而且，他还公开谴责拜耳贪婪，称其毫无节制地利用他的国家对待医药垄断所特有的不道德的容忍态度。巡回上诉法院（Circuit Court of Appeals）监督该案件的法官不同意这样的说法，他斥责汀伶是在把"无关紧要的"反托拉斯问题牵扯到案件中来，并坚持拜耳禁制令的判决。

这个案件为药商领导的已成燎原之势的反垄断运动又添薪柴。在芝加哥零售药商协会（Chicago Retail Druggist Association）激进领导（就药商的标准而言）的背后，各区域药商团体针对拜耳提起一系列诉讼，质疑其专利中声称的"新颖性"。他们的举动与发生在英国的一场运动相似，英国是除美国之外唯一短暂授予拜耳阿司匹林专利的国家。1905年，英国高等法院的一位法官判定拜耳的阿司匹林专利无独创性而作废，由此引发的改革致使英国的药物专利相关法律更加严格，也更加突显了美国与世界的反差。同在美国一样，

---

① 磅是英美制质量或重量单位。1磅等于16盎司，合0.4536千克。——编者注

德国公司在英国巧妙使用其精心设计的专利策略时遭受冷遇。"大型（德国）辛迪加有一个非常有效的摧毁英国工业的方式，"时任英国贸易大臣的劳合·乔治（Lloyd George）评论说，"他们首先以相当大的规模申请专利，像是不放过每一种……人类智力所能想到的（但）尚未实践的可能……为了覆盖今后会在这个国家诞生的任何可能的发明。"

拜耳公司和美国的药商彼此缠斗着进入20世纪。药商们持续通过新闻媒体发表己方观点和论据，扩大自己舆论同情的原有优势，通过1898年成立的美国全国零售药商协会（National Association of Retail Druggists）增强游说力度。面对美国全国零售药商协会在舆论上的造势和渲染，拜耳都能得心应手地应对并持续在法院判决中获得支持。宾夕法尼亚药学会对一项专利的质疑被联邦法官驳回后不久，美国药学会立马于1901年召开会议。会上能明显感觉到拜耳因法律地位上的强势所造成的公众沮丧情绪。会议在吵闹中进行，期间，宾夕法尼亚州西部的一名药商猛烈抨击药剂师的传统盟友，即医学领域领导核心的胆小懦弱，恳请医学界加入他们的战斗，"摆脱这只八爪魔鱼的控制"，因为它"在合法的范围内，无计不施地打劫美国受苦受难的病人"。《药学公报》（*Bulletin of Pharmacy*）的编辑约瑟夫·海夫曼（Joseph Helfman）就"药学领域所有权的滥用"发表演说，呼吁全面抵制在美国境内进行药品定价时加价幅度远高于加拿大和欧洲的药物公司的做法。

进入20世纪，药商和他们的盟友有理由感到乐观。早期的进步人士为美国的反垄断传统注入了活力，要求对制药产业实施更加严格的管制。反对外来垄断势力的力量似乎在逐年壮大。至1900年，美国超过90%的化学工艺和产品专利授予了外国公司和企业集团。

1898年，美西战争释放出来的极端爱国主义情绪，以及新闻业兴起的一种围绕近代公司劫掠破坏的丑行进行收集并揭发的新业态，都恰好契合了药商们的关切。

公众激昂的情绪反映在一篇1902年由伊利诺伊州药房理事会（Illinois State Board of Pharmacy）主席威廉·博德曼（Wilhelm Bodemann）执笔的文章中。此文被美国全国零售药商协会大范围传播，详细叙述了拜耳公司多次对美国的侮辱。博德曼论道，拜耳的专利是不道德的，原因是这些专利阻碍了美国科学家从事相关研究，并利用美国的法律制度从美国人的口袋里扒钱，还把明知自己为垄断价格支付的美元是用来填塞柏林"腐朽王室"的外汇金库却也无能为力的终极耻辱，强压到美国人民头上。

1903年10月，美国全国零售药商协会首届全国会议在华盛顿特区召开。会议期间，该组织派遣了一支代表团到白宫，面见西奥多·罗斯福（Theodore Roosevelt）并提出他们的控诉，称拜耳公司正在以一种他国绝不允许的方式欺骗美国人。会面结束后，这支代表团情绪饱满地离开白宫，相信罗斯福是站在他们一边的。他们不知道这位总统另一边正受到美国专利局局长弗雷德里克·I. 艾伦（Frederick I. Allen）所施加的压力。艾伦觉得药商们是小题大做，并认为阿司匹林专利在1916年正常到期前应予以保护，所以他劝告罗斯福要履行作为1883年《保护工业产权巴黎公约》（Paris Convention for the Protection of Industrial Property，简称《巴黎公约》）签署国的责任，给予外国公司与本国公司同样的知识产权保护。美国药物公司通常不寻求这些保护的事实与此无关。

艾伦对罗斯福的劝告不胫而走，《西部药商》（The Western Druggist）期刊要求立刻开除艾伦的局长之职。"鼓励贪婪和强权统治而非公理和正义,"这家期刊写道,"不应该成为美国国内或国际政策的一部分。"

拜耳的阿司匹林和非那西丁的非专利药和走私药,在地下市场里的交易红火,但有一个致命的缺陷:质量控制。虽然许多专业药商只买卖直接从欧洲和加拿大私运来的拜耳产药丸及其活性成分,但有些药商会从私制贩和中间商处购得他们的止头痛药粉,而这些药粉是用滑石粉和乙酰苯胺的混合物置换掉拜耳产品中的N-乙酰乙氧基苯胺成分制得的,其中乙酰苯胺的价格只有原成分的1/3,但它是危险的心脏遏抑剂。

1905年秋季刊《科利尔》(Collier's)杂志对乙酰苯胺致死致病的报道获得美国的举国关注。这一丑闻揭露是塞缪尔·霍普金斯·亚当斯(Samuel Hopkins Adams)针对专利药品产业所做的名为"伟大的美国骗局"(The Great American Fraud)调查的系列报道的一部分。该系列文章把公众的注意力转向药物监管与安全的问题,起到了改变拜耳专利战政治格局的作用。这时,事情不再是非黑即白,双方的贪婪都显而易见。拜耳公司的代表援引该系列文章,把自己标榜成标准和公众安全的保护者。无论是对付公众,还是对付因涉嫌勾结罪犯参与危害性掺假行为被指控本就惶恐不安的医学领域领导核心,这一招都很有效。在主流医学杂志开始发表社论文章撇清自己与药商的抵抗运动的关系后,拜耳的美国律师将这些社论的副本分寄给全美国各地共7.5万名医生。药商们则用自己的宣传工具予以反击。《药商通报》(The Druggist Circular)的一篇社论论述说,德国终归要为掺假行为造成的伤害负责:毕竟,一家"有道德的"美国药物公司,一开始就不会参与导致走私和稀释药粉的垄断定价。但是较大型的"有道德的"公司在这一问题上异乎寻常地保持缄默,与医生们一样,它们害怕拜耳的律师，也担心与犯罪行为有牵连。其中一些公司——觊觎拜耳获得了垄断利润还赢了官司——也开始伸出双手拥抱曾经的异端邪说，即斯图尔特关于"有道德地取得专利"的想法。

《科利尔》登载的系列文章导致拜耳专利战发生突如其来的转折，这对制定并通过1906年的《纯净食品和药品法》（Pure Food and Drug Act）起到了决定性作用。这部法律被认为是厄普顿·辛克莱（Upton Sinclair）刻画芝加哥大型肉类加工产业的小说《屠场》（The Jungle）的产物，它同样是亚当斯发表于《科利尔》杂志的系列文章以及同期其他关于黑市阿司匹林致死报道的产物。这部法律将售卖假药定为触犯联邦法的罪行，并要求对包含乙酰苯胺等一些成分的药物进行强制标识。

令拜耳苦恼的是，这部法律没能结束甚至也没怎么减少阿司匹林在美国黑市的交易。1909年，拜耳专利即将于7年后到期，据估计，在美国销售的所有阿司匹林中，有75%是从加拿大和欧洲以低得多的非垄断价格收购，再走私入境美国的。

19世纪90年代，在拥挤不堪的贫民窟里，导致年轻生命结束的原因有很多，但鲜有比呼吸道感染白喉致死更恐怖的。这种可怕的细菌以5岁或更小的孩子为自己的猎物，通过喷嚏、咳嗽等传染扩散。起初的症状是咽喉疼痛和声音沙哑，随后在靠近咽喉后部形成一层稠厚的黏膜。随着黏膜扩大，患者开始呼吸困难，之后是极度的痛苦；大约有1/4的患者是在床榻上慢慢窒息而亡的。在救治年幼的白喉感染患者的工作中，出现了最早使用橡胶管进行医疗插管的尝试。在疾病最为盛行的外来移民公寓里，这种通过空气传播的病菌被称为"扼喉天使"。

1888年有报道称，巴黎巴斯德研究所的研究人员从被感染的动物血浆中制得了具有一定疗效的白喉抗血清,给人们带来了巨大希望。虽然这种抗血清的保护效力只能维持2周,但它能减弱疫情暴发的势头,而且有防护手段总好过什么也没有。在德国,视巴斯德为竞争对手的一组研究人员开始着手完善该血清的制备工艺,领头的是一位名叫埃米尔·冯·贝林(Emil von Behring)的科学家兼企业家,他受雇于总部在法兰克福的药物公司赫斯特(Hoechst)。1895年,贝林不声不响地为"用马的血浆制备抗血清的方法"申请了美国专利。但其"新奇性"是如此无力,而胆敢以此称"具有新奇性"的做法又远远超出了已知耻辱的程度,以至于有关贝林申请的报道并没有受到重视。"起初,医学界拒绝相信一个与科学伦理和道德的首要原则背道而驰的谣言。"《柳叶刀》(The Lancet)的编辑们写道。但无论如何,该方法已经被纽约市卫生部门采纳并使用,而且美国的顶尖药物公司帕克 – 戴维斯和 H.K. 马尔福德(H. K. Mulford)正计划开始把它用于商业生产。

1898年,在美国专利局核准贝林的"用马的血浆制备抗血清方法"的专利权后,整个美洲大陆的医学和药学的领导核心都表示难以置信。他们让贝林遭受了一波又一波的嘲讽。《医学时代》(The Medical Age)杂志称贝林追求个人财富是"道德败坏"的证据。《柳叶刀》的谴责更宽泛些,它拒绝接受任何人"有资格被称为经历长期而缓慢的全面科学研究和推理后所得方法的唯一发现者"的观念。编辑们既苦恼于贝林 – 赫斯特的先例可能造成的影响,也同样忧虑于该项专利垄断本身。他们写道:"没有人希望看到药理学卷入错综复杂的垄断,也不愿看到治疗学受到专利药的支配。"

《美国内科和外科公报》(The American Medico-Surgical Bulletin)的编辑们认为,核准贝林的专利权要求带来的影响是"违反所有的公正原则，抹杀专利法的整体效用"，以及"窃取社会应得的遗产去给予个人"。他们继续写道："白喉专利成了同领域所有工作的绊脚石，阻碍了工作进展。它永远无法以任何方式促进未来的发现。它张开魔爪来威吓想要研发新免疫血清的人，侵蚀腐化了原本工作充满活力、成果向公众免费公开也不涉及专利和价格的研究部门。如果其他医务人员效仿贝林，未来将会怎样？知识之门的关闭已然启动，如果业界的反对还不能快速制止它关闭的进程，后果将不堪设想。"

如我们将要看到的，仅靠业界的反对来制止知识之门的关闭显然力不从心。知识之门起先嘎吱作响地慢慢趋于关闭，然后终于砰的一声猛地关上了。如果这样的未来在世纪之交才变得可以想象，它似乎仍然是遥远和可预防的。贝林的专利先是在美国遭到指责，然后就被完全忽略了。人们对它的厌恶如此之深，以至于赫斯特公司的律师都懒得费力去起诉一直未中断使用贝林方法生产免疫血清的公司。当贝林在1901年被授予诺贝尔奖时，《美国医学会杂志》发表社论称，他企图从白喉疫苗中"收割利益"，应该"取消他获得人道主义进步奖的资格"。

不管怎么说，作为老牌贵族，贝林不需要金钱，他1917年去世时仍家境殷实。他帮助创办起来的赫斯特公司在他死后的几年里继续成长壮大，最终和其他5家公司合并，成立了法本公司（IG Farben），后来成了纳粹政府及其战争机器的基石工业卡特尔。公司合并之后，贝林并没有被遗忘。在德国，他是一个传奇人物，等同于巴斯德在法国所受到的待遇。1940年，纳粹党在马尔堡大学为他举行了隆重的纪念仪式。在为此次活动出版的一本书中，纳粹卫生局局长莱昂纳多·孔蒂（Leonardo Conti）称贝林是"德国人勤奋品格、科学水平和文化精神的不朽代表"。阿道夫·希特勒（Adolf Hitler）本人的发言也被收录其中，他赞扬这位垄断医药的国际祸首是第三帝国的骄傲。

帕克－戴维斯公司不愧是"有道德的"制药商中的"坏小子"，在20世纪初就效仿德国人挑战专利禁忌的边界。最惹人争议的事件涉及该公司关于提纯肾上腺素的专利。肾上腺素（帕克－戴维斯公司也以此作为商标名）能够大幅减少小型外科手术的出血状况，由旅美日裔化学家高峰让吉（Jokichi Takamine）在他纽约市的实验室里从动物腺体中首次制得。美国专利局化学部拒绝了高峰让吉前三次的专利申请，理由是申请的专利是"一种天然产品，只是被申请人分离了出来"。在得到专利律师团队的帮助后，高峰让吉最终在1903年获得了一些产品和制备工艺的专利，并立即转卖给了帕克－戴维斯公司。随后的一年里，帕克－戴维斯公司靠着"可卡因可实现无痛手术，肾上腺素可实现无流血手术"的宣传卖出价值20万美元的肾上腺素产品。

帕克－戴维斯公司企图独占一项重要医学发现的市场，但竞争对手并不接受。1905年，由礼来公司（Eli Lilly）和H.K.马尔福德公司领头的竞争致使专利产品肾上腺素的市场份额被削减了约一半。帕克－戴维斯公司在公布那年令人失望的销售数字之前，向管辖纽约南部的联邦巡回法院起诉H.K.马尔福德公司侵权。马尔福德公司乐于借此机会与之一较高下并阻止美国制药产业的德国化进程。在法庭上，帕克－戴维斯公司方代表团队里有许多曾在阿司匹林战争中为拜耳公司辩护的律师。代表"有道德的"传统守卫人的马尔福德公司一方，聘请了费城的顶级专利律师事务所豪森豪森（Howson & Howson）为自己辩护，在法庭上继续"大肆摆出反对药物产品专利的高尚姿态"，法律史学家克里斯托弗·比彻姆（Christopher Beauchamp）如此写道。

5年来，这两家公司的律师提交了数千页相互矛盾的法律以及科学证据。1911年，这个案子落到了39岁的法官比林斯·勒恩德·汉德（Billings Learned Hand）的手上。当时，专利案件主要在美国联邦第二巡回上诉法院内进行审理，且汉德已经在他当值法官的头两年里审理判决过十多个专利案件了。不过，肾上腺素的发明、处理和取得专利过程所呈现出的科学、技术和法律上令人困惑的复杂性，让汉德始料未及。最终，汉德认同帕克-戴维斯公司一方的主张，判定肾上腺素是一种（可授予专利的）"新颖的物质成分"而不是一种（不可授予专利的）"天然产品"。在宣布判决时，汉德承认他花了不少工夫才掌握其中涉及的技术和科学问题，他呼吁成立专门的专利案件审理法院，并由中立的具备专业知识的技术顾问从旁支持。①

大约是在汉德做出判决的前后，弗朗西斯·斯图尔特正逐步结束其长期以来在富有争议的道德范式外围奋斗的职业生涯。尽管他是首个在19世纪80年代公开质疑专利禁忌的人，但自那之后他改变了想法，又回到和年轻时一样拒绝医药专利的立场。在他仔细观察了占有和追求垄断是如何影响药物研究与买卖后——也就是德国公司以及他自己的帕克-戴维斯公司的做法——最后留给了世人专利之弊永远大于利的警告。斯图尔特在其1909年最后担任美国药学会专利和商标委员会主席期间所撰写的报告中指出，专利妨碍竞争，抑制创新，并激励公司延迟发表研究成果以及用其他方式阻碍对于科学企业至关重要的信息的自由流通。报告的结论是，垄断"致使专业药房无法存在"。

然而为时晚矣。斯图尔特早年为伦理专利所做的努力已经在医学界引发了一场惯性转变。1909年，美国医学会的守卫者们礼貌地拒

---

① 这一想法将在20世纪50年代被药物公司采纳和拥护，用作规避自由派联邦法官的一种方法——尤其是那些具有新政倾向且居住在南部的法官。它们的目的最终达成，1981年12月美国联邦巡回上诉法院（the U.S. Court of Appeals for the Federal Circuit）成立，主审专利案件。——作者注

绝了斯图尔特提出的禁止医药制造工艺和产品专利的要求，认为这样的全盘否定政策"不切实际"。在随后的5年里，美国医学会修改了内部章程，使更大量的医药专利出现成为可能。为使这个决定合理，他们通过一项决议，即医学会理事会可以代表发明人持有专利，条件是"美国医学会和专利持有人都不从这些专利中获得酬劳"。理事会声明，从这样的专利中哪怕获得1美元都是"违反职业道德的"。美国医学会将利用距离第一次世界大战还剩下的几年时间辩论创立负责"有道德地"管理国家医药知识产权的中央机构的各种提案，但都无果而终，该计划于1916年被彻底放弃。

与同盟国开战在即，最后一场争议引起了人们对德国公司熟练使用工业专利策略保护药物垄断的关注。涉事药物是抗梅毒特效药洒尔佛散（Salvarsan），别名"魔法子弹"，由赫斯特公司于1910年取得专利。1914年投入广泛使用时，正值英国海军的封锁开始对德国的船只运输产生影响之际。随着英军收紧海上牵制，德国潜水艇能运抵纽约港的德产商品也变得越来越少，包括专利药物在内。

药品供应短缺的冲击带来了清醒的认知：美国研究人员不知道如何制造洒尔佛散。1915年开始，费城的皮肤病学研究实验室（Dermatological Research Laboratories）发起一项应急计划，即依据赫斯特公司专利申请原件中的资料信息来合成此药。他们发现这项任务远比预期艰难。专利申请件上的资料不仅存在故意含糊不清和不完整的信息，而且深藏于赫斯特公司的律师精心构建的更庞大的专利丛中。1916年，在美国研究人员成功合成此药的非专利版之后，费城实验室主任杰伊·弗兰克·沙姆伯格（Jay Frank Schamberg）博士就获取此药的制造权一事与赫斯特公司的纽约代表进行接洽。赫斯特公司回绝了这一请求，但沙姆伯格还是继续生产没有授权的洒尔佛散。

那时，反德情绪达到了战时的歇斯底里水平，在这样的氛围中捍卫洒尔佛散的专利权需要难得的自信。但是位于纽约、受聘于拜耳和赫斯特公司的 H. A. 美兹公司，本性好斗又自傲。其创立董事赫尔曼·奥古斯特·美兹（Herman August Metz）因积极投身保护药物专利事业而闻名——甚至不在意即将来临的战争，也不惜让美国人遭受梅毒的折磨。

美兹公司捍卫赫斯特公司专利的合同没过多久就失效了。因为 1917 年 4 月 6 日美国加入了这场欧洲战争，上述问题均得到解决，同样迎刃而解的还有其他有关德国专利的争端。几天内，伍德罗·威尔逊（Woodrow Wilson）成立了外国侨民财产管理局（Office of Alien Property Custodian），并命令该局局长 A. 米切尔·帕尔默（A. Mitchell Palmer）将所有德国公司的投资财物没收充公，包括知识产权在内。帕尔默收缴的大量财物里有德国化学和制药行业所持有的数千份专利和注册商标。美国政府立即将这些专利和商标许可证分发给各种规模、分散于各处的美国公司。很多许可证是联邦合同的附属品，让 200 种原先进口的药物可以在本土大批量生产。但是美国政府大方处理德国专利的方式，并不是一个迅速扩张的行业所采用的模式。1918 年停战协议签署后，可以清楚地看到，美国"有道德的"药物公司从它们的德国同行中获取的远非战时被充公的品牌产品线。

第三章

禁忌之亡
瓶中阳光

第一次世界大战对美国而言是短暂的。但在与协约国并肩作战的16个月里，美国有11.6万名士兵丧生。那个时代的人们领会到，这个国家的政治体制和文化生活已出现分水岭，新旧两个时期截然不同。战前10年中，具有关键转折意义的小说是厄普顿·辛克莱的《屠场》，这是一部反映社会抗议和新闻的作品，捕捉到了进步时代的基调和关注点。辛克莱对芝加哥肉类加工业的描写，将会永远和该小说发表6个月后，西奥多·罗斯福签署的1906年《纯净食品和药品法》一并被谈及。在战后的10年里，沃伦·哈定（Warren Harding）时代的公众想象力和社会关注度逐渐减少，这被美国文坛的另一位辛克莱永久地记录下来。辛克莱·刘易斯（Sinclair Lewis）1922年的小说《巴比特》（*Babbitt*）描述了美国人对一种思想的愚蠢接受，卡尔文·柯立芝（Calvin Coolidge）在1925年精辟地表达了这种思想，即国家的自然关切不是公民义务或社会进步，而是商业的使命。

对商业及其价值观的推崇，影响了战后不久便恢复的关于药物专利的辩论。不过，这场辩论的场地从药物公司变成了美国的大学。在那里，科学和商业的碰撞促进了"有道德地"取得学术专利这一新业务的管理优化和合理化，并使之所需的制度和道德观念加速发展。学术科学界、医学组织界和药企界一同开启了修订，并摆脱长期保护他们免受其他产业愚蠢的重商主义及其自身最坏本性诱惑的荣誉准则的进程。

这一变化发生的背景,正是科学的医学进入了发展成熟期。新的研究领域拓宽了医学在各个方向的发展前景,但开展这样的研究需要巨大开销和专业知识,这一现实情况势必将学术研究人员、医药守卫者和药物公司聚拢在一起。要建立新的关系秩序,手边唯一的指导依据是一系列可追溯到希波克拉底时代的约束和禁律。制定并确立新规定与准则的工作在两次世界大战之间的数十年里时断时续,最终取代了自本杰明·拉什在费城外沼泽地收集水蛭开始,就一直赋予医学和制药以身份和意义的"有道德的"秩序体系。

随着药物公司和其他以研究为基础的现代产业并肩作战,它们小心谨慎地转向长期避讳的关于知识产权使用的争议。在学术界,渴求资金供应的科学家思考着,取得专利和特许授权的模式是否可以设计成保留传统的理想主义又杜绝有悖科学的贪婪。两边为探究"有道德地"取得专利而达成一致:首先,持有发明专有权能更多地帮助支付研究费用和聘请科学家;其次,通过限制生产给值得信赖的制造商,药物公司能够以公共安全为由行使专利垄断。

随之而来的,针对"有道德地"取得专利行为的合法化之争充满了讽刺意味。极力反对取得专利和与产业合作的强硬学术派,仍受著名德国学府那种追求纯粹研究的浪漫愿景影响。不过,同样是这些学府培养出来的人,他们来到美国就像来自未来的访客,展示医药发明如何能被利用并从中谋取最大的市场利益。来自海德堡和慕尼黑的博士们在19世纪晚期建立起来的垄断将会决定关乎美国药物专利生死的辩论局势走向。政府通过打碎德国装满知识产权的宝罐并拿其中的宝物以培养美国的公司,对精心策划又盘根错节的德国专利丛的全部研究领域进行了清理,促使最终埋葬专利禁忌的产业－学术合作模式的形成。在政府将德国的专利许可给美国公司后,历史学家尼古拉斯·拉斯穆森(Nicolas Rasmussen)写道,产业"与大学里生命科学家的合作变得更加常见,(而)药物公司为了发现新药也是为了临床试验,被迫依赖于他们与大学之间的联系"。

接下来发生的是各种制度文化的共同进化,此间,现代化药物公司在专利合法化方面给它的学术研究伙伴造成了许多困扰。这一次还是辛克莱·刘易斯对此做了实时的艺术加工。1925年,他发表的小说《阿罗史密斯》(*Arrowsmith*)讲述了一位年轻的学术型科学家的觉醒历程。这位科学家拒绝商业和医学的杂糅混合,因而逃离,归隐于佛蒙特的树林深处,在一间棚屋实验室里追求自己所信仰的知识。

1752年的一天夜里,本杰明·富兰克林冒雨放风筝,演示闪电可以被导引到别处。虽然"瓶中的闪电"(lightning in a bottle)这个惯用说法源于那次著名的实验,但富兰克林从未用瓶子成功捕捉到任何东西。将这个说法真正实现的人,是一名威斯康星州的生物化学家,名叫哈利·斯廷博克(Harry Steenbock),他提取并罩入瓶中的是和雷电同样基本的自然元素:阳光。

斯廷博克的发现发生在他1923年研究与维生素D缺乏有关的骨骼疾病佝偻症起因的过程中。他观察到经常缺乏光照和必要维生素的老鼠会患有这种疾病,但是有一只笼子的老鼠例外。在试图排查出原因时,斯廷博克检测了健康老鼠所在笼子里的锯末垫料。结果显示,锯末富含维生素D,而那只笼子里的老鼠一直在啃食这些锯末。然后他追踪到维生素D来自实验室里新的石英蒸汽灯发出的光:其中的紫外线产生了大量对人类健康至关重要的"阳光维生素"。

该发现奠定了斯廷博克在医学史上的地位,但是人们有充分的理由相信这位年轻教授的心思主要在其他事情上,即餐桌黄油和它所面临的来自新兴人造黄油产业的挑战。他对黄油的忠实及其阻止人造竞争产品注入维生素 D 的决心，将加速一个后禁忌时代产学合作与大学取得专利的世界的出现。

斯廷博克在威斯康星州东部的一个家庭乳牛场长大，他的全部学位均获于麦迪逊的威斯康星大学。1908 年，他受聘于该校农业化学系去攻克本州乳品产业的难题，该系的大部分工作由这个行业提供资金。斯廷博克，一直是那个威斯康星农场小子，认为自己是在为养育了自己也为几乎每一个他认识并爱着的人提供了生计的产业工作。他的发现使他有条件确保维生素 D 不落入敌人之手。人造黄油作为新的黄油替代品比真正的黄油要便宜，但缺少维生素，这严重限制了它们的吸引力。维持这种现状的重担便落在了斯廷博克肩上。早几年前，他就开发了一种生产浓缩型维生素 A 的方法。在他申请工艺专利失败后，人造黄油产业发动突袭，利用其改良的富含维生素 A 的产品，抢占黄油因其营养占据支配地位的市场优势。

维生素 D 是最后一道防线，且斯廷博克下定决心绝不再犯同样的错误。尽管情况紧迫，但斯廷博克知道他无法取得自己的辐照法专利。他遵循研究和私人利益之间划清界限的道德准则，任何模糊那条界限的举动都将危及他的名声。为了避免给人贪得无厌的印象，斯廷博克说服大学官员成立一家公司，负责处理取得专利和特许授权所涉及的法务和财务事项，由此产生的实体是威斯康星校友研究基金会（Wisconsin Alumni Research Foundation，简称 WARF）。它代表学校管理专利的同时保持自身的独立，成为神圣和世俗之间存留的最窄的缓冲带。

1925 年，WARF 的成立打破了学术科学的道德准则，犹如斯图尔特、戴维斯以及德国人打破围绕药物制造的道德秩序一般。斯廷博克对此有敏锐的嗅觉。面对批评，他像斯图尔特和戴维斯一样，竭力捍卫自己的专利。在《科学》（Science）杂志上，他发文声称有必要"在对这些发现进行可能的商业利用时保护公众的利益"。为了支撑自己的观点，斯廷博克援引近来发生的同样富有争议的事件，即多伦多大学决定与礼来公司合作生产商标药物因苏林（Iletin），这是世界上首款胰岛素产品。同样地，多伦多大学的研究人员也基于斯图尔特和戴维斯打下的基础为这项专利进行辩护：它能保护公众利益且为未来的研究提供资金。同斯廷博克一样，这些加拿大研究人员个人没有从许可协议上谋求或接受任何专利使用费。①

无论斯廷博克多么大声、多么频繁地公开宣扬自己的科学美德，大家都知晓他在背后藏了一把黄油刀，随时都会用来刮取公众的利益。

斯廷博克将他的发现特许给多家推出了许多添加维生素 D 的新食品公司——仅有一例外。他和 WARF 确保人造黄油产业不能获得一项有明显医疗和公共卫生价值的公共资助发明。斯廷博克知道，受维生素 D 缺乏影响的大多是穷人家的孩子，他们的父母购买人造黄油是因为它便宜。WARF 的垄断则更加剥夺了这些孩子重要的营养补充。这在英国被认为是特别可耻的行为，因为维生素 D 最先在英国被成功分离，并确定缺乏它是佝偻症的起因。而且在烟囱林立的英国北方，冬季昏暗而漫长。针对斯廷博克的维生素 D 专利，英国医学会（British Medical Association）通过了一项决议作为回应，谴责任何使用"发现和发明为个人谋取好处"的研究人员。英国医学研究理事

---

① 截至 1967 年，即斯廷博克以 81 岁高龄去世的那一年，他的辐照法专利共产生 900 万美元的专利使用费，其中大部分被 WARF 投资到股票市场，所获利益返还给大学用于资助研究。——作者注

会（Medical Research Council）不甘示弱，联合皇家内科医学院（Royal College of Physicians）和皇家外科医学院（Royal College of Surgeons）共同提议建立国际条约，禁止医药专利。历史学家彼得·纽绍尔（Peter Neushul）写道，作为"美国佬"的"一种管理科学，但似乎会威胁科学本身发展的新方法"的象征，斯廷博克专利的影响一直笼罩着该提议的进程，挥之不去。

争论在威斯康星州也愈演愈烈。与斯廷博克声称代表的奶农们一样，大学教员和管理层也就"有道德的"垄断的 WARF 模式的道德准则产生了分歧。《养牛》（*Hoard's Dairyman*）的资深编辑 A. J. 格洛弗（A. J. Glover）给赞同专利和批准成立 WARF 的大学院长们去了一封措辞激愤的信。"为什么公众要把钱花在发现真理上，只是为了让它们被授予专利，由一些公司来决定怎么使用它？"格洛弗迫切要求知道原因。"在我看来，使用公众钱财发现的知识属于公众，我很难理解这样的发现是如何能被授予专利，并由一些私企决定其用途的。"①

在第二次世界大战结束之后的一段时间里，这篇评论将会在一场关于联邦资助科学的私有权是否合理的全美国辩论中，重新响彻美国参议院。它借由一本地方性贸易刊物清晰表达出来，这本身就证明了美国人是如何——包括那些身处医药和学术研究之外的人——理解和感受这场围绕公众健康相关专利展开的辩论可能产生的影响和其中的利害关系。

"WARF 是转折点，"从事大学专利政策技术转让史写作的华盛顿

---

① 在斯廷博克晚年，他面对这些批评指责时未做辩解。"从广博的人道主义的方方面面出发，必须承认，任何可用于改进我们的食品从而改善我们的健康状况的工艺方法，不应该受到任何限制手段的束缚和妨碍，"他在退休后告知一名采访者，"但是这个问题还有另一面，那就是这种放任自流的政策将会给对我们的营养健康贡献最多的乳品产业的发展繁荣带来影响。"——作者注

大学前专利官员杰拉德·巴奈特（Gerald Barnet）说道，"早在科学家着迷于获取利润和知识产权而不再专注于本职工作之前，它就是早期接受专利的有影响力的机构了。"

到了20世纪30年代中期，美国有许多公立和私立的研究型大学开始申请专利，并在WARF模型的基础上进行实验。大多数情况下，医药发明的专利以"无利润保护"的名义得到批准，而实质却是把特许授权和专利使用费交由大学董事决策处理，与学校本身避嫌。哥伦比亚大学、麻省理工学院，还有普林斯顿大学一起将教员专利的管理外包给一家叫作研究集团（Research Corporation）的私人公司，这家公司将专利使用费投资在全美国有前景的非营利研究项目上。

即使学术上取得专利变得很常见了，但它仍然处于尴尬的境地。在哥伦比亚大学宣布与研究集团合作时，校董事们不得不强调一下取得专利"不包括在学校的学术目标内"。1934年，那些拥有最古老血统的医药守卫者机构，特别是宾夕法尼亚大学和哈佛大学医学院采取行动抵抗这样的趋势，禁止教员取得专利。

不过，即使这些原则性强的抵抗在拟定声明时也是留有回旋余地的。20世纪30年代初，没有一个专门的研究型大学明确反对这样的观点，即医药垄断在专利持有人致力于保护知识不受有卑鄙意图的人侵犯的情况下可能是良性的。现在的困境是如何确定新的边界，以确保道德行为和高尚目的表里如一。很多经历其中的人都不禁常常思索坚定的医学守卫者内森·史密斯·戴维斯（Nathan Smith Davis）在1894年提出的问题。的确，"有道德地"取得专利是一次前进，戴维斯在美国医学会的一次会议上就斯图尔特惹人争议的想法郑重地说："但是朝着什么方向迈进——是走向科学和荣耀还是走向贪欲和耻辱？"

1933 年，美国科学促进会（American Association for the Advancement of Science）成立了一个委员会来研究产业和专利对大学研究日益增长的影响。该委员会经过慎重考虑，决定支持斯图尔特原先的论点：如果得到正确、透明的处理，专利可以确保质量得到控制，威慑无道德原则的行为，并有利于资助研究。但是委员会的报告也提及了担忧的缘由。最令人担心的是，有迹象表明产业势力在大学里不断扩张，正造成"对从事同一领域必需性研究的后来者的不当束缚"。私营部门合作者离传统的道德体系渐行渐远，迫于他们施加的压力，学术研究人员开始效仿德国的做法，即战略性地给每一步研究进展取得专利、延迟发表，或者出于商业原因以其他方式阻碍知识的流动。

道德观念变迁引发的争论成为 20 世纪 20 年代和 30 年代医学和科学会议上的主要议题。赞同和反对的演说被转载在医学杂志上，来自医生和医学院院长们的回应和反驳占据了读者来信的版面。随着美国深陷经济大萧条，可接纳意见的范围得以拓宽。道德层面上最不可接受的私人利益，偶尔地，甚至有人把它作为取得专利和产业资助中可接受的一个方面而为它辩白。"尽管这种对学术成果的营养需求常常被忽视，但是面包，甚至是抹了点黄油的面包，对一个人和他的家庭来说，是他从事研究工作的生活必需品之一。"耶鲁大学的生理学家杨度尔·亨德森（Yandell Henderson）在 1933 年《科学》杂志的一篇文章中如是写道。在一个领面包的长队比缩减研究预算更成问题的时代，这种对金钱奖励的暗示很难受到批评。对某些人来说，反对专利的老旧道德观，似乎是另一个时代清高的执念。

老旧一派并未不战而退。任何想要为取得专利行为正名的企图，无论是否合乎道德，注定要遭遇传统主义者的抵抗，无论在会议上还是在主流刊物中。"有道德地"取得专利和"产业－学术"合作（industry-academic partnerships），纽约的医师艾伦·格雷格（Alan Gregg）为了答复亨德森向《科学》杂志去信道："……（正）被事实证明是危险的。它往往会关闭思想和知识的无私交流，会扼杀批判性的公正态度，会招致不满与怨恨，会在诉讼中消耗时间和金钱。为什么本是造福大众的禀赋，竟成了为企业提供资金的手段？与严密管理的企业相比，大学研究的独特功能又是什么？"

在这场辩论中，既是辩手又是裁判的，是气度不凡的芝加哥医师，《美国医学会杂志》的资深编辑莫里斯·菲什拜因（Morris Fishbein）。他是个勉为其难的改革者，之所以接受了"有道德地"取得专利行为的兴起，更多是顺势而为，而非出于主观热情和意愿。他不得不遵守美国医学会的新章程，并对该组织就"有道德地"取得专利是为了公众利益所做的理论上的辩护表示同意。但是他拒绝美化自己对实际发生情况的看法。WARF 似乎"更关心产业而非科学"，菲什拜因在 1933 年指出，表明"对一所大学而言，一份专利的酬劳会是多么可观的一笔资金。威斯康星大学痴迷专利使用费的消息已经传开了"。

1937 年，在纽约州罗切斯特市召开的美国化学学会（American Chemical Society）的会议上，菲什拜因进一步衡量了战后几年令人眼花缭乱的变化。他的演说重新发表在《美国医学会杂志》上，主题为"医药专利"，这是那个时代就 1918 年后"有道德地"取得专利行为的猛增态势所做的最可靠的陈述。菲什拜因认为，如果垄断索赔和行业合作关系要与医学伦理原则相一致，就必须有秩序。他呼吁创建一个"能够秉公客观地看待事物问题的公正无私的机构……拥有毫无私心的特质，能够为了大众的利益管理医药专利，能够确保研究人员得到合理的酬劳，能够保证利润的大部分用于研究，以及愿意给予通过合乎道德的方式发展批量生产并积极拓展销售的制造商以充分的回报"。

医药产品不同于其他类别的发明,因而有此需求。菲什拜因转述免疫学家汉斯·辛瑟尔(Hans Zinsser)的观点,认为减轻人类痛苦以及维护公众健康需要的规则和道德观念,与那些管理"改进汽车机械装置或者改进鞋扣的发明"不同。以任何方式抑制使用或开发关乎公众健康的发现,是"和囤积小麦垄断市场一样不正当的行为"。菲什拜因指出,在 WARF 模式之后,大学专利申请的激增正在使这种"囤货垄断"的心态正常化。警觉到斯廷博克控制维生素 D 的生产所具有的象征意义,这位芝加哥医师使用久享盛名的修辞技巧,将这样的控制行为对医学研究和科学本身可能带来的重大影响做了一番阐释。

"天空中的太阳,应该供所有想用它的人无偿享用,"菲什拜因说,"然而迹象表明,有维生素 D 专利相关者,甚至会阻止调查人员在阳光下进行实验。"

大学取得专利的争论有时会延伸到专业期刊之外。1936 年 4 月期的《哈珀》(*Harper's*)杂志特载了苏格兰科学家 G. W. 格雷(G. W. Gray)的一篇文章,指出科学事业应与产业及其价值观保持相对的距离。"科学事业最让我们引以为傲的是思想上的正直与精神上的独立,"格雷写道,"但这样的名声,在面对专利商品竞争性的销售运作、侵权诉讼,以及当研究机构的经济利益与市场其他争议的一方有关的时候,还能保证不受玷污吗?"不过像这样受欢迎的文章很少,而且专利议题很少被当作对国家经济、政治或国民身体健康有重要意义的迫切问题来对待。随着平民主义势力的衰退,专利斗争几乎都丢给了法院,遂被大家遗忘。

情形骤然改变于 20 世纪 30 年代末,那时,"有道德地"取得专利的做法征服了美国的大学。

1941 年 3 月,菲什拜因在《美国医学会杂志》上发表文章,反映了从专业人士内部讨论到更大范围的讨论的转变。文章的主题是在多伦多大学许可生产胰岛素的几家公司中间出现的价格垄断问题。换个年代，相关公司可能要担心一篇菲什拜因的社论对公司名誉所造成的伤害。但在 1941 年，它们有比受到美国医学会官方喉舌的谴责更大的问题要处理。很快，它们就会因违反《谢尔曼法》遭到富兰克林·德拉诺·罗斯福政府司法部的起诉，并为自己做无罪申诉。菲什拜因没有给自己的文章起名为《胰岛素专利》(*The Insulin Patent*) 或者《胰岛素争议》(*The Insulin Controversy*)，要是在 10 年前他很可能会这么做。他使用了一个当时在美国政坛卷土重来的新近词汇，就在他所担心的"'后道德时代'制药产业的脐带被剪断"真的发生时，新生产业踢着脚尖叫着要求更多、更多、更多。

文章的标题是《胰岛素垄断》(*The Insulin Monopoly*)。

第四章

瑟曼团队
抵制垄断的罗斯福新政

当推动根本性变革的平民主义向更加温和的自上而下的改良主义妥协的时候，药物专利禁忌遭到破坏的迹象便已显现出来。对西奥多·罗斯福式的进步党人而言，托拉斯和权力集中本不是坏事，只是在它们拒绝像他这样的技术专家治国论者管理的时候应该被抵制。"一战"后伍德罗·威尔逊是否会采取更加强硬的举措应对垄断和卡特尔，只能存疑。1919年10月，就在威尔逊政府在司法部内部建立反托拉斯机构数月之后，他作为总统的工作计划就因一场脑卒被搁置，身体也变得极度虚弱，自此从公众视线里消失。再次现身是在沃伦·哈定就任总统的典礼上，他形容憔悴，拄着拐杖。

哈定不关心反托拉斯执法和专利改革，卡尔文·柯立芝和赫伯特·胡佛（Herbert Hoover）亦如此。20世纪20年代，分别由他们执掌的3届共和党政府因安德鲁·梅隆（Andrew Mellon）连任11年的财政部部长而步调统一。梅隆是一名金融家和实业家，靠着谋略取得专利，建立起自己的商业帝国。他把强盗大亨的时代与"咆哮的20年代"（the Roaring Twenties）结合起来，用一种卑鄙和公开的腐败代表了这10年的政治，这种腐败经受住了讽刺，让战前的进步主义看上去像是一段无意义的历史插曲。

随着1932年富兰克林·德拉诺·罗斯福当选总统、入主白宫，专利问题看来能够重新成为政治和经济辩论的议题。这是肯定的，不过还需要一些时日。罗斯福新政早期致力于合理化和集中化的经济管理，而不是粉碎企业集权。在管理方法失败后，罗斯福调整了新政政策的方向，向促进竞争的目标迈进。这样的路线纠正，需要重新从理论和实际出发，考量这个国家的专利制度。至 1936 年，新政班底的核心人物不仅怀疑授予发明人专利权能否带来社会效益，而且质疑对"发明"提出任何所有权要求的合法性。

专利议题被重新推回公众视野的另一个相关事态发展是，美国政府一跃成为世界上最主要的科学研究资助者。第二次世界大战初期，华盛顿各派系蓄势待发，迎接一个迫在眉睫的重大难题：当战争结束，和平来临时，谁将有权利获得在联邦政府资助的实验室里创造出来的大量可授予专利的产品？得到小型企业和劳工拥护的新政一派主张，公共资助的研究应置于政府的控制之下，发明和知识应得到广泛授权，以谋求最大的公共利益。拥有工业企业资方支持的共和党反对派则认为，政府应该允许私营部门合约商对这些发明及发明的知识基础提出所有权要求。

民主党 1932 年的执政纲领包含了很多让共和党人和商界警觉的内容。不过，对于专利和更大的反垄断问题，他们并不清楚有什么好担心的。富兰克林·罗斯福的第一任期新政智囊团所持观点与他的远房堂兄西奥多·罗斯福接近。后者因分拆了 J. P. 摩根（J. P. Morgan）的铁路公司，并在 1903 年获得反托拉斯执法的第一批行政资金而被称为"托拉斯爆破手"。但富兰克林·罗斯福在自己第一任期内的目标并不是要摧毁托拉斯，而是要降低它的地位，使之成为经济集中化管理的初级合伙人。同样地，他将那些领头产业视为政府潜在的盟友，包括在专利王国和卡特尔的基础上建立起来的产业，认为可以与之协力把这个国家从经济大萧条的困境中解救出来。在中央计划经济体制下，规模大和集中度高或许是有利条件。

富兰克林·罗斯福无法理解的是经营这些产业的人对自己怀有深深的恨意。1934年11月，这个反对派里的领头人物企图发动政变来推翻羽翼未丰的罗斯福政府。对此，海军陆战队少将史沫特莱·巴特勒（Smedley Butler）在自己的回忆录中做了详述。富兰克林·罗斯福所属的共和党内也存在不满情绪。1935年，联邦最高法院一致裁决富兰克林·罗斯福计划的中央机构即美国国家复兴管理局（National Recovery Administration）违宪。[①] 批评国家复兴管理局的人来自不同的政治派别，其中就有富兰克林·罗斯福的老朋友和支持者——自由派法官路易斯·布兰代斯，他认为这一机构促进了卡特尔垄断组织的形成。私下里，布兰代斯敦促总统放弃经济集中化，把竞争作为新政的指导原则。在他看来，与其努力争取最大型公司的支持，不如将他们拆解。布兰代斯以及富兰克林·罗斯福核心圈子里的其他人主张，鼓励与小型商业竞争的经济学理念不仅仅是高端经济增长策略，也是民主社会的先决条件。

自1936年总统候选人提名大会开始，罗斯福在其发表的一系列著名演说中声明了这一核心要点，呼吁"推翻"穿着靴子踩在被新政拥护者唤作"小伙伴"的脖子上的"经济保皇派"。1937年的经济衰退加速了新政策的形成。罗斯福的亲信们，特别是美国内政部部长哈罗德·艾克斯（Harold Ickes）和国务卿科德尔·赫尔（Cordell Hull），效仿经济学家约翰·梅纳德·凯恩斯（John Maynard Keynes），催促总统尽快把言论落实到具体的政策上。凯恩斯这位经济学家早在

---

① 富兰克林·罗斯福第一任期内建立的另一个主要的支柱性政府机构——农业调整管理局（Agricultural Adjustment Administration），不仅被存留下来，而且得到了很大发展，被公认为新政时期最成功的计划。——作者注

1932年的时候就敦促罗斯福对待大型企业要粗暴，无须怀有歉意——如他在一封私人信件中所说的那样，像对待一只"没有教养，也未如你希望的那样受过训练的"动物一般。

1938年4月29日，富兰克林·罗斯福向国会发表讲话，详细陈述了自己的计划方案。在此之前，以至此后，都没有一位美国总统像他这般咄咄逼人地阐明布兰代斯在不平等、权力集中和民主命运问题上的立场。罗斯福指出企业权力超大规模的集中是造成不平等和经济衰退的起因，指责其构成威胁的严重程度不亚于任何外来势力。"第一条真理是，如果一个民主国家的子民纵容私人权势坐大，以致凌驾于他们的民主政府之上，这个民主国家的自由就会处于危险之中，"他说，"本质上，那是法西斯主义——政府成为个人、集团或是任何其他居支配地位的私人权势所有。"

这种支配地位的私人势力组织起来，形成了罗斯福所说的私有集体主义。这些权力集群已经成为危害自由企业制度的毒瘤；甚至在它们组建"隐秘的欧洲模式卡特尔集团"的时候，其鼓吹者还满口熟悉亲切的美国式说教。罗斯福承诺恢复并使这个国家已经陈旧的反垄断法现代化，他做的第一件事就是拨款20万美元来扩充司法部的反托拉斯部门。这个部门自威尔逊政府开设以来经过20年的运转，已失去了活力，成了死水一潭。这笔拨款来得正是时候。

罗斯福公开表明研究专利问题要考虑改革措施以"防止利用专利抑制发明，形成产业垄断"。罗斯福在捍卫发明家获得专利费作为工作奖励的权利的同时，也间接指出建立专利池和公开许可模式的好处，也就是"未来的专利可以被任何支付了适当专利使用费的人使用"。他还提出，"少数人握有的管理国家经济生活的权力必须传播到多数人的手中，或者转让给公众以及对公众负责的政府"。

传播、转让——这些原本专利遵循的社会契约的精神和语言，已经很久很久都没有听见过了。

1938 年，在罗斯福向国会发表演说时，谈及垄断和专利不仅仅是快速启动经济和重新兑现小规模竞争性自由企业的共和主义承诺。美国的卡特尔呈现出重大的国家安全问题。1935 年，罗斯福最得力的律师即未来联邦最高法院的法官罗伯特·杰克逊（Robert Jackson）表示，安德鲁·梅隆对煤矿和铝矿的生产实施"工业－金融"（industrial-financial）交叉、连锁控制等一系列做法令他担忧。一旦发生战争，这些战略上至关重要的部门就会被由精密构建的知识产权护栏围起来的私有垄断支配。马特·斯托勒（Matt Stoller）在自己的现代反垄断政治史作品《巨人》（Goliath）中指出，杰克逊的担忧萌发于他在希特勒上台掌权后不久前往柏林的旅途中。正是那时，这位新政拥护者惊恐地注意到德国工业卡特尔对这个纳粹国家的崛起和维系所起到的作用。杰克逊警告道，如果不加约束，梅隆和他的实业家伙伴在战时与和平时造成的威胁，将不逊于德国的钢铁巨头。1937 年，罗斯福任命杰克逊领导司法部的反托拉斯局。杰克逊随即启动一项调查以找出有能力阻碍或延缓战时生产的集权势力。他的第一目标是美国铝业公司（Alcoa）。杰克逊接受任命数周之后，司法部以大量阴谋和违反反托拉斯法的罪行对美国铝业及其下属子公司提起诉讼，案情涉及自 19 世纪 90 年代累积的多达数百项的专利滥用情况，这个知识产权的"军械库"让梅隆能够在碾压、阻碍潜在竞争者的同时建立并保护自己的商业帝国。随后的审判揭露了梅隆的运作事实，证实了杰克逊担心的最糟糕的情况：美国铝业公司不仅在规模上与纳粹的工业卡特尔相当，而且还积极地与它们共谋并达成了许多共享市场与专利的协议约定。

因美国对具有广泛社会危害性的知识产权要求表现出罕见的宽

容态度而感到沮丧的批评人士认为，美国铝业公司一案代表了迟来的正义。经过长达 7 年的诉讼，杰克逊团队揭示了其累积的专利——其中有些来自公司内部的发明成果，有些则是购买获得的，还有些是以不正当手段从联邦所资助的实验室里窃取的研究成果——是如何让梅隆在多个战略性产业中成功实施钳制手段，并导致美国经济畸形发展的。杰克逊的警告在 1941 年 12 月美国参战后得到了进一步证实。第二年春天，美国铝业公司无法满足战时的生产需求，导致轰炸机制造工厂出现供应短缺和停工停产。随着 1945 年 3 月战事趋缓，才有一家联邦上诉法院最终作出裁定，判美国铝业公司违反 1890 年的《谢尔曼法》。美国铝业公司被迫打开自己的专利"保险库"，其中的专利尽数被分配到铝业以及其他工业部门的新贵手中，累积了半个世纪的科学和工业知识最终得以有效传播。

新闻媒体对美国铝业公司一案的报道使公众得知，整个"二战"期间，梅隆和他的工业巨擘伙伴是如何与德国工业巨头勾结合作形成事实联盟的。1942 年 1 月，众议院军事事务委员会（House Military Affairs）下设的小组委员会，就垄断企业对造成战时物资短缺和价格高涨所起的作用，开启数周的听证会。参议院中来自密苏里州的民主党人哈里·杜鲁门（Harry Truman）开始处理战时企业叛国的罪行，代表事件是司法部指控标准石油公司（Standard Oil）与德国工业联合企业法本公司（IG Farben）组建卡特尔。这起公诉案件尽数披露了这家美国公司是如何与敌人分享重要技术，又是如何在诸如合成橡胶开发等战争相关的工作计划上进行拖延的。

面对被杜鲁门称为"近乎叛国"的企业行为的证据，约翰·D.洛克菲勒（John D. Rockefeller）的这个标志性石油帝国费尽功夫捍卫自己的形象。同审理中的美国铝业公司案一样，这家石油公司与法本公司的商定协议包含事实专利池。

美国铝业和标准石油是因为与纳粹工业巨头合作而受到指控的规模最大的美国企业，但它们远非个案。对十几家美国大公司的调查——包括杜邦（DuPont）、通用电气（General Electric）、陶氏公司（Dow）和博士伦（Bausch & Lomb）等公司在内——揭示了它们为了巩固与纳粹工业之间的关系疯狂地使用秘密协议，建立专利池。这些诉讼案件中的大多数，包括控告标准石油的那起案件在内，是以没收这些公司的专利再免费分散给小公司使用而结案的。

杜鲁门光明的政治前景要归功于他开展的这些战时调查。但是他对垄断议题的见解实际上不是出自他本人，而是大量借用了1940年出版的权威书籍《商业瓶颈》（The Bottlenecks of Business）中的表述和观点。此书作者是以助理司法部部长的身份接替罗伯特·杰克逊负责反托拉斯工作的瑟曼·阿诺德（Thurman Arnold）。书中记载了专利和垄断在整个经济领域形成阿诺德所指的瓶颈的无数种方式，并逐一列举取消专利和垄断后将获得的好处。据阿诺德估算，这样的瓶颈大量存在，其中最危险的是经他确定的关联着美国和纳粹工业的162个卡特尔商定协议。

阿诺德通向罗斯福新政晚期最为权势显赫的职位之一的道路，起步于怀俄明州拉勒米市市长一职。他突然迁往东部，去到耶鲁大学从事法律学术方面的工作，直至1937年出版本人最为知名的著作《资本主义的民间传说》（The Folklore of Capitalism），至此，他的学术工作暂告一个段落。从这本书的书名可知，作者试图区分美国建国后150年间经济领域的传说与现实，这也推动了与阿诺德有着密切关联的美国"现实主义法学"（Legal Realism）运动。其基本思想是，美国的个人主义、自立和自治的神话已经不适合现代工业社会的客观事实，致使形成了"世界上最不切实际的"政策和因循守旧的思维。阿诺德认为，使美国产生奇幻思维、糟糕政策以及不符合民主原则的集权的思想根源有：公司企业的人格化，以及把专利看作对勇于创新的"唯一发明人"的合理回报，而对它产生过时的理想化的依恋。

阿诺德对知识产权的神话和现代事实的长期关注与思索，使他能够顺利接手杰克逊的工作，将战时的生产供应从企业专利策略的束缚和控制中解放出来。作为研究经济瓶颈方面的行家和学者，阿诺德对因一项螺丝扣件专利问题而造成飞机生产延误之事并不惊讶。他严肃看待自己所肩负的教化美国民众的责任，并善于利用媒体为自己取得优势。1942年7月，他向一个商业集团发表演讲并在全美国范围内播送，他直截了当地提出"滥用专利特权一直以来都是实施垄断控制和限制生产的最有效手段"。

1943年，阿诺德离开司法部，担任第一巡回上诉法院（First Circuit Court of Appeals）的法官。在他任职于司法部的5年里，他把反垄断局原先仅有18名基础员工扩充成了一支500人的队伍，让美国产业界唯恐避之不及。阿诺德的反托拉斯局是繁忙且让人畏惧的部门。众所周知，公司的行政官们不愿等着被拉进高调的国会听证程序，他们会带着认罪协议和要献出的专利在阿诺德办公室门外排队等候，热切期待能签署和解协议，以免他们的名字出现在诉讼中，被传召到华盛顿，还要暴露在媒体的聚光灯下被新政的斗牛犬包围。

1938年4月，罗斯福在国会的讲话不仅预示了一个大刀阔斧执行反托拉斯新时代的到来，也透露了启动临时国家经济委员会，即TNEC的相关研究计划的部分消息。该计划于当年夏天正式启动，资金预算达50万美元，其任务是彻查美国经济中出现的集权现象。白宫选派人马（包括瑟曼·阿诺德在内）和一支从参众两院选出的两党议员队伍组成的联合委员会负责该计划的监督工作。在战争爆发的前3年里，TNEC 听证会广泛收集了来自政府、商界、学界和劳工界共552名人士的证词。1941年，该计划的调查结果和建议以数十份专题报告的形式陆续发表，其中第31份报告的标题为《专利和自由企业》（*Patents and Free Enterprise*）。

这篇关于专利的专题报告的主笔沃顿·汉密尔顿（Walton Hamilton）是耶鲁大学的经济学家和法学教授。作为瑟曼·阿诺德曾经的同事和知名的现实主义法学倡导者，汉密尔顿在处理这个议题时，秉持着自由派斗士的精神，也糅合了他作为历史学家、法律学者和经济学家出了名的明智审慎。他断定，现代专利没有成为传播科学知识的"输送泵"，而是抑制创新，成了远远超越17年标准专利期限的反竞争性垄断的基石。对此，汉密尔顿利用数十个详细的案例研究加以说明，其中多个案例涉及从化学产品到坦克、机床等紧迫的战时生产问题。

在这份报告的最后，汉密尔顿以荡气回肠的语调作为结语，既像是对罗斯福总统和国会说的，也像是对历史发出的。"我们即将遭遇国家历史上的一场危机。"汉密尔顿断言——

> 若要有利于公共利益的实现，稀缺经济学必须让步给富足经济学。在共和国内，个人对属于自己的财物享有权利；他可依自己的意愿处置自己的财产。但自由和财产必须止步于全体福祉的红线。很久以前，法律与政策联合规定，任何人利用自己财富的方式不得造成资源稀缺，不得导致生活水准下降，也不得在一国国民与他们的资源之间制造障碍。政府的伟大使命是要在管理现代工业化共和国的过程中体现这些古老的价值观；为了实现这一

伟大使命，必须鼓励国民中拥有丰富创造力的天才去贡献，不受经济活动中私人权利要求的束缚。禁锢发明和创造将招致失败；发现如何向人类释放巨大创造力的国家，一定会获得应许之地。

专利意味着"禁锢发明"的观点并非脱离美国传统的大转变。1787年在费城对知识产权的接受充其量只是犹豫不决，而这个国家对专利的怀疑从未消失。部分原因是受到启蒙运动思潮的影响，认为知识和发明是累积和递增的过程。相比之下，崇拜唯一的天才、崇拜完全依靠自己发明的企业家，则是幼稚的行为。汉密尔顿认同阿诺德的观点，即"唯一的天才"这个角色，从来就不怎么令人信服，即使不是荒谬可笑的，也已经成为一种追逐私利的现代资本主义民间传说。不过，正如阿诺德在1937年出版的书中所写，民间传说是有力量的。向专利民间传说发起挑战需要讲述一个关于工业时代的发明、天才和进步的新故事。汉密尔顿的TNEC报告上所说的"向人类释放创造力的巨大宝库"，需要重新确立人类是这一力量的总的来源和天然受益者。这使得专利垄断作为个人成就的回报显得更加微不足道，也更加不可信。构建这样的替代体系需要重归根本，首先就要思考：**发明是什么？**

1940年，汉密尔顿的TNEC报告公开前一年，《美国经济评论》（*The American Economic Review*）在当年的秋季刊上登载了一篇文章，题为《美国专利法的不足》（*Deficiencies of American Patent Law*）。该文作者是名不见经传的耶鲁大学经济系研究生阿尔弗雷德·卡恩（Alfred Kahn）。[①] 在纽黑文市，卡恩已经吸收了阿诺德和汉密尔顿的

---

① 卡恩将会走上漫长的从政道路，并以"放松管制之父"之名被人们记住，最先被放松管制的是卡特时期的航空业。——作者注

现实主义法学思想，他就专利问题撰写的论文从现实主义法学的视角，审视所有专利体系的基本假设——发明发生在当下，是个人才智与天赋的短期成就。如果这个假设不成立，那么知识的私有范围，即使没有作废，也被大大缩小了，而且发明更加合理的归宿是把它们"在多数人中间传播或者转让给公众以及对公众负责的政府"。

卡恩认同罗斯福政府所做的评论，即公司的实验研究室使专利系统脱离了为广泛的社会利益而传播新知识的美国宪法要求。"从商业角度看，（大型实验研究室）就是专利工厂，"他写道，"它们的成果常常不过是以侵权诉讼要挟、吓走竞争者的（一个）依据。"引起瑟曼·阿诺德注意的是卡恩深化这一评论的方式，他不仅质疑专利的使用，而且向专利使用的基础，即发明的所有权发难。卡恩写道，"对发明过程的个性化理解"是"谬误的臆断"。

"若要把单个发明的贡献看成可授予专利的、可被利用的，那么每一个发明都必须被看成区别于其他发明的独立个体。"他写道。如果独立发明的观念一直是一种民间传说式的自负，那么，它在一个有着复杂的多学科研究的世纪持续存在就纯属荒唐。发明的过程已经成为信息公开的有机协作的过程，包含"促进其自身内部不断累积的运动的动力因素，"卡恩写道，"将无数前人的努力带到某个成果阶段的那个人可能做出了巨大的贡献。但从自身的背景和角度看，那样的贡献不足以引起社会剧变……这样的个人并没有建造新的锁链，他只是将其中缺失的环节补上了。"

卡恩论述道，对个人发明所抱有的过时的浪漫主义崇拜，是基于专利的根深蒂固的垄断势力导致技术进步放缓的原因。这样的逻辑循环的后果就是又重新回到影响了包括麦迪逊在内的开国元勋们的观点上，他们承认发明"已变得和之前大不同了……以致或许会希望短时间内从他人手中得到发现"。最后,卡恩建议瑟曼·阿诺德利用法学与科学糅合的现实主义将专利法的理想本质与掠食性赘疣割裂开来。这篇文章在司法部内部传阅,成为阿诺德反托拉斯部门的思想体系的一部分。卡恩在 1942 年研究生毕业后直接被录取进入该部门工作。

新政时期对发明人所有权设定了严苛的标准,WARF 对维生素 D 的垄断因此破灭。1944 年,助理司法部部长温德尔·伯奇(Wendell Berge)发布了大范围调查卡特尔的报告,指出 WARF "给一批垄断性的化学、制药和食品公司控制维生素 D 打了掩护"。之后不久,一家联邦法院撤销了斯廷博克的专利,裁定这些专利"无正当理由且不利于公共利益"。

新政时期反对专利和垄断权力的运动没能坚持下来,挺过战争。1943 年,阿诺德接受了联邦法官的任命,很快,他在反托拉斯部门的 5 年任期工作看起来像是已经远去的浪头。自 1938 年开始,阿诺德发挥的影响力是他的继任者不可比拟的——他只要以联邦调查稍做暗示,就能从强大的公司以及产业那里拿到和解协议。他重建自己部门所依据的理念,按记者约瑟夫·艾尔索普(Joseph Alsop)的话说,就是"重拳出击,一个不落,一网打尽"。美国专利法协会(American Patent Law Association)的一位前会长在 1943 年把阿诺德概括成,基于任何人"若主张并依赖专利保护便是与罪犯同行"的依据而积极开展工作的检察官。

哈里·杜鲁门能成为 1944 年民主党总统候选人,要归功于阿诺德战时反对专利权和牟利行为的运动,但在总统任期内他对这些不太热心。这招致了 1946 年共和党接管国会,也导致战后经济规划重心大转移,从解决"生产问题"变成了刺激消费。"如果公共政策的目的并非权力的再分配而是提高大众消费,那么寻求其他策略实现这一目的,(避免)对抗资本主义制度的政治和官僚管理难题,不仅更容易且更高效。"历史学家艾伦·布林克利(Alan Brinkley)写道。

不过,对专利和垄断的布兰代斯主义并未完全销声匿迹。"二战"时期开启的专利辩论,在战时研究计划扩张并归入庞大的联邦政府科学机构的过程中有了全新的重要意义。一场激烈的全美国辩论围绕新政拥护者在汉密尔顿的TNEC报告中已给出答复的一系列问题展开,其中影响最深远的是关乎谁有权获得以及在什么样的条件下获得战后被规划的数十亿美元研究计划的果实。毫无疑问,平时的科学巨人将会创造出如一名司法部官员在1947年曾预料的"从联邦政府开展或资助的科学研究和开发中源源不断地流淌出的一条可授予专利发明的金色小溪"。这条小溪是流入大众还是流向私人,是极为棘手的问题。美国即将成为史上最富有的强国,美国政府即将成为有史以来最阔绰的科学资助者。

第五章
瓜分无尽的前沿
专利、青霉素和超强科学

1869年的春天，美国的版图尚不完整。在加利福尼亚州加入联邦20年后，在它东边，有一大片区域仍属于地质学上的未解之谜。这里是横跨怀俄明州、犹他州和亚利桑那州，绵延数千里的荒漠，在地图上通常被绘制成未经区分的一大块。格林河横贯这片区域，流经怀俄明州后继续向南，与科罗拉多河交汇后穿过一座神话般的峡谷，也就是日后著名的大峡谷（Grand Canyon）。在约翰·韦斯利·鲍威尔（John Wesley Powell）宣布将沿着科罗拉多河全域进行地质勘测和探险后，有人跟他说这是一次自杀之旅；即使他没遇上激流险滩，也会被峡谷传说里的深邃裂缝吸入地心里去，从此杳无音信，在他之前探险的很多人的命运都是如此。但是鲍威尔是一名物理科学家，他确定河流能够冲击出河道，也相信这片未勘测的领域可以通航。1869年5月24日，他带着由4条船、10个人组成的探险队出征，到科罗拉多河仔细观察他口中的这块大陆上的最后一片"神秘盛境"。

当时韦斯利是小有名气的探险家和自学成才者。22岁时，他从明尼苏达州出发划船沿着密西西比河来到墨西哥湾；3年后，他成为伊利诺伊州自然历史学会（Illinois Natural History Society）最年轻的成员。不过1869年时，他虽然只有35岁，但也未必能胜任上千英里①充满激流险滩的航行任务了。因为在他作为联邦军队的少校参加西洛战役时,一枚子弹击中并震碎了他的右臂,致使其肘部以下被截肢。鲍威尔为大峡谷探险征召了9名身体结实的队员,当中有拓荒者、捕猎者和退伍老兵。他们乘坐专门设计的木制平底小船前行,里面装满了10个月的口粮。队员中有3人因担心生命危险而中途退出了这次探险,他们爬上大峡谷的岩壁,幻想着翻过峡谷边缘到达另一侧就安全了。至于是当地派尤特人还是西行的摩门教徒杀死了他们,历史学家们意见不一。

当剩下7人于8月底从亚利桑那北部的无人之地生还的时候,鲍威尔载誉而归,被称为这个国家最伟大的探险家。除了官方的嘉奖和表彰,书籍和流行歌曲也向他致敬。作为一名民间英雄,他更像是梅里韦瑟·刘易斯(Meriwether Lewis)式的人物,而不像戴维·克罗克特(Davy Crockett)。他的标志性工具并非鲍伊猎刀,而是六分仪。他很早就拥护美洲原住民的人权和文化,对大多数人理解的那种"征服西部"不感兴趣。他说这次著名探险的目的是"给人类知识的总量增加一点点"。他对岩层的观察笔记促进了地质结构的研究,他用岩石的沉积层比喻人类对地球漫长故事的认知进度——"如同某本巨著的书页",他在日记中写道。

鲍威尔认为政府有责任帮助他完成这本巨著。一直到他1902年逝世,他不断地利用自己的名望呼吁联邦政府对科学、勘探和研究给予资助。他认为这是一种爱国主义最高级别的表现。毕竟,为了公共利益而促进科学,是美国宪法"进步条款"的宗旨,尽管它被遗忘了。看到美国宪法第1条第8款被缩小范畴并降级为给商贩和公司分配专

---

① 英里是英美制长度单位。1英里等于5280英尺,合1.6093公里。——编者注

利的行政事务，他感到十分苦恼——他怀疑这是一场闹剧，根本不能促进科学发展。开国元勋们设置这一条款时对它所应发挥的作用有更高的期待。1803年，在联邦政府拨款3.8万美元资助刘易斯和克拉克远征太平洋的探险活动时，托马斯·杰斐逊就援引过这个条款。鲍威尔在1869年探险期间收到的来自政府的唯一承诺是，如果他能活着找到沙漠军队前哨站，就能从那儿得到口粮补给。

19世纪70年代，鲍威尔作为政府科学主张者的声望有所提升，他先是担任史密森学会（Smithsonian Institute）民族学系主任，接着从1881年到1894年担任美国地质勘探局（U. S. Geological Survey）的局长。他对西部地区水资源——换用当今更普遍的说法，也就是可持续发展领域——特别感兴趣并有所造诣。该地区的编年史家克里斯托弗·凯查姆（Christopher Ketcham）写道，身为民族学家、地理学家、水文学家和博物学家的鲍威尔，是向联邦政府提议如何最有效地解决西部地区干旱问题的首位专家。

政府为这类问题设有预算是后来的事。南北战争爆发前的数十年间，政府在科学方面只给予零星的资助，且都是为研究武器设计而募集的。这产生了一定的溢出效应——西点军校就此崛起，成为工程中心——但通常将"促进科学和实用技术"的任务留给了专利局。这一情形有所转变发生在1862年。这一年，亚伯拉罕·林肯（Abraham Lincoln）成立了由植物学家和昆虫学家组成的内阁级政府机构农业部（U.S. Department of Agriculture），并签署了赠送联邦土地给教育机构以兴"农业和机械技术"的《莫雷尔法案》（Morrill Land Grant College Act）。第二年，由本杰明·富兰克林曾孙领衔的科学家团队获得了一笔联邦政府的拨款，继而成立了美国国家科学院（National Academy of Science）。

联邦政府恢复了对科学的兴趣,鲍威尔个人从中受益。19世纪70年代之后,他的大部分工作都得到了政府资助。然而,他一面小心翼翼地关注西部开发的进展,一面留意着美国专利局的动向。政府已重新发现了促进科学、知识和进步的观点,却使用这个观点来为自己向掠夺成性的产业开放广袤西部公地的行为正名,为此,总统签署了一项项法令:《西北法令》(Northwest Ordinance)、《沙漠土地法》(Desert Land Act)、《优先购买权法》(Preemption Act)、《林木种植法》(Timber Culture Act)以及《宅地法》(Homestead Act)。每一部法律似乎都企图打着社会进步的旗号把更多的国土分割给私有利益者。鲍威尔不是唯一对此持批评意见的人,但他对分层砂岩平原的理解,就像对一本伟大自然历史著作中的书页的理解,自然会使他更加敏锐地意识到,西部公地被掠夺对于知识公地可能预示着什么。

1886年,在一场国会召开的关于西部水利政策的辩论上,鲍威尔首次将美国的自然公地和知识公地相提并论。他从哲理上为公众投资产生的知识永远留在公有领域进行辩护,很可能让一些听众感到困惑。"拥有财产是排他的,拥有知识则不然。"鲍威尔如是表示。

> 一个人所有的知识可能也会被他人拥有……探索带来发现,(而)获得的知识被多人使用和保留。拿别人的钱包或许是错误的行为,但获取他人的知识永远是正确的,促进另一个人的调查研究,则是至高无上的品德。涉及财产的政治经济学定律不适用于科学和智力发展的经济学。在研究工作经过恰当的组织与安排的情况下,每个人的工作都是对其他所有人的工作的帮助。

鲍威尔的远见卓识令人瞩目。虽然别人也反对分割转让自然公地,但唯独他由此联想到公共科学的复兴,以及那个世纪认为"专利即简单财产"的杰克逊式反社会观点的司法倾向。格罗弗·克利夫兰（Grover Cleveland）时期几乎没有需要保护的公共科学，这一事实让鲍威尔的担心显得有些不切实际，但并非不合时宜。就在鲍威尔发表演讲的同时，在斯图尔特和乔治·戴维斯引发的"有道德地取得专利"的争论中，可以听见"后道德时代"制药产业最初萌动的声音。不到一个世纪，那个产业将瓜分并占有整个美国的科学公地，像铁路和牧场大亨们瓜分西部一样。一切正如鲍威尔所料。

1878年8月，一场黄热病大流行肆虐了孟菲斯市。大部分人都逃离了这座城市，留下来的人当中90%都接连出现高烧、寒战和恶心这3种令人痛苦的"黄色瘟疫"症状。1年后，这种由蚊子传播的病毒，导致整个密西西比河三角洲流域的社区人口下降。国会因此提交议案，要求为近来成立的国家卫生委员会（National Board of Health）所指导开展的传染性疾病研究提供资金。这项资金投入——其中大部分用于在斯塔滕岛上建立小型海军研究中心——表明美国落后于欧洲。19世纪70年代初，德国和法国就已经资助了罗伯特·科赫（Robert Koch）和路易斯·巴斯德（Louis Pasteur）的实验室细菌学的早期发展。

战争又一次推动美国政府涉足新的领域。1898年与西班牙发生冲突期间，美国军队遭遇了比西班牙士兵老旧的武器要凶险致命10倍的恶魔部队——霍乱和疟疾。震惊的国会迅速采取了行动，提高海军总医院（Marine Hospital Service）的拨款预算并扩大其权限范围，以研究传染性疾病和其他"关乎公共卫生的问题"。这些专款资金的受益人中就有陆军军医沃尔特·里德（Walter Reed），他于1901年确定了传播黄热病病毒的蚊子的种类。

第一次世界大战期间，政府的研究合约有所增多，内容主要集中在一组新技术。威尔逊成立了战时国家研究委员会（National Research Council）以寻求学术界和产业界的合作伙伴，参与涵盖从化学武器到无线电通信的应急计划，从这些计划中产生的很多发明将会改变战时经济。但即使在政府分散德国知识财产时，它仍缺少协调一致的专利政策来组织筹划在战时与美国公司的合约。结果，私营合约商分得了专利却并未参与战时与政府的合作，而这些被分走的专利奠定或者加强了垄断。在第二次世界大战爆发后，正是这些垄断成为国家的负累，并威胁国家的安全。

联邦权力在战时得到扩张，引起进步主义撰稿人和评论家伦道夫·伯恩（Randolph Bourne）做出"战争是国家的健康常态"的评论。但是国家尚未足够关注卫生健康。这令人吃惊，因为1918—1919年的流感大暴发恰巧发生在战争期间。奇怪的是，政策落后此次疫情10年，直到另一种流感毒株出现，联邦政府才启动现代传染性疾病的研究。1928—1929年的流感和肺炎的暴发，夺走了5万人的生命，这其中大多数人在美国首都居住。这场流行病促成了1930年《兰斯德尔法案》（Ransdell Act），而该法案促使从斯塔滕岛上沉寂的海军总医院实验室里孵化出了美国国立卫生研究院。"《兰斯德尔法案》为后来所有的联邦科学机构设立了原则，"物理学家和科学政策史学家迈克尔·S.卢贝尔（Michael S.Lubell）说道，"1929年的流感暴发冲破了由大批卫生官员形成的抵制统筹研究的强大政治阻力，标志着政府可以资助医学研究的首次郑重宣布，不仅限于公有机构里的医学研究，也包括在别处开展的医学研究。"

不过，时机并不得宜。国立卫生研究院因大萧条（Great Depression）而胎死腹中。作为赫伯特·胡佛颇为重视的计划，原本想象中，该机构应有"咆哮的20年代"的宏大气派。总统允诺，里面会有崭新锃亮的研究设施，这些设施将会产出可以和欧洲最有名的国家实验室相匹敌的重大医学进展。但是，这个新机构"生不逢时"——联邦预算少得可怜，国民也赤贫如洗。提议创建国立卫生研究院的路易斯安那州参议员约瑟夫·兰斯德尔（Joseph Ransdell）走上街头，向企业界和医学界人士发表鼓舞人心的演说，为这项令人失望的倡议争取支持。1931年在一次面对放射科医生发表的演说中，兰斯德尔宣告，政府将坚定不移地致力于"预防和治愈已经给全世界造成可怕痛苦和巨大经济损失的疾病"。

一年后，富兰克林·罗斯福接任胡佛入主白宫。这位新总统曾是天花的受害者，因坚定支持政府开展科学和传染性疾病研究而闻名。在通常情况下，胡佛的计划是会在富兰克林·罗斯福那里获得强烈拥护的。但还有更紧迫的事情。

重新激活已搁置的政府研究计划的，不是美国的科学家或政治人物，而是一名英国经济学家和一位纳粹暴君。首先，约翰·梅纳德·凯恩斯改变了华盛顿对赤字和开销的看法；稍后，希特勒使新政拥护者注意到，如果美国要打败一个技术上先进的敌人，就必须加速科技创新。其中就包括武器和医药。1898年和1918年的恐惧笼罩着战争策划者，他们正为在欧洲的非常规武器和在亚洲的热带疾病做着准备。

在珍珠港遇袭之后，白宫制订了两个应急研究计划，由科学研究与发展办公室（Office of Scientific Research and Development，简称OSRD）负责。计划之一是以武器的研究和开发为重心，另一个计划则专注于创伤治疗和疾病预防。OSRD总共监督数百个研究项目，共聘用2万名科学家和技术人员，遍及十多个联邦政府机构。还有数千名科学家和技术人员在陆军部和海军部的研究部门经营或承包的实验室里从事研究。

美国战时的研究规模在体量和范围上均前所未有，即使自杰斐逊资助刘易斯和克拉克远征以来的每一任总统的科学经费全部加起来也相形见绌，且所有科研项目的建设速度惊人。1938年希特勒侵吞奥地利的时候，美国的研究预算总计不到1亿美元，大约是私营产业研发投入的1/3。到1944年巴黎解放的那一天，这个预算数字已接近20亿美元，公私研发开支比例戏剧性地颠倒过来。

私营部门合约商从每1美元的战时研究项目中赚得50美分的利润，这与第一次世界大战时的情况如出一辙。政府在处理"二战"时的发明采取的方法也与"一战"时的相似。OSRD和军方给予合约商大量的机会，并对政府资助的合作项目提出所有权要求。①（OSRD负责的建造原子弹和工业化生产青霉素的计划是证明这一规律的主要例外。）战后参议院的一项调查显示，在战争部、海军部、复兴金融公司（Reconstruction Finance Corporation）和OSRD对外签订的所有战时合约中，90%的合约把专利所有权留给了合约商。政府至多得到专利使用费全免的不可转让许可。

这一政策给新政拥护者留下了不好的印象。"一战"期间，有些利用政府科研成果中饱私囊的公司后被揭露为无耻奸商；包括美国铝业公司在内的最大型工业企业，利用联邦资助的研究与纳粹产业共谋建立卡特尔，而这些卡特尔此时正威胁着战时的生产。

"一战"时期借战争牟利的丑闻让专利问题在20世纪20年代曝光于部分公众视线中。威尔逊和他的同僚判定这些战时的阴谋诡计远比一些商人的不端行为严重。更确切地说，它们是致命的系统性腐败

---

① 在为数不多的政府和企业同时对一项战时合作取得的成果提出所有权要求的案件中，保守派法官作出有利于合约商的判决，甚至在一起案件中，还驳回了政府对其全额资助的一项发明的非排他性许可诉求。——作者注

所表现出来的症状，需要在全美国范围内对公共权力和私有权力之间的关系进行清算，这种关系充斥着反托拉斯与专利政策的影响。威尔逊说，这样的清算无异于"一场关于美国经济将维持自由还是被极权主义枷锁禁锢的斗争"。但是他谋求的这场清算从未实现。20年代接近尾声之时，关于丑闻和进步党人呼吁采取行动的记忆被淡忘了，像愈合的伤口结了痂。1934年，"痂皮"再次被揭开，《财富》（Fortune）杂志的一份调查结果，揭示了"一战"期间投机牟利行为的完整规模，这场世界范围的冲突制造了差不多2万名美国百万富豪。此后不到8年，密苏里州参议员哈里·杜鲁门将会因打击被他称作"军火商"的新一代借战争牟利者而声名鹊起。如许多新政拥护者所预料的那样，杜鲁门的打击目标包括了已从上一次战争时政府慷慨的专利政策中获利颇丰的二次合约商。

"二战"爆发前夕，威尔逊的战时研究政策已显露出缺陷，后果可想而知。鉴于美国国家研究委员会和战时生产委员会（War Production Board）中企业占据较大比重，这两个团体负责料理合约事务，这些机构顺理成章地采取了符合热衷于垄断的合约商利益的监督和专利政策。此刻，另一场战争已经到来，随之而来的，是一次避免犯相同错误的机会。

美国在"二战"期间的专利政策没有体现新政关于专利和公共科学的观点，因为富兰克林·罗斯福没有让任何一位新政拥护者参与或负责该政策。他选择担任研究工作特派官员的范内瓦·布什（Vannevar Bush）是一位终身共产党人，与产业界有着广泛的个人关系和生意往来，并致力于深化学术研究的企业化进程。同时，他也绝对是一名才华横溢的科学家和管理者。对罗斯福而言，这点胜过政治。这份OSRD的工作对于赢得战争很重要，只有能力卓越和知识渊博的人才可胜任。

就连布什这样的敌人也不否认他的才华。在家乡，他是一名神童，1916年获得麻省理工学院电子工程学博士学位，3年后荣归故里，已是一名教授。20多岁时，他制造了一种叫作微分分析仪的"助思器"（Thinking Aid），在今天被认为是世界上第一台模拟计算机。他早期的另一项发明"快速选择器"（Rapid Selector），促进了密码学的发展，并通过解决因微缩胶卷的兴起造成的信息过剩问题预示了互联网的出现。作为较早拥护和研究替代能源的人，布什在他的地下室工作间里建造太阳能发电灌溉泵，比大部分人听闻"太阳能"这个词要早上数十年。

布什不迷恋于"纯粹"科学家这样的理想境界。他怀疑这种纯粹性的存在，即使存在，也不是源于20世纪的美国本土。他相信，现代科学家不应该为利用他所说的"为满足一个复杂的文明社会的需求服务的可能性"而道歉。布什兴致勃勃地参与到这些可能的情况中来。在从事科学管理之前——先是担任麻省理工学院的院长，后来是卡内基基金会（Carnegie Foundation）的主席——他"把自己极大能量的相当一部分投到商业上"，为他写传记的作家G.帕斯卡·扎迦利（G. Pascal Zachary）写道，"他追逐声望，也会满足于金钱"。在拿到博士学位后，他放弃了贝尔实验室（Bell Labs）的研究员职位，而选择成为塔夫茨大学的一名教授，原因是待在学术界会使他有更多给私营部门提供咨询的自由。

布什被称作自富兰克林之后美国最具政治影响力的科学家。就知识产权问题，可将二人做对比研究。

20世纪20年代早期，布什担任美国无线电研究公司（American Radio and Research Corporation）研究部主任，这是一家刚成立的公司，正试图通过生产价格优惠的电子管打入无线电市场。在公司被大型竞争对手利用新兴领域的关键专利彻底击败后，他的首次创业结束了。布什充分利用自己失败的公司所持有的专利来获取自己在其他公司的职位和股份，其中就有初创的电气工程设备公司——雷神公司（Raytheon）。大萧条发生后，布什在雷神公司和一家恒温器公司的股份使他能够过着舒适的生活。他的财富会稳步增长，有时更是呈指数式增长，一直到他1974年去世。

布什不是贵族出身，却是天生的精英。1929年10月股市崩盘之后，他的保守派政治主张从未动摇；若非说有什么变化的话，这次危机及其余波让他对平民主义经济政策和民主党的态度更加心灰意冷。大萧条初期，布什成为麻省理工学院的副校长兼工程学院院长，他抱怨说"已经不允许赚取巨额利润了"。他声称同情饥饿和失业的民众，并虚心接受人们对企业过剩和无管制金融的批评，但他未曾从民主主义者的角度处理这些问题。劳工领导的新政联盟被他称为"盲目的群众社交活动"。

布什与平民主义科学政策的第一次冲突涉及一个占据了他一生大部分时间的问题：政府资助研究的专利权的分配。1933年，布什和麻省理工学院校长卡尔·康普顿（Karl Compton）设法从新成立的田纳西河流域管理局（Tennessee Valley Authority）获得25万美元的拨款，以研究延长电气传输标准距离3英里的方法。田纳西河流域管理局正要最终确定拨款的时候，布什和康普顿增加了一项要求，即该联邦资助项目产生的任何有用发明的所有权归麻省理工学院所有，但拥护新政的田纳西河流域管理局局长大卫·利连索尔（David Lilienthal）断然拒绝。他反驳道，政府为项目提供资金支持，因而合理享有项目所产生的发明。而且，政府会使用这些权利来保证那些发明在整个经济活动领域实现共享和普及。他给布什的信中写道，田纳西河流域管理局拨款 25 万美元投资项目，是"代表全体人民的意志，在我看来，政策应规定，任何研究成果均应该由全体人民享有"。

1938 年，布什怀着对公共专利控制的敌意继任卡内基基金会主席。这一职位让他可以进入由产业界、学术界和政府部门的领导人组成的制定国家科学政策的高层。这一步完成了布什向扎迦利所说的"公共企业家"的转型，集商人、政策专家和公务人员三者于一身。

布什从未附和新政关于专利和垄断的任何看法，并以此来假装与罗斯福新政的支持者们观点一致。他在抵达华盛顿后不久便受邀在 TNEC 就美国的研究、经济集中化和专利法的情况召开的听证会上致辞。富兰克林·罗斯福的专利局局长康威·寇伊（Conway Coe）问布什如何看待个人发明的专利数量在占全部专利半壁江山的企业实验研究室前黯然失色的情况。对寇伊来说，这种情形需要政府制定政策来保护"可怜的发明人，并由他而护及众人"免遭利用专利丛封锁整个研究领域的"大型公司的屠杀"。布什婉转地承认产业研究团队取得专利行为的兴起是个棘手的问题，但他拒绝接受寇伊提出的政治补救措施。他提出，任何削弱企业权力的改革或举措将会适得其反。"这些协作性质的团体（公司）可能很好，它们是这个国家取得总体进步所必需的，但它们并没有涵盖整个经济领域。"布什说。最后，他向委员会保证，总体来说，国家的专利制度仍保持"绝对的民主性"。

布什在 TNEC 的亮相提升了他在华盛顿的知名度并赢得了全美国新闻媒体的一片好评，但并未增进新政拥护者对他的好感。他们不相信这位彬彬有礼的布什和他的产业界伙伴所定义的"绝对的民主性"。

作为 OSRD 的战时领头人，布什实行产业优先的方法处理专利问题，使得经济领域里最大的公司获得了巨大好处。类似的偏袒行为倾向于与政府之间有明确联系的沿海精英大学，尤其是布什的麻省理工学院，它们从 OSRD 获得的资金比其他任何学术机构都多。来自中西部州的新政拥护者对于这种不平衡状况尤为恼火，并打算制定一项战后政策，以在全美国范围内更加均衡地分配联邦政府的研究资助拨款。

手持新政火炬密切监视布什的人是身材圆胖、来自西弗吉尼亚州并初次当选参议员的哈利·基尔戈（Harley Kilgore）。他在杜鲁门主持的战时牟利调查中表现出顽强的意志，并因此于 1942 年被授予战时动员和军队事务小组委员会（Subcommittee on War Mobilization and Military Affairs）的主席一职。从基尔戈履职的首日开始一直到 1951 年美国国家科学基金会（National Science Foundatiion）成立的这段时间，基尔戈和布什之间观点的不同犹如两人在外形上的巨大反差，并因而展开了一场政治斗争。布什举止儒雅、严肃稳重，左手永远握着一支笔直的木制烟斗，一吸一吐间，都仔细斟酌着自己所要说的话。基尔戈，这位嚼着口香糖的前地方刑事法院的法官，粗陋朴实、热情洋溢，每当有媒体在场时他的助手都要竭尽所能让他保持冷静。基尔戈体现了一切布什认为平民主义令人厌恶的地方，但他从没有因布什的身份威望、教育背景和能力才华而退却，也不曾对自己的聪明才智失去信心。1956 年基尔戈去世，人们缅怀他是民主党的最后一位"思想者"。

1943 年早些时候，基尔戈试图通过提出一项大胆的科学议案抢占战后专利政策制定的优势。他提议彻底改变布什的战时专利政策并使效力追溯既往，同时延展公共专利控制政策，使之适用于和平年代。基尔戈提出的战后科学机构将从事把一般发现应用于实际用途和产品开发上的科学及基础的理论研究。与 TNEC 的建议要点一致，专利由政府进行广泛许可，以刺激竞争并保持科学研究的渠道畅通。基尔戈的方案反映了新政的基本观点，即集中的经济权力是扩散转移的癌细胞，是民主政府的天敌。为避免这种权力滋生，公共研究和发明必须由公众保管。作为参议院中为工会发声的最值得信赖的人之一，基尔戈的看法与"美国劳工联合会 – 产业工会联合会"（The American Federation of Labor and Congress of Industrial Organizations，简称 AFL-CIO）和地方工会所提倡的观点相一致，这些组织是支持他竞选参议员的中坚力量。基尔戈的议案由他的朋友，来自得克萨斯州的工会朋友赖特·帕特曼（Wright Patman）在众议院提出。

1943 年 3 月，基尔戈的听证会以来自罗斯福反托拉斯执行人瑟曼·阿诺德的激烈证词拉开序幕。阿诺德使出浑身解数讲述关于囤积专利的美国公司阻碍战时生产的真实恐怖故事，一旦合约商被授予公共研究专有权，那么垄断势必扼杀战后经济，让全体委员会和聚集的媒体听得入迷。和往常一样，阿诺德意识到这是制造新闻头条的好机会，于是他颂赞基尔戈的议案是"科学的《大宪章》"。

阿诺德的热情没有得到布什所在的由获利最多的公司的行政主管、高级军官和学术精英组成的反对联盟的响应。每个人都有自己的理由反对该项民主党议案。军方担心科学政策受政治控制，也担心自己丢失对下属研究机构的支配权。[①] 像麻省理工学院这样收到最大份额政府合约的大学并不喜欢与南部和中西部的公立大学分享这些合约。美国以研究为基础的产业完全支持政府资助基础科学——相当于

---

① 布什支持军方对基尔戈议案的很多批评，并和每个军事部门紧密合作。1946 年，他被任命为战争部与海军部联合研究与发展委员会（Joint Research and Development Board of the War and Navy Departments）主任，不久后担任美国国防部研究与发展委员会（Research and Development Board of the Defense Department）第一任主席。——作者注

一笔能够连续帮助它们减轻从事最昂贵且高风险阶段研究工作负担的巨款——但是对于政府在应用科学领域参与竞争的想法感到担忧。与此同时，专利问题使大学校长和产业里已经习惯巨额利润的药物垄断企业的经营者团结起来。在基尔戈议案提及的所有内容中，政府对公共资助的发明自动享用所有权这一点是他们要坚决扼杀的。

一直关注20世纪二三十年代间关于大学研究和药物专利争议的人，对专利问题的分歧并不陌生。基尔戈从一贯的道德立场出发进行辩论，称他的专利政策是在守护美国的研究，使其免遭"垄断企业和其他利益集团为达私人目的，以牺牲公共利益为代价的滥用"。布什和产业界则反驳道，基尔戈认为的"滥用"事实上是所有社会进步的驱动力。他们要求继续执行当前的OSRD政策，保持政府于其中的利害关系仅限于有限的、非支配性的雇员发明实施权（Shop Rights），关系国家安全的敏感技术除外。

在基尔戈展示了自己的议案草案全稿后，布什开始反击。他于1943年12月在《科学》杂志上发表题为《基尔戈的议案》的文章，密密麻麻爬满了杂志的头7页，这是他向反对派开出的第一枪炮火。文章以一封公开致基尔戈参议员和他的新政盟友的信件的形式写成，开篇语调友善，表达了布什本人想要"以建设性方式向你表达我的想法"的愿望。虽然布什可能极力控制，但还是没能压住自己作为贵族对基尔戈的蔑视以及对他立法提案的种种不屑。这份蔑视来自内心深处，源于布什传记的作者所说的"一种几乎没来由的恐惧，害怕暴民——包括工会、穷人、政治左派和各种其他'不现实的改良派人士'——会夺取国家的研究工作的控制权，对科学界造成毁灭性的破坏"。

在这封信中，布什用大量篇幅剖析基尔戈与过往和当下的政府专利政策的完全背离。他向这位参议员发出警告,任何擅自干涉专利的行为将会"遭到一些个人和组织的激烈反抗。政府依据合约提供资金、贷款、实体设备或人员来制造发明,而这些个人与组织反对政府应该是这些发明的所有权人和保管人的说法"。他进一步主张,专利问题应该留到战争结束再做讨论,并重申个人关于这个国家的成功很大程度上归功于这个"源于美国宪法的健全的专利体系"的观点。对这个体系做任何改动要"慎重仔细、万分小心",确保其根基"不受损伤"。布什断定,以竞争和民主的名义鲁莽草率地颁布措施是在冒险,可能会造成"大多数工业单位不希望在政府合约下大量从事他们的科学工作"的局面。

  布什在信的结尾写道,他期待与基尔戈合作,以达成折中的议案。这听上去言不由衷,接下来发生的事情和布什的学术成就将证明,此话的确不可信。1945 年罗斯福去世前不久,基尔戈的议案毫无进展并被撤回修改,布什安排身体抱恙且事务繁忙的总统签署了一封公开要求 OSRD 主任对包括专利及其"派生物"问题在内的战后科学政策发表看法的信件。这封信中使用的熟悉语言让史学家怀疑是布什起草了它,他在乎的是罗斯福签名的未来用途,以及罗斯福对他所提建议暗含的重视。

  1945 年 7 月,即罗斯福总统逝世 3 个月、德国宣布无条件投降 2 个月后,布什向总统提交了他的报告《科学:无尽的前沿》(*Science—The Endless Frontier*)。题目本身堪称绝妙的政治手笔,引起人们前瞻的共鸣,让人联想到这个国家最强大、感性和可塑的神话。布什向罗斯福的继任者哈里·杜鲁门陈述这份报告,重申他在《科学》上的文章中表述过的观点。一年半后,这些观点因与罗斯福以及作为国家战争英雄而地位显要的布什的关联而有了相当的分量。报告发布不到一个月，他就被誉为"曼哈顿计划"的策划大师和让亚洲战场提前结束战争的人。

布什发布自己报告的那天，完全模仿《科学：无尽的前沿》起草的两项共和党议案在参众议院被提出。布什已经暗地里和这两项议案的提案人交涉了数周。基尔戈被偷袭了。当他向布什的办公室拨打电话，想与自己的狡猾的对手对质时，秘书告诉他这位 OSRD 局长外出旅行了，无法接电话。

在起草《科学：无尽的前沿》之前，布什召集精心挑选的精英大学的校长和企业的行政主管组成了一个小型的咨询委员会。代表公司里有两家，即贝尔电话实验室公司（Bell Telephone Laboratories）和标准石油公司，均是因囤积专利而知名的垄断企业。报告里提议设立联邦科学研究基金和奖学金——实则是给产业设立劳工补贴——是委员会成员、制药企业首席执行官乔治·默克（George Merck）自己的主意。

就与新政拥护者产生争议的每一点，布什的《科学：无尽的前沿》都提出了该咨询委员会支持的产业界观点和立场。在布什基于这些观点而制定的方案和议案中，政府只能从事基础科学研究，而应用科学研究须与大学或产业合伙人订立合约，牢记自己真正的职权所在，并遵守永不"运作任何属于自己的实验室"的承诺。在布什看来，政府加强应用科学研究和推动工业进步的"最简单有效的方式"是提供资金且不加干预。关于战后政府的专利政策的问题，布什的立场清晰有力："当然不该有规定这些发现的全部权利应归属政府的绝对要求。"①

---

① 战后，布什主张，核科技应作为特例另行处理。他在战时致"曼哈顿计划"负责人的一封信中写道："对于这种高难度问题，如果没有太多产业利益牵涉其中，在未来可以更加简单快速地处理。"——作者注

1945年10月，就效仿《科学：无尽的前沿》写就的共和党议案和基尔戈提出的民主党议案，国会召开联合听证会。这一场斗争持续胶着了5年，一边是总统杜鲁门的否决，另一边则是从1946年开始，15年来首次出现的由共和党控制的国会。

1947年，基尔戈受益于一篇500页的研究报告的发表，这项研究是受战时大法官、后来的纽伦堡国际军事法庭的法官弗朗西斯·比德尔（Francis Biddle）的委命进行的。作为指导杜鲁门思考专利政策问题的一套建议，这篇报告研究了从经济、政治和社会角度支持由公众支配美国财政部资助的科学研究所做的论述。① 报告反复提及从支持民主党议案的一方所做陈述中听到的常识性观点：该政策遭到产业界如此猛烈的反对，这本身就是一面镜子。在私营部门，依照惯例，权利属于为研究出资的公司。那么，为什么美国政府"作为雇主，却采取了一个相比私营产业雇主对自己不太有利的政策呢"？

3年来，共和党竭尽全力回避这一问题，而双方敌对的科学议案则反复被压制、撤回、改进、重提，再被杜鲁门否决、搁置。与此同时，布什渐渐远离公务，远远地观察着这场较量。尽管他仍然是和平时期基本处于非活跃状态的OSRD的主任，但他更关注于重启他的顾问生涯，以反映自己的新地位。1947年，他加入美国电话电报公司（AT&T）的董事会。2年后，他进入默克公司（Merck）的董事会，与几个OSRD的同事再度联合，并最终当上了该董事会的主席。

和布什一样，AT&T公司和默克公司也十分关注这场决定联邦科学与专利政策命运的辩论。两家公司都是美国全国制造商协会（National Association of Manufacturers）专利与研究委员会（Committee

---

① 从家族谱系和思想谱系看，弗朗西斯·比德尔是欧文·比德尔的直系后裔，而后者是本杰明·富兰克林的同事以及拥护开放科学与共和主义知识观的同伴。——作者注

on Patents and Research）的成员——该协会成员皆为美国国内顶级研究公司的研发部门主管。在双方科学议案之间长期的竞争中，该委员会引导协会的政治和信息战略，反对基尔戈和民主党联盟。这么做需要一些技巧和手段，因为基尔戈的议案拥有协会成员中大多数小型企业的支持。如民主党人反复向国会和新闻媒体灌输新政的专利政策——具有公开性、分散性、反垄断性——将会给小型企业带来好处，不然，它们就会完全受大型企业的支配，后者得以赢得大部分的政府合约，并且在布什－共和党的方案下得以独享合约所得的专利。小企业明白专利丛和专利池是强者用来碾压弱者的手段，它们想要构建一个更具竞争性的公共科学分配制度。

美国大公司和小企业之间的利益冲突是贯穿5年听证会的主题。1946年，商务部部长亨利·华莱士（Henry Wallace）对一个公共卫生委员会发出警告，共和党的方案对"小型独立的商业组织"没有任何好处，且方案宗旨是稳固"大型和设备完善的实验室的权力，这些实验室凭借科学和技术改进，已经比小型竞争对手具有巨大的优势，而它们自己就能负担得起开发和申请专利的费用"。凡民主党的议案欲传播知识、鼓励竞争之处，共和党的方案皆是"进一步形成产业集中、弱化竞争，同时扼杀小企业和新企业"。

小企业协会可以并且也的确为自己发声。由小型战备物资工厂团体（Smaller War Plants Corporation）起草的一篇战后报告援引自身的直接经验证明了，主张不明确的政府专利政策是如何有助于垄断权力、牺牲小企业让大企业获得好处的。继续实施OSRD的专利政策将会产生可预见的后果。这个团体证实道："进行大量的联邦资助战时工业研究的大公司将会是该政策的主要受益人，（且）会通过专利，控制那些研究的商业应用……这样的应用体量将是巨大的。"

工会和学术科学界支持这些论述，呼吁传统的共和主义理想和美德。产业工会联合会（Congress of Industrial Organizations）的一名代表在一次座无虚席的听证会上坚定地声明，布什－共和党议案"违反了美国的民主原则"。伊利诺伊大学研究生院院长霍勒斯·M.格雷（Horace M. Gray）在基尔戈委员会前，详尽阐述了这一主题，他说道：

> 实在难以置信，联邦政府竟会对本国公民征税以获得科研资金，而这么做的理由竟然是这样的研究能够促进公益，然后又本着专有、垄断的原则将科研的成果转交给某个私营公司。这相当于假公济私，以公共税收服务私有特权，违背了我们的民主信念的基本信条之一。无法回避的、简单而基本的真理是，从公共资金资助的研究中获得的新发现属于人民，是公有领域的一部分，所有公民应当平等享有。①

共和党最常用的一个反驳论点是附和布什于1943年《科学》杂志上登出的那封信中发出的警告：如果合约商被剥夺了对公共资助发明的支配权，产业界就会拒绝与政府合作。民主党觉得这样的逻辑格外恼人。当洛克菲勒研究所（Rockefeller Institute）生物技术研究先驱菲利普·R.怀特（Philip R. White）在一次听证会上听到这样的论点时，他提醒与会人员，美国有许多永远愿意履行薪酬不菲的政府合约的公司，尤其是在这个合约还附带政府补贴的技术转让时就更加诱人，而这种情况很寻常。如果一个自尊自重的政府专利政策会"使大型企业

---

① 基尔戈的支持者包括一些与精英机构有关联的人物。在这些反对布什提案的人当中，有来自哈佛大学和麻省理工学院的杰出人物，如来自布什母校航空和机械工程学院的院长 J. C. 亨塞克（J. C. Hunsaker）。——作者注

犹豫要不要加入合约",怀特说道,"这将完全有利于多数人,原因是这些犹豫的企业就不需要政府的支持了,而小企业和普罗大众只会从严格的专利政策中受益"。

有关"二战"后科学样貌的斗争一直延续到"冷战"的头几年,同时还伴随着民主党政治主张的基调和实质的相关变迁。1946年,外交官乔治·凯南(George Kennan)从莫斯科发出一封"长电报",概述一项遏制苏联的政策。第二年,由共和党控制的国会推翻了杜鲁门对反劳工的《塔夫脱−哈特莱法案》(Taft-Hartley Act)的否决,工会领袖们被迫签署书面陈述,并发誓他们不属于任何激进的政治组织。《塔夫脱−哈特莱法案》的这一条款是在附和1947年的另一部法律,该法律要求联邦雇员做忠诚宣誓,此举作为筛查计划的一部分,旨在发现任何对苏联怀有同情的人。大约几个月内,受布什启发而来的科学议案背后的产业界−共和党联盟摆脱了不利局面,发现自己拥有了新锐的进攻武器:控诉敌人有"红色倾向"。美国全国制造商协会专利委员会转化了针对"二战"期间与纳粹关联产业的垄断叛国罪的指控,自编自导了一场运动,让基尔戈的科学议案扮演"苏维埃式"权力争夺的角色。

美国全国制造商协会专利委员会中一些有远见的成员对此早有预料。1945年年初,德士古公司(Texco)的总裁、委员会主席R.J.迪尔伯恩(R. J. Dearborn)告诉委员会其他成员"应该采取一切可能措施将公众的注意力转向坚持科学研究免于政府支配控制的重要性"。至1946年,委员会传达的旨意越发受到所谓"集体主义"威胁的驱使。由史学家丹尼尔·李·克莱曼(Daniel Lee Kleinman)发现的1946年的一份代表美国全国制造商协会立场的报纸,揭示了一部关于自由企业的未来景况的"剧本"。"(如果)竞争性与协作性的资本主义要存活,"美国全国制造商协会的备忘录写道,"合作,无论是出于自愿或强迫,一定不能侵犯构成我国(美国)经济增长最显著因素的基本竞争领域。"协会通过大量印制宣传册将这一要义广泛传播,称基尔戈议案是"一份周详的方案,以实现产业研究和技术资源社会所有化,这个美国国会史上提出过的最具野心的计划"。

尽管攻击提议给美国大公司和小企业10亿美元的研究补贴是在明目张胆地演戏,但这出戏起了作用。1950年5月,杜鲁门背弃了公共科学受公众支配的新政承诺,签署了新泽西州共和党人亚历山大·史密斯(Alexander Smith)提出的与基尔戈议案对抗的参议院议案。法律生效后,正式解散了OSRD并成立了美国国家科学基金会。这所新成立机构的章程包含"松散的"专利管理制度,允许机构的各个主管依据每个研究项目的情况制定相应的专利政策。事实上,克莱曼写道,双方都明白这部法律"实质上保障企业能够享有从政府支持的研究中所获得的发明的垄断权"。

这是亚历山大·史密斯和他最重要的选民与资助人,即新泽西州罗威市制药巨头默克公司的首席执行官乔治·默克,所想要的结果。1946年,共和党自1930年以来首次掌控众议院,自那时起,史密斯就与默克开始合作敲定这项议案的细则。他俩的正式合作始于默克邀请这位参议员出席在曼哈顿举行的会员制大学俱乐部的晚宴,并在晚宴上与一个叫作产业研究主管会(Directors of Industrial Research)的鲜为人知的团体会面。这个团体的成员是美国国内最大的化学、能源、制药和技术公司的研发主管,自1923年开始,即战争牟利丑闻威胁到公众对诸如"一战"期间的战时生产委员会管控的公-私垄断传送带的信任的时候,他们便以社交聚会的形式讨论科学政策。1950年共和党科学议案通过之后,这位参议员在一封私人信件中描述了该团体对议案最终文本所施加的影响。"我发现（这些大公司的研发主管）完全一致地坚持，这一（科学）举措应仅限于纯科学研究，而不适用于应用科学，"史密斯写道，"基于这一原因，我们把'科学发展'（Scientific Development）这一字眼从议案中拿掉了。"

考虑到体统颜面问题，布什拒绝了默克的邀请，没有参加那场史密斯与研发主管们出席的晚宴。他回信致歉道："我仍然是尚未解散的 OSRD 的负责人，因此，在我知道这样的聚会于我的身份而言并非完全正当之时，我认为我不应该明确赴约。"这或许是真实情况，也可能是个省事的借口，以避免一晚上和一个谄媚讨好的参议员待在一起，毕竟他的议案是自己几年前和支付这些研发主管薪水的人共同起草的。

杜鲁门签署共和党的科学议案一个月后，联邦最高法院就自动化无线电设备制造公司（Automatic Radio Co.）对黑泽汀公司（Hazeltine）的专利案件作出判决。该案涉及指控无线电设备公司黑泽汀在与稍小规模的自动化无线电设备公司所订立的不公平且滥发许可的协议中捆绑销售专利。法院作出的判决支持黑泽汀公司的经营策略，这让自由派法官威廉·O.道格拉斯（William O. Douglas）不禁追想过往。他对判决提出异议，回忆起布兰代斯以及在相关专利案件中往往与布兰代斯站在一边的共和党籍首席大法官哈伦·F.斯通（Harlan F. Stone）的反垄断精神与成就。

"我想，我们倾向于忘记，"道格拉斯若有所思地说，"国会授予专利权的权力受到美国宪法的制约。第 1 条第 8 款……（作为一项）政策陈述对权力本身施加了限制。纵观历史，法院时常更能注意到该政策……大部分是因为布兰代斯法官先生和首席大法官斯通先生的影响力。他们对这样一种危险保持警惕：每 10 年规模越来越大的企业，会通过廉价的专利繁殖，更加牢牢地控制经济，并通过关键专利的杠杆作用，利用一个垄断催生另一个垄断。他们继承的是，那些把美国宪法解读为专利首先是为了公共利益、其次才是奖励发明者的早期传统。"

道格拉斯明白这一传统已经式微，其标志是民主党籍的总统被迫放弃了公共科学受公共支配的原则。这位法官不可能预见的是，以某种近乎富兰克林式的纯粹来维持科学共和主义理想的最后一批从业者，很快将对这一传统发起攻击。

第六章

大型药企的诞生和改革的幽灵

1962 年 5 月,范内瓦·布什身负一项熟悉的任务回到华盛顿:为私人专利权辩护,反对来自南方的一名平民主义参议员提出的民主诉求。布什的这位新对手埃斯蒂斯·基福弗(Estes Kefauver)来自田纳西州,长期以来在反垄断小组委员会(Subcommittee on Antitrust and Monopoly)跟随哈利·基尔戈。基福弗自基尔戈 1956 年去世接掌委员会后,无论是对反垄断事业的投入,还是引起企业行政主管和范内瓦·布什式的贵族精英们蔑视的能力,都已经证明自己是个不负众望的继承者。

基福弗是查塔努加市的一名律师,出生于田纳西州东部乡村的一个家庭农场。1939 年,他作为新政的忠实拥护者,也是田纳西州代表中最具自由派思想的人进入国会。10 年后,他在参议员竞选中打败了孟菲斯市的党魁,那次竞选因候选人戴的象征自然的浣熊皮竞选帽而引起人们的关注。与基尔戈一样,基福弗的演说简洁明了,他对垄断的憎恨很纯粹。他通过努力成功填补了 1914 年《克莱顿反托拉斯法》(Clayton Antitrust Act)中允许公司假借横向并购的幌子吞并弱小竞争者资产的漏洞,由此树立起了自己的形象。他接下来的斗争运动是对有组织犯罪进行为期 2 年的巡回调查,这使他成为电视时代的首批政治名人之一。在维护新政的反垄断政治主张方面,他最亲密的盟友是众议院的赖特·帕特曼和他在参议院的同僚拉塞尔·B.朗（Russell B. Long），后者是绰号为"王鱼"（Kingsfish）的平民主义州长、参议员休伊·朗（Huey Lang）的儿子。

为了给1959年发起的针对制药产业专利和定价行为规范的一项调查提供证词，布什出现在基福弗委员会听证会上。这位前OSRD主任此时已经72岁，不再活跃在华盛顿的权力圈中，但他作为传奇人物的声望不减。这与他战时的角色无关，更多是因为他新获得的先知科学家的美誉，因为他的发明曾预示了喷气式飞机时代（Jet Age）的到来，并与此时肯尼迪政府的"新边疆"秘索思①所体现的乐观未来主义相一致。当时很受欢迎的《科学时代》（The Scientific Age）的作者断言："我们从稀缺经济学转变到富足经济学，可直接归因于范内瓦·布什的先见之明。"

但布什不是因其"预言能力"而出席基福弗听证会的。他当时正在履行自己作为默克公司董事会主席的职责，自1957年起担任这一职位，还有几个月期满。他出席听证会是要利用自己的声望支持制药产业有组织地反对专利改革议案。该议案，在参议院的编号为1552，瞄准了一个已经完成了从19世纪的"有道德的"商业向20世纪"贪婪的垄断"商业蜕变的产业的心脏。

对老的守卫人而言，这个新产业可谓面目全非。误导他人的愚蠢营销，曾一度和专利问题一样引发争议，但很多公司用于此的开支已经超过研究预算。成批的被称为新药代表的销售人员逗留在候诊室，向医生宣传相比非专利药而言价格昂贵的商标药品的优势。医药垄断禁忌已然转变成了一场竞赛，在制药王国里大家不择手段，竞相收集和保护如金钱般珍贵的有效期为17年的专利。因这些专利而实现的

---

① 秘索思是指神话和故事之类虚构的描述。——编者注

巨额加价，使得美国的药物价格居世界之最，产生的公司利润常常2倍甚至3倍于其他制造业，这是战后经济呈现出的独有景象。

1959年，基福弗就普强公司（Upjohn）拥有专利的抗炎用类固醇以多出生产成本11.18倍的加价幅度销售之事召开委员会的首次听证会。在接下来的2年里直到布什出席听证会之前，基福弗一直和榜上有名的药物公司首席执行官就20倍到30倍之大的加价幅度问题开展斗争。这些数字讲述了一个产业如何摆脱它已不再需要的自觉的"有道德的"参与者的旧身份，而成为具有社会破坏性的贪婪的讽刺典型的故事。

"二战"后，制药产业开启了一帆风顺的大好局面。战时的研究加速了所谓的治疗革命，形成了不断出现应用广泛的突破性药品的稳定局面，如抗生素、类固醇药物和抗糖尿病药物。20世纪50年代，美国的药物公司平均每年推出50种新产品，速度是10年前的2倍。但这些大获成功的药物被冠以大量价格昂贵的商标进行销售，推销活动采用的方式让人联想到19世纪的万能药。结果，药物公司大赚特赚，而公众和医疗行业处于混淆不辨的状态，出现非偶然的超剂量处方以及误用的情况，甚至导致死亡。后来曝光的一个病例与"有道德地"取得专利的创始者帕克－戴维斯公司有关。这家底特律的制药商在1949年被授予抗生素氯霉素的垄断权之后，将其作为治愈常见疾病且无已知副作用的药物进行销售推广，即使在涉嫌导致一种致命血液疾病再生障碍性贫血的数百起病例后，其推销活动仍未停止。

同世纪之初阿司匹林的情况相同，美国人知道自己被骗了。至1953年，60%以上的美国人认为药物价格过高。同年，联邦贸易委员会（Federal Trade Commission）批准调查新兴抗生素市场的卡特尔行为及价格垄断问题。但随后，这项调查被搁置两年，于1955年才得以继续，这是产业界面临的首个与产品安全性和纯度无关的政府调查。

在这项调查开展一年后，哈利·基尔戈去世，不然他应该会盼着就战后制药产业的问题与布什进行一番彻底的辩论。毕竟，这位来自西弗吉尼亚州的新政拥护者已经预料到此刻正要浮出水面的专利滥用问题。20世纪50年代制药产业爆发性增长，在很大程度上是基于从政府的研究和技术转让计划中获得的发明所创造的垄断利润；即使产业自身练就了研究能力，也是源于战时政府合约和政府补贴的技术转让。如果实施基尔戈拥护的新政方案，许多这样的垄断企业及其所赋予的巨大的经济和政治权力，都不可能存在。

基福弗明白这一点，但他没有选择与布什正面对抗。1957年，基福弗接替基尔戈担任反垄断小组委员会主席，宣布对一些遭遇布兰代斯所指的"大企业诅咒"的产业启动价格垄断和反竞争行为的重要调查——大型汽车企业、大型钢铁企业，甚至大型面包企业都受到基福弗的问询和调查。在调查声明和引言中，他从布兰代斯的观点出发，谴责产业界的共谋行为和经济活动中的大型化趋向，视这些为危害国家自治实验的资本主义基因突变。"从丢失经济自由到丢失政治自由，只有一步之遥。"基福弗在听证会一开始就发出警告。由"某些巨型企业组织的贪婪性竞争"驱动的"第三次大型合并运动"正在进行。

"冷战"的政治纲领使得基福弗难以效仿瑟曼·阿诺德的方法粗暴地对待美国企业的行政主管，但他坚信唤起人们对"夺取经济和产业实权后，顺势而来的中央集权制"的恐惧的是这些企业行政主管，而非反垄断人士。尽管商业媒体把基福弗刻画成一名具有美国南方潜质的苏维埃政委——借用1960年版《销售管理》(*Sales Management*)

杂志中一篇文章的话说，企图构建"三 K 党"（Komplete Kefauver Kontrols，即基福弗的完全控制）——但他从未退缩。调查听证的 5 年间，他断定数十名美国国内最有权势的企业主管是民主和自由企业的敌人，并施以严格审讯，让他们苦不堪言。①

把"大企业"听证会拓展到药物公司的想法来自艾琳·蒂尔（Irene Till），她是联邦贸易委员会的一名经济学家，嫁给了执笔 1941 年 TNEC"专利和自由企业"专题报告的耶鲁大学法学教授沃顿·汉密尔顿。这个想法令基福弗兴奋不已，他也一直朝着相似的方向思索。于是，他聘请蒂尔协助准备并负责制药产业的调查工作。她还带来了联邦贸易委员会另一名经济学家约翰·布莱尔（John Blair），他负责过委员会在 20 世纪 50 年代中期进行的抗生素市场调查工作，并挖掘出直指猖獗的专利欺诈、专利滥用和价格垄断问题的证据。

联邦贸易委员会此次调查对制药产业的形象不利，但几乎没有能登载于报刊头版的调查发现，也没能改变任何法律。正当这些公司开始松懈，以为事情已经过去了的时候，基福弗从办公室向他们发来信件，要求他们前往国会山。1959 年 12 月，大型药企成为参议院反垄断小组委员会审查的最后一类产业。"多年来我们一直受到庇护，"一位匿名的药物公司官员告知《纽约时报》（The New York Times），"不过现在，我们就要没有好日子过了。"

一直以来，药物公司都避免让联邦政府留意到自己在专利和价格上所实施的策略，但 1955 年联邦贸易委员会对抗生素市场的彻底调查结束了这一切。在以研究为基础的产业中，幸运儿并不多。一年

---

① 基福弗很有胆量。在美国有组织犯罪的听证会上，他勇敢面对犯罪集团的头目弗兰克·科斯特洛（Frank Costello）和米基·柯恩（Mickey Cohen）。1916 年，他为了支持取消种族隔离和公民权，不惜牺牲自己连任参议员在南方一个州的选票。——作者注

前，德怀特·艾森豪威尔政府司法部逐步与AT&T公司的意见达成一致，并签署了一份具有历史意义的和解协议，就此了结了1949年哈里·杜鲁门就AT&T的研究公司贝尔实验室的专利囤积和反竞争行为发起的诉讼。公司所拥有的知识产权保险库是其与西电公司（Western Electric）共同控制的贝尔系统电话垄断的基础，同时也逐渐对多个新兴研究领域的发展造成巨大阻碍。这份和解协议迫使贝尔实验室就早期固态晶体管和激光技术签发了数百份许可，从而有效促进了美国全国计算机和高科技产业的发展。埃森豪威尔并不是大家心目中的为农民利益而奋斗的平民主义者，但是比起20世纪20年代梅隆连任财政部部长的三届共和党政府，他的反托拉斯和专利政策与晚期的新政纲领有更多相同之处。在他的两届任期内，司法部执行了100多起针对美国公司的审判，多达4000份专利被强制许可。他在最后一次的国情咨文中表示，自己对这一空前成果感到由衷的自豪。

药物公司带着宏伟的目标和其完成计划迈入20世纪50年代，它们共同的愿望将彼此团结起来，即扩大对《美国专利法》（U. S. Code Title 35-Patents）中所指天然产物提出所有权要求的合法范围。这对医药专利要求来说，向来是法律上的一个模糊不清之处。药物公司明白"治疗革命"的下一个阶段涉及新的抗生素以及以在土壤、霉菌、真菌中发现的微生物培养和加工为基础的其他药品。但是想要长期保持垄断利润，就需要取得专利，一旦得到专利，就得严加保护。1952年以前，《美国专利法》和法院判例所使用的措辞都留有充足的余地，以便驳回被认定为"天然产物"或者不足以表明为"创造性天才突现"的药物的所有权要求。

"（药物公司）所做之事反映出的创造性很少，它们的产品基本上都是自然的馈赠，"史学家格雷厄姆·达特菲尔德（Graham Dutfield）

写道,"他们谋求的是地毯式的专利覆盖。"

顶级药物公司聘请纽约州律师协会(New York State Bar Association)为其起草了一项议案,要求更改专利法规中有问题的表述。在与制药产业的专利律师磋商后,纽约州律师协会草拟了一份议案,提议把专利判定的标准,用最低级别的"非显而易见性"取代"创造性天才"。该法规还拓展了"新颖的物质成分"(可授予专利)的定义,以至于包含更多很可能被视为"天然产物"(不可授予专利)而被驳回的所有权要求。

无论药物公司支付了多少钱给纽约州律师协会以及它的游说人员,这笔钱都花在了刀刃上。制药产业的共和党人盟友使该项议案在国会通过,在没有大肆鼓吹也没有激烈批判的情况下,杜鲁门于任期即将结束前在议案上签了字。1952年的这部法律是该行业作为政治代理人的自我意识和信心的里程碑,同样展示了其他产业已经知晓了一个世纪的道理:在专利政策问题上,进攻比防守管用。至20世纪50年代末,数家大型企业正在销售的抗生素品种远超100种,拥有500个商标,市场规模达3.3亿美元。著名的霉菌和细菌产品使得美国公司的资本总额接近强大的德国公司。

然而,这些公司并没有取得彻底的胜利,专利平民主义卷土重来的威胁一直存在。它们的担忧在于1953年4月创立的一个内阁级别的机构,即卫生、教育与福利部(Department of Health, Education and Welfare)。即使共和党人在创立美国国家科学基金会和战后总体科学政策上取得了胜利,政府机构的负责人仍然可以选择保留对政府资助发明的所有权。对卫生、教育与福利部来说,这一选择存在巨大的利害关系:它在联邦科学系统中所处的地位使它拥有部长级的权力,即对处于迅速壮大的网络中,并得到国立卫生研究院资助的数百座且不久将达到数千座的实验室所从事的医药研究的所有权分配问题,它有决定权。1955年,该机构的第一任部长奥维塔·卡尔普·霍比(Oveta Culp Hobby)宣布了一项专利政策,所有国立卫生研究院资助的研究和发明的专有权归政府所有,产业界所害怕的事都发生了。卫生、教育与福利部将执行慷慨的许可政策,只收取少量的专利使用费,以鼓励广泛享用和最大限度地传播公众资助的科学。卫生、教育与福利部的章程也要求国立卫生研究院所资助的研究员及时发表自己的研究成果,这是对一心想要垄断的药物公司日益猖獗地迫使大学合伙人市场竞争优势最大化行为的一记掌掴。

卫生、教育与福利部的政策并非坚不可摧。专有权被认为对一种重要药品的商业发展至关重要的情况很少,但在这种情况下,卫生、教育与福利部赋权卫生局局长可以达成特别协议,即机构专利协议(Institutional Patent Agreement,简称 IPA 协议),允许有条件的专有许可,条件是合约商依据"合理的条款"让公众享用发明。

参照 21 世纪的标准,霍比宣布这一政策时涉及的资金数目很小,但如同战后经济中的其他一切事物一样,这项政策牵涉的金额也逐日增加。1947—1957 年间,国立卫生研究院的预算从 800 万美元激增到 1.83 亿美元。其中一些资金资助的发明的所有权通过 IPA 协议计划最终落到了产业界的手里。卫生、教育与福利部成立的头 5 年里,两任卫生局局长向大学和私营公司批准了 18 份 IPA 协议。

20 世纪 50 年代中期,卫生、教育与福利部的政策并不是唯一需要管理的专利之火。许多 20 世纪 40 年代早期开发的畅销药物的专卖权即将在 50 年代末到期。[①] 如果公司要避免这迫近的专利断崖,并

---

① 1864 年至 1994 年期间,美国的专利有效期是 17 年。这一时效是如何延长并持续延长的,将于下面的章节中述及。——作者注

维持自己战后平流层飞行般的增长，它们将不得不找到新的专利畅销药——要么通过自己内部研发获得，要么通过 IPA 协议获得——并捍卫其专利的保护范围和期限。

公开审查是制药产业在 20 世纪 50 年代末所不需要的。1959 年，基福弗听证会的序幕拉开，同基福弗展开的所有调查一样，引来媒体关注。新闻界将首次看到"后道德时代"制药产业的内幕。那些最令人吃惊的发现，即使不是直接向百万户美国家庭直接播送，也将出现在报端。产业界声称垄断价格是创新和进步的必要成本，这一成本并不表明贪婪，而是从事复杂且对社会至关重要的研发工作的支出。对此，基福弗和他的手下揭开了真相。这些常常有前业界人士和揭发告密人员出席的听证会揭露，一个产业用在产品营销上的开支比研究开支要多上 3 倍。研究的要旨与坐立不安的公司行政主管们所描述的境况并不匹配。大部分的研究主要是对旧的药物做些许改进，而所得新药物除了专利号是新的，其他都与旧药物重复。制药产业近来取得最大突破的产品是一些会让人产生依赖性且尚不确定是否会对公众健康带来益处的药物：苯丙胺类药物（今为毒品）和作为安定剂销售的新类镇静药。对基福弗和许多民主党人而言，所有这些意味着情形十分严峻，且已经到了需要加强监管的地步，尤其是 25 亿美元的处方药市场需要进一步管制。到 1961 年年底，经过 2 年不间断的听证会后，基福弗开始起草一份触及制药产业方方面面的议案，从专利谈到推销和安全问题。

美国制药商协会（Pharmaceutical Manufacturers Association）及其附属的广告俱乐部（Advertising Club）为此发起了一场反击运动，指责基福弗小组委员会是危害医学进步和美国人自由的"袋鼠法庭"①。1961 年 11 月《圣路易斯邮报》(*St. Louis Post-Dispatch*)上刊载了一则社论漫画,画中一名搓着手的药企行政主管和一群公司科研人员围聚在一个烧杯旁。"我们成功了!"那名主管欢呼道,"这款安定剂,可以让基福弗消停了!"

当布什最终出席基福弗委员会听证会时,调查工作已接近尾声。参议院 1552 号议案基于接近 11000 页的证词对《联邦食品、药品和化妆品法》(Federal Food, Drug, and Cosmetic Act)提出了一系列深化改革的措施。如果该议案通过,药物专利期限将从 17 年减少到 3 年,药物公司则须许可它们的药物给所有有资质的国内外竞争企业,且索要的专利使用费最高为 8%,并通过提高"重要的分子水平差异"的法律标准确保专利只授予真正新颖的发明。该议案还包含鼓励医生开非专利药的规定,赋予美国食品及药物管理局(Food and Drug Administration,简称 FDA)监管药物检测和药物批核的实权,听从现已过时的美国医学会道德规范,对药品广告设置限制。

基福弗知道,虽然参众两院里民主党居多数,但他的议案所面临的依然是一场艰苦的战斗。很多忠实可靠的老一辈新政拥护者已经离开,他们的接替者相对温和又行事谨慎,唯恐别人认为自己对产业界公关公司花费重金标榜为"自由市场"和"美国方式"的制度过于苛刻。肯尼迪政府因在柏林和密西西比州有太多的危机要处理,声称不要指望总统在调整制药产业结构方面给予基福弗支持。

1962 年春天的一个早晨,当布什在墙上铺着大理石的参议院会议厅里就座时,他就知道了基福弗在政治上的软弱。坐在布什旁边的是约翰·T.康纳(John T. Connor),他是 OSRD 战时的法律总顾问,

---

① "袋鼠法庭"是一个西方法律术语,指非正规的法庭、私设的公堂或不符合法律规程和正常规范的审判。——编者注

当时是默克公司的总裁。康纳对这间会议厅并不陌生,自听证会开始以来他就与基福弗面对面,且与媒体唇枪舌剑、激烈交锋。最近,他坚定地宣称听证会是"一部宣传伎俩的杰作,却恰与民主国家有思想的公民所期待的相反"。布什与基福弗之间并无历史纠葛,在此次现身听证会之前,布什也没有公开对听证会做过任何评论。

布什开场讲了一个关于会议厅灯光的笑话,提议参议院该找新的电气工程师了。基福弗冷冰冰地告知布什,灯光是按照会议厅后排代表制药商协会拍摄会议进程的摄像组的要求来布置的。接着,布什开始他早已准备好的发言。他告诉委员会,为了充分理解所提改革措施的不利影响,有必要回忆一下现代以前医学史上发生过的不幸与令人震惊的事件。如果要让子孙后代也同样认为1962年的医药是原始而简陋的,那么保护17年期限的药物专利的完整性则是必要的。"各位绅士,你们手中都有一柄钝器,"布什说,"使用它则将对一个复杂的机体造成巨大伤害……我们已踏上一段让生命更加健康的伟大征程。现在,我们绝不可以放慢前进的脚步。"

为了提高对这一点的情绪渲染,布什唤起的是比病人在意识清醒的情况下接受手术还要更加可怕的梦魇:理论上的"第三次世界大战"幸存者要忍受的热伤。[①]"一场核战争将会比历史上的任何一场战争都要可怕,"负责凝固汽油弹和原子弹开发计划的布什说,"除了引起灼伤和辐射的氢弹,我们可能还会遭遇没有良知的人使用的更加骇人听闻的武器:生物战。现在不是削弱我们的医疗体系或支撑这个体系的制药产业的时候。这个产业以新产品为特征,如果对全体竞争者实施

---

① 先不说这与专利议题有多少相关性,布什对核战争的威胁感到担忧很可能是真诚的。作为 OSRD 主任,他支持由大国和国际机构共同管理核知识。他还反对测试氢弹和发展超音速导弹的决议。——作者注

强制许可,必定会阻碍那类能够发现新产品的良性竞争。"

布什挥舞着"原子焦虑"这个情绪武器来捍卫药物专利,没有记载表明基福弗对此做何反应。不过这位参议员很可能对布什枯竭的想象力翻白眼。两年听证会期间,药企主管的证词中反复出现"苏联威胁"与"核战争"等字眼,他们中的多数只是直接从产业界最新的"冷战"剧本中断章取义地抽取这些字眼来用。1958年,制药商协会雇佣伟达公关公司(Hill & Knowlton)开展了一项运动,将以专利为基础的药物公司塑造成自由社会以及美国国内外抗击全球共产主义堡垒的象征。1960年,制药商协会主席宣称:"很可能其他任何产业都不能如此令人印象深刻地展示出我们美国竞争体制的优越性。"这一说法被刊印在协会赞助的数以千计的宣传画册和杂志广告上,引导读者思考这一问题:**谁将赢得人类竞赛?** 这场运动把制药产业的批评者说成是反美的,并警告称,改革专利垄断体系通往的,哪怕不是布什所说的辐照地狱,也只会是被苏维埃统治的原始医学的黑暗时代。

在布什的简短发言之后,基福弗没有理会"第三次世界大战假说"这个令人熟悉的诱饵。他更想谈论"二战"。这位参议员注意到,只有私营药物垄断能够刺激医学进步的论点与前 OSRD 主任在战时生产创造历史的非专利药青霉素一事上所起的作用之间似乎有点矛盾。

"布什博士,我这里有联邦贸易委员会 1958 年 6 月的抗生素制造商报告,报告中详述了您是如何安排青霉素的许可、制造以及销售的,"基福弗边说边敲了敲这份厚厚的美国国情咨文,"您当时是赞同专利权归公司而非政府所有吗?"

领悟了基福弗设下的陷阱之后,布什一反常态地慌乱,以致要假装不明白被问及的问题。"我不完全明白你想说什么,"布什说,"你是在说'二战'时处理青霉素一事吗？"

经过几次这样的反复后，布什不得不顺从这位参议员要谈论战时"青霉素计划"的决心。

"是的，'二战'期间，"布什说，"那件事呀，的确值得一说。"

1943年春天，在盟军将领们计划首次向轴心国占领的欧洲推进之时，英国士兵正在操练另一种"推进"。在阿尔及尔和突尼斯的妓院里，数千名英国士兵感染了性病，其中有很多是即将攻占西西里岛行动的突击队员和空降兵。军官们惊恐万分地看着自己的精锐部队因感染细菌而病倒，当年罗马帝国的军团在占领非洲城池后遭遇的也是同样的细菌：淋病奈瑟球菌[①]。

牛津大学的药物学家、后来的诺贝尔奖得主霍华德·弗洛里（Howard Florey）被安排飞往摩洛哥，对当时的情况听取了一番报告。他随身携带了一种少量而又很珍贵的灰色霉菌，叫作青霉菌，是亚历山大·弗莱明（Alexander Fleming）于1928年在伦敦圣玛丽医院（London's St. Mary's Hospital）堆满东西的实验室水槽中发现的。弗洛里是牛津大学分离了青霉素活性分子并证实其临床用途的三人小组的一员。1941年，他开始参与一项英美合作，以工业化规模生产青霉素。当他巡视非洲的战地医院时，这个难题仍然没有解决，他不得不省着点儿用他的小批量存货。但即使在证实了这种霉菌的抗淋病效力后，他仍需要得到一个自以为是的英国军官团的同意才能使用，后者对于批准使用霉菌治疗性病的这种"自己招惹的麻烦"犹豫不决。后经层层上报，最终上达并惹恼了温斯顿·丘吉尔（Winston

---

[①] "淋病"（gonorrhoea）一词源自古希腊的"gonorrhoia"（意为"精液溢流"），盖伦等医生也记载了相关的病例，但仅根据古代的症状描述，无法确定"gonorrhoia"就是现代的淋病。文中提到的战事可能指恺撒的内战或贝利撒留的汪达尔战争，但文献中并未提到当时军中出现了类似淋病或其他性病的疾疫。——编者注

Churchill），他直接下令立即使用青霉素。为了获得最大补给，弗洛里回收每位病人的尿液。事实证明，这样做刚好能够满足需求。痊愈的突击队员于1943年7月10日开辟了欧洲第二战线。

与此同时，这项破解青霉素工业化生产密码的英美合作计划在美国的中西部取得了进展。相关工作最早始于1941年，弗洛里和他的科研搭档恩斯特·钱恩（Ernst Chain）前往美国，并说服官员相信青霉素产量是可以提高的。他们向美国人展示了自己对这种神奇霉菌所了解的一切知识，并分享了自己关于依托发酵法提高产量的想法。3年后，有大约40家实验室的1500名科研人员参与了这个计划，其规模仅次于"曼哈顿计划"。

突破性成果产生于伊利诺伊州皮奥里亚市下属农业部的一间实验室里，政府科研人员自20世纪30年代就已经在这里从事深度发酵技术的工作了。该成果为制备出效力超过牛津大学小批量培养物80倍的青霉素的工艺提供了基础。这项工作由OSRD医学研究委员会主席艾尔弗雷德·N.理查德（Alfred N. Richard）指导展开。理查德与药物公司最初会晤时说服了存有疑虑的药企主管，使他们相信该计划成功的概率很高，将能回报他们的投资。签署这些协议时，军方承诺将签订成本加成的大型合同，并由政府出资进行技术转让，由军方监督。OSRD和战时生产委员会组织了供应链，并清除了所有障碍，以促进快速顺利地提升产量。施贵宝（Squibb）、默克和辉瑞得到了其中最大的合约。在1944年6月诺曼底登陆那天，接近20家企业在发酵生产青霉素。一年后，它们生产的青霉素月产量合计6000亿剂。军队终于能够削减警告提防传播淋病和梅毒的"诱饵"的宣传画报预算了。

在每一个阶段，美国政府在免除专利使用费的基础上将此技术许可给所有有资质的企业申请人以加速生产，使产量最大化。这项工作由布什全权负责,这位 OSRD 主任认为这一计划具有特殊的重要性——堪比"曼哈顿计划"——并阻止合约商获得相关产品和工艺的支配权。这正合了科研人员、管理者以及农业部为该计划安排核心实验室的官员们的心意。农业与中西部平民主义保持着历史上和地理上的联系,这使得在文化上以有别于其他联邦机构的方式反对专利垄断。在哈定和柯立芝政府时期,农业部由亨利·C.华莱士掌舵,他继承了格兰其和平民主义者的精神信仰及政治抱负。华莱士的儿子、新政拥护者亨利·A.华莱士亦是如此,他在 1940 年当选副总统之前负责农业部达 7 年。

在反对布什政府允许合约商对战时发明提出所有权要求的一般性 OSRD 政策的民主党看来,青霉素就是这一政策强有力的反例。公立大学和研究中心被安排了一项任务并以空前短的时间取得了医学上的突破。政府已经和产业界的合约商合作,签订了大大小小互惠互利的协议。对新政拥护者来说,这是自我尊重且有竞争意识的政府的专利政策发挥积极作用的演示实验。这里,为公益服务的是公共科学。

"青霉素计划"不是社会主义。依据医学史学家罗斯威尔·奎恩(Roswell Quinn)的观点,政府合约商在两方面获益:除了通过履行有保障的市场的成本加成合同获得稳定利润外,他们还是"促进美国制药产业成为这个国家最成功的产业之一"的变相技术转让的受让人。

很多合约商明白,合约所得颇丰,并充分利用这样的机会使自己获益。成本加成幅度常常大得让人不禁生疑——有些青霉素工厂开给政府的账单是当初预估金额的 3 倍——而拥有大部分资源的企业的施工速度缓慢,则是政府进度报告中最常见的控诉。战时生产委员会的调查员在调查的早期阶段就留意到,合约商安装政府所资助的设备时的速度如平时那样慢条斯理,且对外观有独特的要求,形成"所有细节都等同于珍珠港事件之前建成的工业建筑"的私营设施。"关注奢华的设计细节,"一位战时生产委员会官员写道,"让人好奇他们究竟知不知道眼下,一场战争正如火如荼地展开。"

更加令人担忧的是,最大的合约商——包括辉瑞、施贵宝和默克——在故意不履行自己的合约责任,没有把它们全部的研究和技术诀窍都放入为保证协作与透明而建的共同技术知识池中。"就此时在皮奥里亚的我们看来,实际上,一直是我们给出所有的知识,而得到的反馈却非常少。"美国农业部的科研主任 R.D. 科格希尔(R. D. Coghill)在 1942 年写给位于华盛顿的 OSRD 的信件中说道。这封信是写给 OSRD 医学研究委员会主席艾尔弗雷德·理查德的,有传言称他本人在故意搁置不理这样的报道,并给企业打掩护,毕竟"二战"前他在默克公司担任顾问。

这一切与"青霉素计划"取得的巨大成功相比都显得没那么重要了。范内瓦·布什是相信这次成功所给出的经验教训也适用于战争以外情形的人之一。1958 年,他致艾尔弗雷德的信中写道:"从这次(青霉素)经历中能够得出无数的经验教训,适用于处理平时工业单位之间以及它们与政府之间的关系。"

基福弗追问布什,"青霉素计划"的经验教训是否不够明显,而如果经验教训是显而易见的,为什么他认为这些经验教训不再适用了。布什要如何解释自己战时对青霉素的处理与目前认为专利是所有创新和进步的源泉的立场是一致的呢? 这位参议员说,难道建立专利池和交叉许可的要求不是"推广青霉素生产的一个重要因素吗"?

"我们当时正在打仗,主席先生,"布什回答道,"打仗时,会做很多平时不会做的事。我们有了一次很棒的合作。这次合作显示出药物公司为了公共利益能够抛开个人私事。他们以尽可能好的方式合作。在那样的情况下，我们所做的一切都是公平合理的，但在任何方面都不适用于和平时期的局势。"

布什坦率地承认药物公司的"私事"很可能与"公共利益"有冲突。但在拥有布什这般智商的人看来，更高层面的论述是混乱的。"青霉素计划"的成功不是因为私营部门临时收起贪婪，而是因为牛津和皮奥里亚的学术机构与政府部门里的科研人员恪尽职守，还有他们各自的政府践行为了公益而传播科学的宪法规定，目的是为关键药品营造一个平价市场。当美国政府在战后重新开始资助研究项目、批准垄断并放任不管的时候，抗生素市场很快就被同一批公司组建的卡特尔控制了。鉴于简单可比的结果，基福弗认为某种接近战时模式的做法应该成为一般情况下的规则，而不是特殊情况下的例外。

青霉素不是公共科学近来在突破性抗生素方面取得的唯一成果。1948年，有机化学家赛尔曼·瓦克斯曼（Selman Waksman）在罗格斯大学的一个公共资助实验室里，发现了一种存在于土壤中的强大抗生素链霉素。瓦克斯曼很困惑，美国的法律竟会允许垄断公共土壤中的一种微生物副产品。罗格斯校方管理部门同意并继续以一种"新颖的物质成分"取得链霉素专利以防它被私人垄断。校方的药品许可向国内外的所有竞争者开放，只收取象征性的专利使用费。产生的影响与"青霉素计划"类似：竞争和不断下压的价格。这两种抗生素还有其他共同之处：药物公司讨厌它们以及它们所代表的一切。1954年，曾是布鲁克林工厂里一名油漆工人的辉瑞公司首席执行官约翰·麦基恩（John McKeen）对一位记者吼道："如果你急着想要失去全部家当，那么开始制造青霉素和链霉素吧！"

没有人因为销售用途广泛的抗生素而破产,不过,和麦基恩同为那个年代联邦贸易委员会展开的价格垄断调查的目标的公司——美国氰胺公司(American Cyanamid)、欧林公司(Olin)、普强公司以及布里斯托尔-迈耶斯公司(Bristol Myers)——自然是明白他的意思的。相较于四环素、金霉素和土霉素等取得专利的"特效药",青霉素的利润可以忽略不计——小到较大型企业,都把所生产的大部分青霉素用作动物饲料。

然而,从非专利药青霉素中获得垄断利润还剩最后一个方法:在贫穷的无法自制青霉素的国家垄断该药品的市场。

1946年,印度即将摆脱英国的殖民统治获得独立。但在印度国民大会党内部,由于意识到眼前国家建设的重任,对庆祝活动办得十分节制。印度国内的公共卫生需求格外紧迫:将近4亿印度人生活在极度贫困之中,两个世纪以来,以出口为主导的殖民统治让其国内拥有的卫生或工业设施很少。这个贫穷的国家将一切从零开始。正式宣布独立的一年前,印度总理贾瓦哈拉尔·尼赫鲁(Jawaharlal Nehru)派遣一队科研人员去参观欧洲和北美的制药工厂。他们回国时有了一个自制关键药物的方案,首先从抗生素、抗疟疾药和磺胺类药物开始。

随着印度独立后又爆发与巴基斯坦的战争,上述药物中有一样被特别优先考虑。1949年,尼赫鲁宣布启动"青霉素计划"。

当时,药物专利在专利授予国以外并无法律地位。几乎在所有情况下,这意味着药物专利在美国国境之外的地方是得不到法律承认的。但是美国的药物公司享有结构上的优势,可以起到类似于专利的作用。刚刚独立的非洲、亚洲和拉丁美洲国家自身没有能力制造药品。外国公司利用这种依赖性,瞄准这些国家的精英阶层,开出往往比公司本国要高的价格。要结束这种依赖，最直接的方式就是逐步加强本国制造的能力，这一过程需要从北向南的技术转让。当时遇到的问题和新冠疫情时期所面临的难题是一样的：技术最先进的药物公司没有兴趣帮助发展中国家实现药品的自给自足。就算要技术转让，条件也是外国公司说了算，通常是继续严格管控当地的药品生产和价格，从而破坏发展中国家的主权和发展。

这是尼赫鲁在1949年发布印度首座青霉素工厂建设招标时所面临的两难困境。

开始时，尼赫鲁将目标定得很高：要建设一座国有制造工厂，由印度科研人员和技术人员管控。但他收到的投标提出了各种让人难堪的修改建议。公司急切地想要提供青霉素，但不想转让最新的发酵技术，也不想培训印度科研人员经营工厂所需的技术诀窍。在辉瑞和葛兰素提交的投标中，尼赫鲁所提议的工厂被降级成了一个提纯和装瓶中心，负责处理直接从这两个公司的美国工厂运来的青霉素大货。

在这批糟糕的投标中，最好的要数默克公司。它提出在印度建立一座全生产周期的青霉素工厂，条件是持续数十年都要支付高额专利使用费。默克公司企图许诺提供只有其技术人员才拥有的某个"商业秘密"，来使提案更具诱惑力。默克公司的要员透露了一部分关于这个"秘密"的内容，声称从长期来看它将降低药品的当地价格，从而抚平长期支付专利使用费条款所产生的刺痛。印度的科研人员确定所说的"秘密"制造方法不归默克所有，近来发表在《工业工程化学》（*Industrial Engineering Chemistry*）期刊上的一篇文章讨论的就是这个方法，在印度图书馆即可查看。

这一制造方法的发明人是威斯康星大学的两位科学家，他们曾经参与农业部的战时"青霉素计划"。"二战"后，其中一人就职于默克公司从事研究，另一人则在年轻的联合国的下属卫生机构工作。碰巧的是，1950年秋天，这个刚成立不久的机构，即世界卫生组织（World Health Organization，简称WHO或世卫组织），正在制订计划，破坏默克公司向印度提出的协议，尼赫鲁错误地以为不会有更好的投标了，因而倾向于接受默克的提议。

1945年10月成立以后，联合国开始制订一个计划，帮助后来被称为"全球南方"的非殖民化国家。该计划的核心机构是1948年成立的联合国儿童基金会（United Nations International Children's Emergency Fund，简称UNICEF）和1949年成立的世界卫生组织。把西方国家的新"特效药"带到世界的其他地区是其首要关切之一，WHO的首批行动之一便是组建抗生素专家小组。

自尼赫鲁宣布"青霉素计划"以来，UNICEF和WHO的官员一直在密切关注印度国内的情形。一年后，当这个国家看起来注定要接受默克提出的条件时，他们决定干预。被派往新德里的一支代表团给印度政府带来一项提议：联合国将提供120万美元款项，以支付一家大型青霉素工厂的建设费用，同时提供技术支持、技术诀窍和联合国技术人员离开后自行运营工厂所必需的培训。联合国索求的回报是让印度提供默克公司投标内容的底片。"联合国对印度的全部要求只是一项开放的科学政策，以及通过公共资助的卫生计划向印度儿童无偿供应青霉素的承诺。"经济史学家纳西尔·蒂亚布吉（Nasir Tyabji）写道。这份提议同样规定，印度应"同意这座工厂拒绝与可能想要保持制造方法不公开的商业公司产生联系，此外，同意将该工厂作为UNICEF和WHO正在筹建的国际抗生素研究和培训中心网络的一部分来经营"。

联合国的提议处处与尼赫鲁在"南南合作"问题上的国际主义观点,以及更广泛层面的自给自足和国家发展理念相一致。尽管如此,尼赫鲁的一些顾问却极力主张要小心谨慎,担心联合国拥有的技术知识不足以确保这一计划取得成功。默克公司利用这些焦虑,给出新的获取其"商业秘密"的承诺。作为反击,联合国调动了一批支持在"全球南方"国家建立非营利制药产业和研究中心的科学家。这些被派往印度,为联合国的能力做担保的专家中包括获得诺贝尔奖的青霉素研发者霍华德·弗洛里和恩斯特·钱恩。

但是,或许起决定性作用的是英国生物化学家爱德华·梅兰比(Edward Mellanby),他极为鄙视美国人接受垄断医药的行为,这很大程度上出于私人原因。

1919年,梅兰比因分离出维生素D,并确定维生素D缺乏就是佝偻病的病因而声名大噪。与英国的科学界和医学界领导核心一样,他对斯廷博克的"阳光"专利以及WARF所体现的学术研究和垄断的联合感到吃惊和愤怒。"二战"时期,作为英国医学研究理事会干事,他坚持严格的无专利政策。当恩斯特·钱恩力劝梅兰比给一些培养青霉素的方法取得专利时,即使只是作为一种防卫手段,他也拒绝了。他不会效仿美国人堕落到"后道德时代"的科学和医学的阴沟里。战后,美国公司赢得以钱恩和弗洛里在牛津大学开展的研究为基础的工艺的专利,进一步深化了梅兰比对美国制药产业的憎恶。①

1951年夏,梅兰比与尼赫鲁的会见使印度接受联合国的提议成为定局。这个英国人可能只是巴望着有机会制止他所憎恨的垄断体

---

① 这一事件造成的怨恨难以排解。在给2020届毕业生致辞时,牛津大学的副校长路易斯·理查德森(Louise Richardson)为本校取得新冠肺炎研究专利一事辩护,称这么做是出于公共利益的考虑,以避免重复"20世纪40年代早期所犯的错误,当时的牛津学者发现了青霉素却把所有权利拱手让给了美国公司"。——作者注

系扩散，但他所获得的满足感要比一次孤立的战术胜利带来的满足感要深刻得多。梅兰比知道这个联合国计划的重要意义不仅仅在于它是唯一的"不受任何私人利益操控的"青霉素制造工厂。在浦那市建立印度斯坦抗生素公司（Hindustan Antibiotics）是为建立公有药物部门奠定基石，该部门是旨在反抗默克公司所象征体系的全球性对抗体系的一部分。随后两年里，梅兰比以位于勒克瑙市的中央药物研究所（Centual Drug Research Institute）创始所长的身份一直待在印度，帮助建立这个对抗体系。

印度向药物自给自足迈向第一步的迹象没有逃过野心勃勃的药物公司的注意。这些印度公司，今天有能力用发酵法制备青霉素，明天就能够利用逆向工程制得并大规模生产其他药品，以满足出口整个"全球南方"。

默克的挫败让制药产业对其在美国以外的未来处境感到恐慌。默克公司被孤立在主要市场之外，举目无亲；就连杜鲁门政府的国务院都支持联合国的计划。同时，建立一种保护美国药物专利在海外不受侵犯的国际法律体系的想法，更接近那个时代的科幻小说，而非一种能想象得到的现实。随着1955年联邦贸易委员会调查的启动，这种孤身反抗规则的感觉在20世纪50年代中期才加剧，随后出现了电视时代的首位科学家名人乔纳斯·索尔克，他是美国的梅兰比，他的成就可媲美发现青霉素。

60年来，脊髓灰质炎如同一个可怕的跟踪狂，美国的每一个儿童都是它的猎物。在拥挤不堪的经济公寓楼里，白喉肆意侵扰；从贫民窟到富人在乡间的庄园，脊髓灰质炎病毒可能袭击任何地方。它在全国范围内定期以不可预知的强度暴发，每一次都使得数千名5岁以下的儿童经历极度可怕的疾病折磨，导致其窒息、瘫痪甚至死亡。

终结美国境内的脊髓灰质炎的疫苗是用名副其实的公共资金开发的。与政府通过财务部签发债券的形式来资助科学不同，美国国家小儿麻痹症基金会（National Foundation for Infantile Paralysis，简称NFIP）在普通美国人的钱袋和从事科学研究的实验室之间打通了一条直达通道。它是由数以千计的塞满备用硬币和脏分分的美元钞票的硬纸盒和玻璃罐建成的。

这场募捐运动始于1934年1月，当时NFIP通过6000场社区组织的为这个国家最有名的脊髓灰质炎受害者富兰克林·罗斯福举办的"生日舞会"已筹集到100万美元。第二轮脊髓灰质炎运动得益于明星代言人巴德·阿伯特（Bud Abbott）、卢·科斯特洛（Lou Costello）以及埃迪·坎特（Eddie Cantor），他们在1938年提议名为"10美分运动"（March of Dimes）的永久性零钱募集运动。[1] 印有NFIP标志的投币箱一时间出现在每一个能够想得到的公共场所，尤其是电影院，筹集的钱足够资助在顶尖机构中进行的脊髓灰质炎研究。1947年，"10美分运动"为匹兹堡大学医学院一座耗费数百万美元的两层实验楼的建设和人员配备提供资助。正是在这座实验室里，乔纳斯·索尔克开发出了新颖的脊髓灰质炎"灭活病毒"疫苗。

1955年4月12日，脊髓灰质炎疫苗宣布研制成功，仅过了数小时，爱德华·R. 默罗（Edward R. Murrow）就在美国收视率最高的黄金时段新闻节目《现在请看》（*See It Now*）上采访了乔纳斯·索尔克。采访接近尾声时，默罗将话锋转向当时美国人正有所耳闻并开始深入思考的一个问题：医药专利。这位传奇的新闻记者向前倾身，用敏锐

---

[1] 剧院连锁公司勒夫公司（Loew's Inc.）的首席执行官尼古拉斯·申克（Nicholas Schenck）对这一运动给予积极支持，部分是出于改善公司作为良好企业公民的形象的考虑。申克当时正深陷于阻止其收购米高梅影业公司（Metro-Goldwyn-Mayer）的联邦反托拉斯诉讼案中。——作者注

的目光注视着索尔克,然后抛出问题:"这个疫苗的专利属于谁?"索尔克短暂停顿之后吞吞吐吐地说:"我想说,人民。这个疫苗没有专利。你可能取得太阳的专利权吗?"

索尔克不是援引太阳作为科学公地象征的第一人。他的评论让人联想到相信知识就如同自然元素一样不可分割的古人("如空气般普通")、美利坚合众国的开创者("每一项科学发明或改良,如同太阳一般影响全体人民"),还有19世纪中晚期的医药守卫者("在我看来,这倒是像取得阳光的专利权")。20年前,莫里斯·菲什拜因已经对维生素D的垄断做出过批评:"天空中的太阳,应该供所有想用它的人无偿享用。"

有可能索尔克在回答默罗的问题时脑中出现的是菲什拜因所说的话(如果知识是用来分享的,那修辞和妙语也应如此)。无论索尔克的答案是从何处获得的灵感,传统知识观的这一表述引起的反响说明,公众已经开始嫌恶这个国家尚处在幼年期的"后道德时代"的制药产业了。

开放科学以及与制药产业的贪婪相对立的谦逊的英雄人物,从来不像神话中的英雄那样纯粹。20世纪40年代早期,作为密西根大学研究流感的一名年轻研究员,索尔克是实验室里人们闲谈的主角,因为有传言称他正在考虑接受帕克-戴维斯公司的咨询协议。索尔克当时的领导,即知名的病毒学家托马斯·弗朗西斯(Thomas Francis)介入后,立马制止了该协议。当时公共实验室的科学家从事咨询副业越发普遍,但弗朗西斯坚持传统的做法。这份协议一旦签署,索尔克就会被要求向公司提供与他的发明有关的数据和专利。作为交换,公司用成功实现发明商业化的所得给予索尔克专利使用费。面对这一工作邀请,索尔克的内心一直很矛盾。但是,随着家里要养活的人口不断增多，他允许自己为这个诱惑找借口。在搬去匹兹堡全职从事脊髓灰质炎方面的研究工作后，索尔克接受了帕克－戴维斯的另一个邀请，为增强疫苗免疫效力的佐剂的开发提供咨询。20 世纪 50 年代早期，在索尔克渐渐有了名声后，帕克－戴维斯公司的推销材料中出现了索尔克的名字，让人误以为公司参与了索尔克的脊髓灰质炎研究工作，这破坏了索尔克与公司之间的关系。

没有证据显示索尔克因为在私营部门兼职赚外快而感到困扰痛苦，但这段经历确实让他终生对制药产业的可靠性和可信度表示怀疑。1953 年，在 NFIP 为翌年开展美国全国性临床试验寻找生产疫苗的公司时，他的怀疑显露了出来。比起组织里的其他人，索尔克更能预料到与注重钱财的合约商之间会发生的问题。他强烈反对把生产控制权交给一家公司，相反，他主张一种联合经营方式，以争取"所有有兴趣出力解决脊髓灰质炎问题的公司"的支持。索尔克传记的作者夏洛特・得克罗斯・雅各布斯（Charlotte DeCroes Jacobs）写道，索尔克十分明白"药物制造商是企业家，不是学术科学家；他们偶尔会忽略'最低要求'而做出节约成本的决定"。

索尔克的疫苗配方很复杂，价格不菲，且必须依照他的制备方案精确操作。他知道，制备方案的数百个步骤中的每一步都有偷工减料的机会和诱惑。除了把这一工艺向多家公司公开外，索尔克始终坚持不应该把最终成品批次的检测工作委托给公司。他在 NFIP 的领导巴西尔・奥康纳（Basil O'Connor）起先不同意额外增加保障检测的想法，但最终同意由国立卫生研究院下属生物制品管控实验室（Laboratory of Biologics Control）进行随机抽检。

事实证明，索尔克的担忧并非子虚乌有。NFIP 与 6 家公司订立合约，以工业规模批量生产临床试验用疫苗。这 6 家公司包括：毕特曼－摩尔公司（Pitman-Moore）、沙东公司（Sharp & Dohme）、惠氏实验室（Wyeth-Ayerst Laboratories）、礼来公司、卡特实验室（Cutter Laboratories）和帕克－戴维斯公司。每一家企业都获得比生产成本多3倍的报酬，但让NFIP为它们的设施升级买单的要求遭到拒绝。"当秘密配方和取得专利的步骤失去惯有的保护后，制造商们不得不依赖速度和效率来获得有利可图的潜在市场份额。"雅各布斯指出。这正是索尔克最担心的。在生产进程的早期，他觉察到很多公司实验室的主管在筹划改动他的制备方案中的详细指示或是敷衍了事，这让他更为不安了。索尔克察觉到的最大危险与帕克－戴维斯公司有关。如简·S. 史密斯（Jane S. Smith）在脊髓灰质炎疫苗史的著作中所写："索尔克怀疑一场暗中的破坏行动正在进行中。他认为帕克－戴维斯公司在试图抹黑他的灭活技术，以便可以换用公司自己拥有专利的紫外照射病毒灭活法。"

无论是什么诱发了索尔克的担心，他所担心的事确实发生了，这些公司生产的若干批次疫苗中被发现含有活的脊髓灰质炎病毒。1955年4月，一些州相继报道出现儿童在接种疫苗后立即感染脊髓灰质炎的病例。索尔克知道他的疫苗没有问题。他在自己实验室里生产的批次从没有过任何问题，在加拿大和丹麦正在进行的临床试验也没有出现接种后感染的情况。他怀疑得没错，出于贪婪或能力不足的原因，合约商们没有按照他的指示进行。在临床试验暂停期间，调查人员追查出，导致包括5起死亡病例在内的100多起脊髓灰质炎病例的源头，是卡特实验室在加利福尼亚的工厂。① 一次技术检查显示这家公司有偷工减料的情况，没有按照索尔克的配置方案进行操作。与政府的

---

① 在20世纪70—80年代，卡特实验室是拜耳的子公司，与众多受HIV病毒污染的血液产品有关联。——作者注

合约被终止了，这家公司面临破产，它的名字也永远地与这起被称为"卡特事件"的丑闻挂了钩。在多个劣质批次被追溯到帕克-戴维斯公司和礼来公司的工厂后，国立卫生研究院启动了一次严格的检查。与卡特公司不同，这两家药企巨头已经洗脱了故意犯错的嫌疑，并得到了宝贵的第二次机会。主要合约商礼来公司在为美国政府生产脊髓灰质炎疫苗的头一年利润就达 3000 万美元。①

5 月，临床试验重启，此时索尔克坚持疫苗每一批次都接受国立卫生研究院的强制检查的要求，不再受阻。

1962 年 7 月，基福弗向参议院提交了自己的改革议案，此时"卡特事件"已过去 7 年，但还没被完全遗忘。尽管基福弗委员会在将近 3 年的听证会过程中都在做调查工作，尽管他挖出了所有的丑闻和系统性腐败，但这个议案还是一经提交就被否决了。进入大选之年，民主党感到在其他问题上分身乏术、捉襟见肘；即便如很多人私下里跟基福弗所说，他们在专利问题上与他意见一致，但也很少有人有闲心去招惹财力雄厚的药物公司。在众议院和参议院，该议案的处境差不多已是到了"供众人瞻仰遗容的"阶段，此时一件有关药物安全的丑闻改变了事态的发展，恰与 1906 年的情形相同。

7 月下旬，《华盛顿邮报》(*The Washington Post*) 头版详细报道了安定剂沙利度胺和全欧洲发生的数千例四肢短小先天性缺陷之间的关联，当地妇女在妊娠期服用该药物以减缓焦虑。报道称，美方许可商计划将该药物在 1960 年冬天引入美国市场，但是后来被 FDA 新雇的药物部职员弗朗西斯·凯尔西（Frances Kelsey）勇敢而坚定地叫停了。

---

① 美国政府付出的代价是成为索尔克脊髓灰质炎疫苗第二桩丑闻的主角。20 世纪 50 年代晚期，包括默克公司在内的 5 家公司向联邦、州以及地方政府机构 3 次报价，价格都相同，因此，联邦贸易委员会控告它们涉嫌金额为 5400 万美元的政府疫苗采购订单的价格垄断和刑事共谋罪。后来一位联邦法官在上诉审理此案时以缺乏证据为由驳回了指控。——作者注

凯尔西以公司毒性数据存在大量漏洞为由拒绝为此药物开绿灯。两年来，她坚守自己的立场，扛住了来自制药产业及机构内部要求认可该镇静药对治疗女性焦虑没有害处的压力。

《华盛顿邮报》的报道让凯尔西成为全美国的英雄，被誉为公仆的楷模，并被授予"杰出联邦公务员"（Distinguished Federal Civilian Services）奖章。报道的丑闻让基福弗的议案又活了过来。其中扩大 FDA 监管药物检测和安全的提议，在此时看来是先见之明，是常识，是早该提出来的。不过，作为基福弗起草的议案的核心，专利改革并未得到这样的重新审议。

10月10日早间，也就是一架美国间谍飞机在古巴侦测到苏联导弹的4天前，肯尼迪签署了修订后的基福弗议案。每一项都基于多年调查和取证，里面触及"后道德时代"制药产业经营模式的改革内容都被摘除了。这部 1962 年的《联邦食品、药品和化妆品法修正案》（Amendments to the Federal Food, Drug, and Cosmetic Act）没有提及专利、价格、竞争以及营销问题，其关注的领域只局限于加强 FDA 检测、监督和管理药物的职能及权限。肯尼迪总统在签署该议案时所说的话，似乎是在承认这部法律的痛苦历史和被打压的抱负。这部法律的原始起草人是基福弗，它在众议院的提案人是来自阿肯色州的民主党人奥伦·哈里斯（Oren Harris），因此该法案也被称为《基福弗－哈里斯修正案》（Kefauver-Harris Amendments）。

"我们想要特别感谢参议员基福弗长期以来举行的听证会，"总统说，"（这些听证会）使我们能够在这个问题引起公众如此强烈关注的时候，手上有非常有效的法律法规可以作为依据。"

随着沙利度胺丑闻的热度消退，肯尼迪认定基福弗以及他的前任基尔戈如此担忧的专利问题不再是"公众强烈关注的"问题了。结果，在基福弗生命的最后一年，他仍不肯退让。在他所在的民主党从他的议案中抹去所有关于专利的内容之后，他开始着手把自己所开展的制药产业调查写成一本面向大众读者的书。在他领导的参议院小组委员会中，他为公众支配公共科学而斗争，并将其战利品带入新的领域。其参议员履职记录的最后一句话来自 1963 年 8 月就 1962 年《通信卫星法修正案》（Amendments to the Communications Satellite Act）进行辩论时的发言，该法案产生了美国首个商业卫星公司。基福弗在发言进行到一半时停了下来，说自己感到不适。

"在短暂休憩之后，他恢复了很多，有足够力气谴责这个卫星公司是一家'私营垄断企业'，"史学家丹尼尔·斯克鲁普（Daniel Scroop）在叙述这位参议员死于主动脉瘤破裂时写道，"过了不到 48 小时，基福弗就去世了。他是战后不久出现的最出色且最顽强的垄断批判者，商业说客为此造了一个说法：'基福弗，我们不信任。'"①

在他去世后仍存活的是一个桀骜不化的制药业，它下定决心要防止对其权势、财富和与生俱来的垄断权利的进一步挑战。

---

① 原文为"In Kefauver we anti-trust"，这里的"anti-trust"意为"不信任"，是商业说客从"antitrust"（意为"反垄断的、反托拉斯的"）一词异构出来的，意在针对基福弗的反托拉斯调查和专利改革。——译者注

第七章

制造怪物

1962年，药物公司躲过了一劫。两年来，虽然参议院听证会上所呈的证据确凿，且随后沸沸扬扬的沙利度胺丑闻又坐实了基福弗对"后道德时代"制药企业最低、最严苛的评价，但这部新法并未伤及制药产业的核心经营模式分毫。实际上，FDA的新标准，不仅以基福弗不曾预见的方式迫使小企业退出经营，而且增加了制药产业中行径恶劣、不择手段的参与者的权力。这部法律通过没多久，默克公司的首席执行官约翰·康纳告诉一群保守的医生，长久以来，改革的很多内容都是由数家大型企业提出的。史学家多米尼克·托贝尔（Dominique Tobbell）认为："在很多方面，制药产业获得的比失去的多。"至于在专利和定价这两个具有决定性影响的问题上，制药产业依然毫发无损。

这并不意味着制药产业喜欢这部新法律。相反，FDA的新监管权让它忐忑不安，附加的安全新规定虽然确实提高了非专利药进入市场参与竞争的成本，但还是让它心生不快。在此之前，制药产业仅需遵守1906年的《纯净食品和药品法》及1938年的《联邦食品、药品和化妆品法》所规定的商标和安全性方面的最低要求。而此时，它得满足由新聘请的联邦科研人员和官员所组成部门监督的试验标准。基福弗对制药产业所做的莫名其妙的、大范围的、公开的"活体解剖"揭露了一个利润与生产成本、供应和需求等常规价格因素之间毫不相干的体系，由此所产生的负面影响也让药物公司感到苦恼。基福弗的听证会没能限制药物专利，却向全美国人民展示了一些无法视而不见也不会很快被遗忘的东西。

20世纪60年代早期，制药产业做出回应，要与两个同样忧虑政府管制的群体深化战略性联盟。

一个是学术研究界，尤其是其中的年轻科学家，他们对旧的规则缺少记忆，被认为对能够获得商业回报的机遇更加敏感。

另一个且更重要的联盟是医学界。19世纪和20世纪早期，药物公司就和正统医学结为联盟，一起反对有着多副面孔的违背科学原则和违反行业标准的贪婪：专利、商标、营销、机密还有欺骗。20世纪30—40年代，医学组织和药物公司再次联手对抗政府的医疗卫生计划，还彼此帮忙处理因"有道德地取得专利"以及产学合作的兴起所引发的身份危机。到了20世纪60年代，它们将作为盟友携手捍卫的正是它们曾经定义自己时所反对的，他们是"二战"后美国最为敏捷、可怕的两股反动力量。

即使在"有道德的"黄金时代，医学组织就表现出中度的精神分裂症状。论及科学、知识以及医学，它自豪地拥护共产主义，但是说到医疗卫生——施用和配给药品——它就表现出极度的资本主义，违反公共利益。20世纪早期，当国民保险作为进步党人的一项事业出现时，美国医学会反对改革者所呼吁的，用爱德华·迪瓦恩（Edward Devine）的话说："把丰厚的收益专用于人民的健康。"从中，我们看到了这个行业根深蒂固的弊病，医学社会学家罗伯特·K.默顿（Robert K. Merton）温和地称之为医学的"暧昧状态……在这种状态下医学研究的社会所有化在一些阶层遭到排斥，而在同样的阶层里，知识的社会所有化则畅行无阻"。①

这种"暧昧状态"在20世纪中期美国医学会与正在解决自身矛盾的制药产业合作的过程中消失了。

"一战"前,除了威斯康星州和宾夕法尼亚州两个分会以外,美国医学会一致反对社会改革。战后,各州分会领导层中持异见者都被免职,整个协会继续保持统一的反对之声,不仅反对公共卫生倡议和计划,还反对建立私营团体保险联营。20世纪20年代,美国医学会通过游说成功推翻了一部1921年的法律,其中提出要资助创建全美国首个女性卫生诊所。医学会的医生们认为,这些专注于妊娠期妇女和儿童健康的卫生中心是在侵扰自己的专业领域,不可接受。面对美国医学会的持续施压和极力反抗,国会于1927年关闭了这些诊所。

经济大萧条爆发时,美国医学会扩大了政治动作。它继续反对任何形式的集体医疗卫生计划,并准确预料到民主党推行政府保险以应对危机,于是采取手段攻击早期的罗斯福新政。美国医学会对1932年由独立团体医疗成本委员会(Committee on the Cost of Medical Care)发表的一份报告所表现出的态度,与镇定自若、宽慰人心的医生形象形成了反差。在一篇刊载在协会杂志上、很可能由莫里斯·菲什拜因撰写的社论中,就该委员会支持私有保险联营一事,美国医学会不仅表示反对,还指责其所写的报告是在"煽动革命"。新当选的民主党籍总统谨慎地留意到其中强烈反对的语气。保罗·斯塔尔(Paul Starr)在《美国医学的社会转型》(*The Social Transformation of American Medicine*)一书中写道,医学会医生们的

---

① "在行业发展的早期,医生们在行医实践中采用的就是利己主义、服务收费、自由企业的模式,"史学家蒙特·普恩(Monte Poen)写道,"他们一直以来既是公仆,也是商人。"——作者注

"极端反应","证实了很多人的疑虑,即连提倡自愿缴纳医疗保险也是危险的举动。关于这份(报告)的争议恰是出现在富兰克林·D.罗斯福就任总统之际,其帮助这个新政府相信,医疗保险是个应该回避的议题"。①

当罗斯福决定从1935年的《社会保障法案》(*Social Security Act*)中取消关于医疗卫生的相关内容时,他安慰政府经济安全委员会(Committee on Economic Security)中主张医疗卫生计划的鹰派成员,向他们承诺在不久的将来会推动政府保险计划。与此同时,新政拥护者至少回击成功了一次。1938年8月,由瑟曼·阿诺德组建大陪审团负责调查美国医学会试图破坏联邦雇员组织的自愿保险联营的行为。联邦调查局(FBI)搜集到的证据显示,美国医学会曾试图拒绝保险联营成员享受地方医疗服务,并以严厉谴责和开除会籍等威胁接受的医生成员。该协会的领导层在媒体上猛烈抨击阿诺德,说他"促进医学的社会所有化,破坏反托拉斯法"。1943年,联邦最高法院作出裁决,维持司法部对美国医学会及其附属的华盛顿特区医学会的惩罚。

美国医学会对联邦最高法院的判决不服,随即提起上诉,但最终败诉。在此期间,它在首都开设了自己的第一间办公室,成为新机构医疗服务和公共关系理事会(Council on Medical Services and Public Relations)总部。成立该机构是为了领导反抗罗斯福为在《社会保障

---

① 正如美国全国制造商协会专利委员会的政策在布什-基尔戈辩论期间走向其成员多数利益的对立面一样,美国医学会在大萧条期间的政策损害了努力维持生计的普通医生的利益。该协会反对民主党补贴需求(如支付人们的医疗账单)的呼吁,认为这是非美国的行为,并因此紧缩供应。协会主席沃尔特·比尔林(Walter Bierring)要求关闭全美一半的医学院,但未能实现,不过在1934年到1940年期间,医学院数年来招生人数上涨的局面骤然转变。叙述这一政策时,保罗·斯塔尔指出,该政策削减了可派往前线的战地医务人员的数量,使美国国内乡村缺少医生的状况更加严重。——作者注

法》（the Social Security Act）中增补政府保险内容将要施加的第二波推动。在这间位于市中心的办公套间，美国医疗服务和公共关系理事会与全国医师委员会（National Physicians Committee）通力合作。这是一个刚成立的医生团体组织，资助它的是美国医学会的老朋友、对抗激进政府过程中转变为振奋人心的盟友：制药产业。

1944年1月11日，罗斯福在国情咨文中宣布《第二权利法案》（Second Bill of Rights）的权利清单，医疗保险位列其中，这让很多民主党人大感意外，但美国医学会和药物公司早有心理准备。不到一年前，面对左派提出的与美国医学会较量的要求，这位总统还倍感压力，他告诉一名民主党参议员："我们不能与各州的医学会对着干，就是不能这样做。"1945年4月罗斯福逝世，这一压力落到了哈里·杜鲁门的肩上，他在同年9月宣布自己支持包含了"充分医疗的权利以及获得并享受健康的机会"的第二权利法案。两个月后，在民主党控制的最后几个星期，第79届国会收到了杜鲁门发来的长篇国情咨文。"是时候采取行动了，"他说，"我们的公民尚未在任何程度上平等地享受现代医学科学所带来的好处，将来也不会——除非政府能够大胆作为。"

杜鲁门强调他的提案不是社会所有化了的医学。医生和患者仍有选择的自由，"最重要的区别"是患者得到"他们所需的服务，无论他们当时能支付多少钱"。民意调查显示，该方案得到绝对多数的支持。要想破坏这样的支持度，其难度不亚于削弱人们对新政推行的其他受欢迎的社会计划的支持。但医疗卫生方案尚未获得批准，同时，"二战"后，美国第一股遏制共产主义的劲风正向医学会和它的老友制药产业吹去。

1946年，共和党重新掌控国会，开始机械地模仿美国医学会，用俄亥俄州参议员罗伯特·塔夫脱（Robert Taft）的话说，政府保险是"这届国会至今见过的最具有社会主义性质的举措"。同时，众议院的一个共和党小组委员会发起对杜鲁门促进医疗保险的调查，以判定"联邦机构内已知的共产党人及同情共产主义者，是否正在利用联邦资金努力帮助莫斯科推进共产主义路线"。

这远超罗斯福所预见的美国医学会的抵抗。杜鲁门扮演了一次"魔法师的学徒"，他煽动的第一簇火苗，结果使已被自己采纳的、受大众欢迎的罗斯福新政遭到反对派的摧毁。1948年，杜鲁门赢得竞选，得以连任，依仗每年从每位会员处额外收取的25美元会费，启动了美国历史上最为烧钱的游说和公关运动。保罗·斯塔尔写道——

> （共计投入150万美元）用于宣传册、新闻媒体、公开代言人以及私下联络途径以强调自愿才是美国的方式，并劝服私人组织——据其统计有1829个——支持美国医学会的立场。"社会所有化的医学会会导致美国人生活的其他领域被社会所有化吗？"一张宣传册上提出了这样的问题并给出如下的答案："列宁是这么认为的，他宣称：'社会所有化医学是社会主义国家门户的基石。'"（国会图书馆无法确定这句话在列宁作品中的具体出处）……

一个由美国医学会领导的、药物公司和商会参与的联盟所取得的战绩远不止阻止国民医疗保险的实施。它还删去了1950年《社会保障法》中一条旨在扩大其覆盖范围，将未达到退休年龄但已完全残障的美国国民纳入保障体系的修正提案，致使首次尝试创立全美国的残障保险制度的努力归于失败。至那时，美国医学会每年花费超过200万美元用于"教育"美国人有关全美国社会和医疗保险的邪恶之处。

制药产业的资金资助了很多广告交易,纸媒和广播里全是以家庭医生所形成的文化权威为幌子的公司宣传。

"后道德时代"的美国医学会-药企联盟一路发展,步入20世纪50年代,对它们来说最亟待解决的威胁不再是政府保险,而是专利改革。虽然专利改革并未直接伤及医学,但医学与制药产业之间已形成了共生关系。两者日益频繁地共享垄断所得利益,而这些便成为它们获得政治权力的资本。当基福弗听证会结束且专利安全了以后,该联盟再一次转移阵地——这次它们回到了保险议题上,此时民主党正推动向穷人和老人提供保险的计划,也就是不久之后的医疗补助保险(Medicaid)和老年医疗保险(Medicare)。

"除了在《美国医学会杂志》上投放药物广告的收入以外,医学组织还收到了药企的大笔捐款以对抗医疗保险计划,"斯塔尔写道,"医学会医生收到这些资助,部分是由他们在药物营销环节所处的战略地位所决定的,其守卫者的职能让他们可以为自己在政治煽动中发挥的作用收取一笔服务费。"

与药物公司相比,美国医学会在修改有关专利的道德准则上行动缓慢。至第二次世界大战时,主要的制药协会都已经更新了它们的章程,给予护佑知识产权的条件,而美国医学会直到1955年才彻底修改它的医德准则。按照新准则的规定,自此之后,只要不危及研究和发明的使用,其成员医生就可以为自己的医学发明取得专利并从中获益。但这些不过是空泛的文字。在医学组织内部,道德力量和政治力量之间形成的紧张态势已经朝着商业和利润的方向消解——按美国医学会创始人之一并两度担任该会主席的内森·史密斯·戴维斯的话说,是"贪欲和耻辱"的方向。爱德华·海德(Edward Hyde)已经吞噬了亨利·杰基尔博士(Dr. Henry Jekyll)。

然而，抵抗也是有的。在学术医学内部，甚至产业研究内部，小部分有影响力的人拒不从命、死守传统。他们别无他法，对于自己的担忧，一方面跟大学官员私下诉说，一方面通过媒体和参议院听证会公开表达，狠狠谴责产业咨询的新制度、学术专利的牟利现象以及医学期刊对疗效存疑的处方药垄断企业的广告加重的依赖关系。他们的危险性不在于人数多寡，而在于他们的身份地位，他们当中有医学院的院长、高级教员以及国家级实验室的主任。他们在国会山做出的雄辩陈述，使用旧的道德语言攻击专利、拥护管制和政府医疗卫生计划。"学术界自命清高之徒……怀疑一切疗法的虚无主义之辈……批评我们最为严厉，不可小觑了他们。"惠氏实验室的一位行政主管在1964年11月召开的一次制药商协会大会上说道。

惠氏实验室行政主管丹尼尔·萧（Daniel Shaw）就战后所分的权势集团很有影响力，多米尼克·托贝尔在《药丸、权力、政策》(Pills, Power, and Policy)一书中对此分类做了详细叙述。学术医师和科研人员组成人数最多的一类，萧将其称为友好的中立群体，能够轻易地对他们施加影响，从而转变成"我们最珍贵的资产之一"。在萧看来，多数中级甚至高级医学研究人员也不具威胁性，可以争取到自己的阵营中来，因为他们要么是偏向产业一方的，要么是对政治漠不关心的。只有这最后也是人数最少的一类，即"学术界自命清高之徒"令萧担心。如果不能拉拢他们，就不得不让他们失去影响力。

这些清高学者代表着旧秩序，而萧是典型的新秩序的代表。他的雇主，惠氏实验室，发家于19世纪中叶"有道德的"药物制造的巅峰时期，起先是费城制药产业领导核心的一个成员。一个世纪以后，它已成为大胆创新的行业领跑者，而惠氏的"新药推销员"则成为一个在垄断的基础上建立起来的产业典型代表。惠氏推销员的特征是他们通常穿着时髦的西装，有丰厚的差旅费，且随身携带的皮质挎包里面装满公司畅销药的免费试样：一粒盾形"安匿诺"①（Equanil）药片。

Equanil是世界首款安定药，也是惠氏实验室在"二战"后增长的动力，它的创造者让人意想不到：一位受到理想主义和欧洲大学传统熏陶的忠实社会主义者——弗兰克·伯杰（Frank Berger）。伯杰是说着德语的捷克犹太移民，在"二战"后来到美国，秉持着医学研究应该惠及众人且属于众人的信念。他在接受史学家安德里亚·托恩（Andrea Tone）的采访时说，1938年他逃离纳粹占领的捷克斯洛伐克，然后定居英国，在那里他把从亚历山大·弗莱明那里获得的霉菌样品进行提纯，并延长它们的储存寿命，为跨大西洋青霉素工程做出了关键的贡献。正如弗莱明因偶然观察一堆尚未清洗的培养皿而发现青霉素的抗菌特性一样，伯杰的研究中也因为出现了偶然失误而有了意外的发现。在研究青霉素防腐剂时，他发现备选化合物中有一样似乎能使小实验鼠进入一种异常放松的状态。伯杰分离出了这种化合物——美芬新（Mephenesin），"二战"后这种化合物被作为肌肉控制类疾病（如帕金森病）的治疗药物进行开发。为了符合自己的道德准则，伯杰很快公开了自己的研究成果，这样商业开发就可以让任何人享用。

"二战"后，伯杰在美国定居，他回绝了多个药物公司顾问工作的邀请，接受了罗切斯特大学的一份研究工作。直到他因高血压而不能享受人寿保险之后，他才重新考虑这些药物公司的工作邀请。捷克斯洛伐克被共产党接管一事没有改变伯杰广泛的社会主义政治主张，但确实让他失去了全部积蓄和财产。1949年，他接受卡特产品公

---

① "安匿诺"为音译，本药物商品名在我国暂无标准译名。——编者注

司（Carter Products）的邀请，成为其新成立的研究部门——华莱士实验室（Wallace Laboratories）的负责人和医学部主任，拿的薪水是他之前在大学工作时的 2 倍。卡特产品公司在当时鲜有人知，但在 19 世纪 70 年代，这家公司已是数一数二的万能药销售商，旗下明星产品是种叫作卡特肝丸（Carter's Little Liver Pills）的泻药（"唤醒你的肝脏胆汁！"）。该公司所有者要想在新世纪复制这样的成功，最快速的做法就是从被授予专利的畅销处方药下手。

伯杰在华莱士实验室位于新泽西州的设备精良的研究中心安定下来后，便重新恢复了他在战时进行的神经松弛剂和镇静剂的实验。两年的时间，他便开发出一种分子，与他早先发现的美芬新具有相似效力，但效果更长久、副作用更小。贝格尔将其命名为"甲丙氨酯"（Meprobamate），眼中只看到它好的作用。"他把过度焦虑看作对领悟真知和取得进步所需的清晰思维和理性的阻碍。"安德里亚·托恩在她讲述安定剂历史的作品《焦虑时代》（*The Age of Anxiety*）中写道。

此时推出一种全新的镇静剂有利有弊。1951 年，政府严厉谴责了第一个人工合成药巴比妥类药物的处方过量问题。但伯杰相信甲丙氨酯的主要功效——快速抑制中枢神经系统——极为接近巴比妥类药物，但安全性更高，且滥用的可能性更小。

20 世纪初，第一批巴比妥类药物由德国公司在专利保护下引入美国市场，冠以药品具有助眠作用的商标进行销售：速可眠（Seconal，通用名为"司可巴比妥"）、鲁米那（Luminal，通用名为"苯巴比妥"）、宁比泰（Nembutal，通用名为"戊巴比妥"）。这些都成为常年的畅销药。到 20 世纪 30 年代晚期的时候，美国人每年服用巴比妥类药物的数量超过 10 亿粒。业界资料称这些药物为鸦片制剂和水合氯醛在当代的后裔，是 19 世纪以及 20 世纪早期"被迫使用的"安眠助手。推销广告中并没有提到巴比妥类药物会迅速产生耐药性、成瘾率极高及过量服用的风险。

巴比妥类药物，在社论家和改革家口中被称为"魔鬼的胶囊"，据称与青少年犯罪和过量服用的泛滥有关，导致国会在1951年通过一项管控法案。从此，巴比妥类药物只可在医嘱下出售，这类药物也成为法律要求的，第一个在包装上标识"仅凭处方"（Prescription-Only）字样的药物类别。同年，制药商在比尔提默酒店举行的为期3天的会议上，专利协会（Proprietary Association）的领头律师称这样的标识要求是"危害自我药疗的传统权利和疗法选择"的"社会所有化的医学侍女"。①

正值巴比妥类药物的名声处于低谷之际，伯杰准备对他认为更安全、更低成瘾性、更低毒性的镇静药进行首次人体试验。在看过他的试验数据后，监管人员表示同意。1955年，FDA批准甲丙氨酯上市销售，卡特产品公司转而寻找起合伙人，以许可其生产被他们称作"安定剂"的甲丙氨酯["安定剂"这个名字是未来的杨森药物公司（Janssen Pharmaceuticals）创始人保罗·杨森（Paul Janssen）在与伯杰共进晚餐时想出来的]。寻找合伙人本该在有接纳能力且需求性高的市场中进行。1929年到1939年，处方药的业务增长了上千倍，到1949年，业务量已占到整个药物市场的一半以上。不过，到了20世纪50年代早期，利润率开始下降，作为摇钱树的专利临近到期，非专利药的竞争逐渐兴起。为了补救这种情况，药物公司注入大量资金用于营销预算，扩充新药推销人员的队伍以维持住"品牌知名度"。他们也在整个研究领域伺机寻找下一个可授予专利的畅销处方药。

---

① 美国全国零售药商协会或许记得阿司匹林战争中乙酰苯胺致死一事，因而支持此改革。——作者注

奇怪的是，大公司们都只是看了一眼甲丙氨酯便走开了。仅凭处方销售的"抗焦虑"药品是没有先例的，精神科门诊也根本不存在。唯独惠氏实验室看到这其中成功的可能。在费城的大型公司中，惠氏总是引领着"后道德时代"的趋势。1929年到1959年之间，新药推销员在整个产业内兴起，整个美国药物销售主力军从2000人增长到15000人，而带头的正是惠氏。到1950年，其接近1000人的销售队伍号称一流。"被打造得近乎完美"，托恩写道，惠氏的新药推销员"进行18个月的高强度训练，坚守业界统一的作风"。据一位同时代的人所说，新药推销员连同惠氏的中、高级别的行政主管一起，给予医生大量馈赠，其慷慨程度可与古罗马帝国的壮观相提并论。

惠氏给卡特产品公司的提议反映了对甲丙氨酯的信心。它提出按该药物生产成本的2倍支付酬劳，外加5%的专利使用费，以换取用专有商标向医生推销该药物的专有许可。卡特产品公司将保留甲丙氨酯的所有权，以及在消费者市场用另外的商标销售该药物的权利。

该药物的惠氏版本"安匮诺"（Equanil）和卡特产品公司版本的眠尔通（Miltown）都大获成功。1955年，上市后不到一年，眠尔通就已家喻户晓，而且还成为一种文化图腾。因与好莱坞发生关联，它还得到明星的无偿代言，包括米尔顿·伯利（Milton Berle）、舒格·雷·罗宾逊（Sugar Ray Robinson）和阿道司·赫胥黎（Aldous Huxley）。在听到有关萨尔瓦多·达利（Salvador Dalí）对该药物的喜好的报道后，卡特产品公司委托这位超现实主义画家为1958年召开的美国医学会会议创作一件以眠尔通为主题的装置艺术作品。惠氏也在轻轻松松赚大钱的同时，倾尽全力满足家庭医生把Equanil当作治疗抑郁、焦虑、失眠、酗酒和"躁动"的万能药开出的订单需求。

大众精神药理学的诞生为多米尼克·托贝尔所说的制药产业与实践和理论医学的"冷战联盟"提供了新的支撑。赶走精神病医生让刚刚被授权的家庭医生更加亲近药物公司，按惠氏丹尼尔·萧的说法，在那里他们可以被塑造成产业界"最珍贵的资产"。与此同时，处方药广告突然出现在医学期刊上，其对公司的依赖不亚于美国人患上的药物依赖。那段时间，一则典型的整页全彩色的惠氏广告，同时宣传3种不同形式的甲丁双脲药片，鼓吹其为"几乎适用于每一个受压力困扰者的长效药"。该广告引起了人们对这3种设计中最新形式的注意：一种含量为400毫克的黄色药片，"即使对安定剂很了解的患者也认不出"。另一则广告鼓吹"口味改良的"甲丁双脲液剂是解"儿童和老人焦虑与紧张"的良方。

这款安定剂的成功，极大程度上激起了市场上对下一款情绪调节畅销药物的争夺战。眠尔通上市不到一年，药物公司就将工作重心转向开发或是寻找下一个眠尔通。在镇静药市场，霍夫曼－罗氏公司（Hoffmann-La Roche）在1960年凭借首款苯二氮䓬类药物利眠宁（Librium，通用名为"氯氮卓"）快速进入赢家的行列。随后，1963年又推出一款叫作"安定"（Valium）的蓝色小药片。不仅比安定剂的药效强、见效快，安定与马提尼酒的相容性也更好。作为"冷战"时期"郊区焦虑"的非官方标志，安定成为美国1968年至1982年间最畅销的药物。

在价值10亿美元的焦虑管理市场中，镇静药遇到了竞争对手：苯丙胺类药物。1937年，史克制药（SKF）取得了美国市场上第一款药用苯丙胺，即硫酸苯丙胺的专利，并在战后一直保持先发优势。1947年，公司推出安非他明（Benzedrine）和右旋安非他明（Dexedrine）。1956年，瑞士汽巴公司（Ciba）取得哌甲酯的专利，在美国市场如同发现了金矿一般，大赚特赚了一笔。此药为苯丙胺衍生物，注册商品名为"利他林"（Ritalin），并以"刺激精神性运动的一种快乐媒介"进行推销，使公司在拥挤的苯丙胺市场赢得一席之地。

苯丙胺市场是另一个尽显产业和医学之间共生伙伴关系的地方。以一种无害的女性减肥药来推销苯丙胺，需要并得到美国医学会的批准，致使医学期刊的广告交易上涨，进而推动苯丙胺销量陡增。所得利润反过来不仅使新药推销员大军可以给开出此类处方药的医生塞上金额可观的红包，还给更多、更大的广告交易提供了资金，雇佣这些新药推销员的钱也来自期刊以及医生诊所里大肆推销这类处方药的利润。就这样，产业和医学之间相互促进，创造的利润越来越高，利益和力量的结合也更加紧密。

这个过程需要各方都卸下在 20 世纪前半叶捍卫"有道德地"取得专利的过渡阶段的伪装，史克制药的右旋安非他明专利的情况便是如此。随着该药宝贵的专利期限临近，公司取得了有史以来最赚钱的替代药物地塞米（Dexamyl）的专利，此药为右旋安非他明和异戊巴比妥的混合处方药。该专利和相关市场营销，完全打破了"有道德地"取得专利的一贯规则，首条就是它完全缺乏分子水平的新颖性。但它是主宰药用苯丙胺市场的赢家，一路畅销直至 20 世纪 60 年代。每个人都从中获益，很少有人投诉。制药产业不仅赚得盆满钵满，同时也让该药物得到广泛应用。

1960 年 1 月，眠尔通药片在美国售价是 3.25 美元 / 瓶，相较之下，它在德国的售价只有 69 美分 / 瓶。足够强大以致可以侵犯卡特 – 惠氏垄断实体的只有美国自己，也就是授予了该专利并立法给予其保护的美国政府。偶尔，制药产业会被提醒一个关于知识产权的简单事实，即它们的存在全凭一位最高统治者的意愿，要依其条件存在。例如，1961年，五角大楼从瑞典进口非专利药甲丙氨酯以挑战卡特公司的专利。当时，军方也进口了未标明适应证的四环素，与辉瑞公司最畅销的专利抗生素进行竞争。

1963年10月12日，美国国内药物公司的行政主管们听到了令人不安的消息。当天早间版《联邦公报》(*Federal Register*)上登载了长达4页写给所有行政部门和机构负责人的总统备忘录。声明里写道，今后"政府将照理获得合约期内或是依据合约所得任何发明的主要或专有权利，或是保留获得这些权利的权利"。看来，约翰·F.肯尼迪在公共科学和专利的问题上终究是同情基尔戈-基福弗派立场的。这道行政令，就在肯尼迪遇刺的几周前颁布，使得联邦政府研究整体被置于一个体现了由民众来支配公共知识以及为了广大的社会利益而传播知识的新政思想的管理体制之下。推翻该政策的尝试将影响未来20年制药产业的游说和政策议程。

依据肯尼迪备忘录中的条款，在极少数情况下，私营合约商可以被授予联邦资助发明的专有权。但这种情况是例外，且只有当这样做被认为是"最有可能满足公共利益"的时候才会出现。这点在所有政府机构范围内适用，但备忘录专门提到与"直接关系公众卫生或公共福祉领域的探索开发"有关的研究合约。同时，一般政策的全部例外情况基于的条件是，合约商履行实现公共利益的责任。如果合约商在被授予专利后的3年内，在实现发明的"实际应用"方面没有取得任何进展，或者合约商没能将发明以合理条款许可出去，则机构负责人须奉命将发明以免除使用费且非排他性的方式许可出去。备忘录规定，在需要"满足卫生健康需求"时，应最大限度地自由行使这一职权。

这一备忘录具有全局眼光，其对公共利益的定义兼顾国际社会和自身。像杜鲁门支持尼赫鲁的美国"青霉素计划",埃森豪威尔主动帮助苏联生产脊髓灰质炎疫苗一样,肯尼迪明白美国的医学在国际舞台上是一种无价的软实力。他写道,政府必须确保"与国外共享由政府资助的研发所得,和我们的国际计划以及外交政策的目标保持一致"。尽管口头上赞同"激发私人积极性"的激励作用,但无论是字面形式还是精神实质上,这道行政令更加符合新政拥护者主张的严格政策,而非专门满足产业界需求的宽松政策。

11月22日肯尼迪在达拉斯遇刺后,该行政命令依旧有效,卫生、教育与福利部执行起来格外严厉。该机构自1953年成立以来一直都采取与此同样严格的政策路线,而在肯尼迪政策颁布之后,它变得更加严苛。IPA协议计划,即埃森豪威尔政府设立的允许合约商在特殊情况下提出专利要求的回旋机制,几乎被取消了。在肯尼迪备忘录出台之后的5年里,该机构拒绝了合约商对公共资助发明提出的全部34个专利请求。

但是,20世纪60年代中期,与卫生、健康和福利部合作的合约商数量异乎寻常地少。这是因为对肯尼迪行政令感到不满的药物公司在反抗,兑现它们自基尔戈听证会开始就肆意叫嚣的威胁。这是一个很难与它们一直标榜的无私的爱国主义画上等号的威胁,它们宣布联合抵制美国政府。

"分子筛选计划"涉及测试一系列候选分子的特定反应。美国国立卫生研究院资助的实验室筛选用于研究产品的工作,通常是付钱外包给合约商来做。有时候,会得到期待的反应;而另一些时候,会惊喜地发现分子有意料之外的用途。药物史中就存在着在筛选大量候选分子过程中的意外发现。艾伯特·霍夫曼(Albert Hofmann)在针对分娩时子宫出血情况所做的一系列的实验过程中,一次偶然误操作第

25个分子时发现了麦角酸二乙酰胺（LSD-25）。新冠疫情暴发的最初几个月里，政府组织对吉利德科学公司（Gilead Sciences）的分子库进行了分子筛选，使得国立卫生研究院的科研人员标记出 GS-5734 分子，之后被命名为"瑞德西韦"（Remdesivir），注册商标为"Veklury"，成为一种可能治疗新冠肺炎的药物。

　　战后的岁月见证了分子化学的日渐复杂精细，从而为这种产业-科学的合作提供了更多的机会。国立卫生研究院从事研究工作，雇请药物公司帮忙分类并确定有使用前景的分子。有时，这样的做法会导致合约商对研究提出所有权要求，希望开发出成功的商业产品并垄断该产品市场。肯尼迪的专利政策极大地缩减了这种权利要求的范围。药物公司也担心该政策对其所指的污染问题的影响。如果一个合约商将公共资助研究一部分整合到公司内部的研究项目中，将会得到混合产品，而公司担心卫生局局长可能对这件混合产品提出所有权要求。考虑到过去几百年里几乎每一件医学发明都依靠某种公共科学措施，制药产业担心公共利益的标准被用于"污染的"或"有关联的"发明也是合理的。但它们获得了使用公共科学的广泛许可，而且即使是所主张的"新颖性"最可疑的专利，它们赢的概率也很高，这么看来，它们的反应并不合理。

　　药物公司拒绝遵守肯尼迪的政策规定。这份 1962 年的备忘录颁布后，凡对合约商专利要求实施新限制的筛选合约，它们都拒绝签署。一份 1968 年受参议院专利、商标和版权小组委员会（Subcommittee on Patents, Trademarks, and Copyrights）委托撰写的报告给出如下结果：

> 药物公司拒绝签署修订的专利协议的直接后果是，它们几乎完全退出国立卫生研究院研究所的化合物的筛选工作……没有了

> 药物公司的分子筛选服务——包括特定筛选、广泛的检测结果以及伴随的开发工作——对学术研究人员而言意味着他所研究的化合物要实现最终用途所必需的工作进程被切断了，在大多数情况下，这种切断发生在开发阶段。

意识到自己依赖于一个善变且自私的产业的震惊本可能会导致美国政府采取措施，扩张自己从基础科学到临床试验阶段在医药开发上的权限。事实上，这是在世界范围内被奉行的政策，从瑞典到印度皆如此。但美国没有走这条路，僵局最终依产业界的要求而得以打破。1969年，理查德·尼克松（Richard Nixon）政府的卫生、教育与福利部部长罗伯特·芬奇（Robert Finch）取消暂停IPA协议的"例外情况"，而药物公司重新开始参与分子筛选和其他形式的合作。

在这期间的7年里，药物公司并非无所事事地等待一位共和党总统上台。1964年，制药和化学产业联合游说，企图让卫生、教育与福利部等每一个政府部门共同放弃肯尼迪政策。它们在国会最强大的盟友是来自阿肯色州的保守派民主党人、参议院的专利、商标和版权小组委员会主席约翰·麦克莱伦（John McClellan）。他起草了一项议案，直接体现了制药商协会的工作计划，从中还可以看出，制药商们认为肯尼迪处理公共卫生问题的方法落伍且不合时宜。"如果一份合约的目的是探索开发公共卫生、福利和安全领域，"制药商协会说，"我们认为鼓励发明的完善和营销不是次要的，而是更加重要的。"

在麦克莱伦的议案被众议院搁置后，制药产业在尼克松当选总统前，有5年时间来思考真正对自身有利的专利政策应该是什么样的。这样的政策将在卡特执政的最后日子里得到部分实现，而在罗纳德·里根（Ronald Reagan）统治时期，它被塑造成了制药产业的梦想。

推动该政策变化的助产士将为肯尼迪政策以及新政时期更广泛的公共科学观送葬。他们将带着胜利者的高傲举行这场葬礼,因为这是比起推翻任何法律或是执行了几十年的行政命令还要重大的胜利,如同特使完成了一项比肯尼迪政策和新政措施本身源头更久远的脑力工程。这个工程设法用最艰难的方式彻底抹掉20世纪中叶自由主义的影响和成就:改写历史,改变这个国家对民主、垄断、反托拉斯和企业权力的根深蒂固的观念。它在混合"科学"声称的权威下行事,《法和经济学杂志》(*The Journal of Law and Economics*)1958年创刊号对此做了披露。该杂志出自芝加哥大学,主张的观点在那个时代都被认为是离经叛道,但由于得到两位慷慨富有的私人赞助者的资助,杂志得以顺利出版。其中之一是靠药物致富的礼来家族。

第八章

黑色药丸
新自由主义和芝加哥转变

1932年的富兰克林·罗斯福和4年后那个接受党内提名、大声宣称要同国家内部敌人较量一番的平民主义者不太一样。在以胡佛为对手的竞选活动中，罗斯福听起来像，并且人们也认为他是贵族阶级自由派——一位举止温和的州长，但缺少激情，也不像他的堂兄西奥多·罗斯福那样具有平民主义者的天性。然而，当共和党人听到罗斯福许诺要解救美国正在受苦的农民的时候，他们仿佛听到了尤金·德布斯（Eugene Debs）的声音。他们看着他的身影，仿佛看到了列宁的形象。共和党党魁赫伯特·胡佛对此同样深信不疑，1932年，他在一封信中称，罗斯福是"民族主义者与现称为'布尔什维克派'之间长期斗争中的最新挑战者"。

罗斯福竞选胜利后，美国商业界中最强硬分子采取了行动，试图以军事政变推翻选举结果，这与他们曾经发出的警告一致。该图谋因1933年发生的被称为"银行家阴谋"的"华尔街暴动"之失败而告吹。

即使在罗斯福逝世后，保守派对他的憎恶也没有消失。但事实证明，基于对他的憎恶而制订的政治计划无力对抗在罗斯福新政时期订立的有关监管和社会改革的制度。这些制度很受欢迎，它们建立起一条通达两党间的新的中间道路。新政之后的首位共和党总统德怀特·埃森豪威尔，对幻想着把政治时钟拨回到"美国该干的事是商业"，以及安德鲁·梅隆掌舵财政部时代的共和党人发出了一道极其令人难堪的撤职令。这位总统说，这些对过去念念不忘、心怀怨恨的保守派代表的是"由一些得克萨斯州的石油巨富，以及个别来自其他地方的政客或商人组成的小派别，他们的数量不足为惧，而且他们很愚蠢"。

埃森豪威尔认为这个小派别脱离现实的认知是正确的，那样的政治计划毫无成功的可能，但他对这个派别成员的概括并不全面。事实上，他们不仅仅是一些虚张声势的石油大亨和佩戴着"KEEP COOL WITH COOLIDGE"（卡尔文·柯立芝的竞选宣言，表示他可以沉着冷静地治理好美国这个国家）字样徽章、沉湎于过去并试图纠正他们认为的这个福利国家所发生的错误行为的扶轮社友。在埃森豪威尔发表这番言论的时候，一个由资金充足、工作稳定的知识分子组成的跨大西洋学派为了实现古典自由主义经济学的回归已付出了10年的努力。他们不是在痴人说梦。该流派成员认同埃森豪威尔对他们短期前景的评价，也明白游说等做法最多可作为一种战术手段，如用来打败美国医学会、药物公司和商会精心策划的健康和残障保险，但要在长期的战斗中赢得胜利还需要更加精密复杂的筹划，需要近乎狂热的持久投入。

"如果那些我认为使我们团结起来的理想要得到任何复兴机会的话，"该流派的核心人物在1947年明确地说道，"必须执行一项伟大的脑力任务。"

弗里德里希·冯·哈耶克（Friedrich von Hayek）早在因《通往奴役之路》（*The Road to Serfdom*）而一举闻名之前就已是经济学领域里响当当的人物。20世纪30年代，出生于奥地利的哈耶克成为伦敦经济学院在价格制定、货币政策和商业周期方面卓越的理论家。哈耶克在研究这些议题时，相信市场从根本上是自动平衡和无所不知的。

这使他正好与战前、战中和战后都占据着西方经济学思想界主流地位的经济学家、作家约翰·梅纳德·凯恩斯形成对立。哈耶克从维也纳抵达伦敦后没多久，就与凯恩斯有了第一次的公开交锋。这两位经济学家在伦敦《泰晤士报》（*Times*）上通过信件就政府开支的好处展开了辩论，这些信件成为他们之间就战后经济秩序的形态问题所产生的跨大西洋意识形态冲突的微缩预演。这位奥地利人或许会在1992年去世前说，凯恩斯起伏不定的影响力是判断其自身价值的标尺，是衡量哈耶克价值的指标。

哈耶克对凯恩斯的批判反映了他在20世纪20年代所形成的世界观。在维也纳，哈耶克一直是路德维希·冯·米塞斯（Ludwig von Mises）的追随者兼同事，后者是当时推动19世纪古典自由主义经济学从边缘学派复苏的主要代表。"二战"期间，哈耶克利用这些观点构建了一个与崛起的法西斯主义相对立的理论。在美国和英国，当时的主流看法是，法西斯主义是保守派的一种现象，是为了应对自由主义和社会主义对固有私人权势和传统等级制度形成的威胁。哈耶克的看法正好相反，他认为法西斯主义实际上是国家干涉主义的自然进阶，是各种形式的集体主义可预见的结果。用政府开支来刺激需求、提供基本社会保险、进行经济宏观管理——这些措施并非抵御专制统治的堡垒，而恰是"通往奴役"的阶石，这正是哈耶克《通往奴役之路》书名最初的由来。"个人自由"最强大的担保人是古典经济学家和新古典经济学家所描绘的将政府权力降到最小限度的国家，即"最小政府"。只有认识到市场力量内在的良性和自我校正的本质，才能避免未来出现像阿道夫·希特勒这样的独裁者。

《通往奴役之路》于1944年在英国发售，反响良好，不过改变哈耶克的人生道路以及引发诸多其他变化的，其实是一年后由芝加哥大学出版社出版的该书的美国版。1945年4月，哈耶克正在美国各地巡回推销自己芝加哥版的《通往奴役之路》，《读者文摘》(Reader's Digest)将原文浓缩改编后发表。一夜之间，只要哈耶克在公共场合现身就会引来无数观众，大家排成队等着一睹这位之前默默无闻的学者的风采。哈耶克成名后不久的一天傍晚，在他正准备离开底特律经济俱乐部（Detroit Economic Club）的活动现场时，哈罗德·卢诺（Harold Luhnow）向他走去。卢诺是堪萨斯城一个家族制造企业的富家子弟，他正在逐步接管其家族沉睡的慈善机构威廉·沃克慈善基金会（William Volker Charities Fund）。他对资助古典经济学思想的传播和普及，以及赞助像哈耶克的著作那样的自由市场学术研究有着清晰的愿景。在底特律，他提议资助另一种《读者文摘》风格的《通往奴役之路》的基础性改编版，以适应美国大众读者。哈耶克有礼貌地拒绝了，但并不十分希望卢诺就此走开。于是，他提出了自己的想法：一个围绕这个时代的重大经济问题耗时数载的学术项目。卢诺当场表示赞同。翌年秋天，哈耶克和芝加哥大学几位保守派经济学家一道启动了这项为期5年的研究计划，他们所持的观点正如该计划的名称所示——"自由市场研究"（Free Market Study）。

虽然这是哈耶克的主意，但他只有部分时间参与这个项目。到1951年整个计划结束的时候，其主张的"自由市场"被奥地利学派的标准改变并严重破坏。不过到那时，这些标准不再是当时已成为芝加哥学派的追随者所遵循的了。美国式自由主义经济学理论包含了原始自由主义经济学理论中没有的内容。芝加哥学派先是容忍然后偏向卡特尔、垄断和专利。由芝加哥大学法学院、商学院和经济学系联合赞助的多学科实验室把哈耶克的理论雏形养育成了一种新的自由主义，即新自由主义。

"自由市场研究"破解了一个谜题：如何使 19 世纪的"最小政府"理论与现代经济集中化、卡特尔化和垄断的现实相协调？

对古典经济学家来说，垄断和卡特尔——看起来是现代经济不可避免且难以驾驭的要素——呈现了一个两难抉择：选择一，违背经典理论的一条核心原则，赞同对正常的价格运动施加压制，接受因不断扩张的企业集权而导致的其他反竞争的扭曲结果；选择二，冒着政府权力扩张的风险，允许政府发展并使用监管权，理由为，这些权力是保护一个正常运转的自由市场所必需的。没有第三种选择了。

哈耶克的导师，奥地利学派之父路德维希·冯·米塞斯选择了干预。他最有影响力的门生和同事们也选择干预，其中就有哈耶克、阿诺德·普兰特（Arnold Plant）、弗里兹·马克卢普（Fritz Machlup）和迈克尔·波兰尼（Michael Polanyi）。作为一个团体，奥地利学派自由主义者支持政府采取行动阻止垄断企业，并维护竞争性的经济环境。说到专利，即一种由政府保护的垄断形式，这些奥地利学者给出一个特别简单且优雅的解决办法：废止它们。

迈克尔·波兰尼是与奥地利学派有关联的若干科学家之一，他在该学派对专利的谴责中加入了哲学论点。1944 年，他写道，专利"将一股创造性思潮分割成一系列各不相同的所有权，其中每一项都将成为一个独立所有的垄断企业的基础。但人类知识的增长无法被分割成这样界限清晰又彼此独立的诸多阶段……智力的进步在每一个阶段都与整个人类知识网络相互联系，每时每刻都在从最为多样和分散的刺激中汲取收获。发明是一场在拥挤的舞台上上演的戏剧"。

哈耶克的经济学理论，作为一个巨型信息处理器，留给知识垄断的空间很少。最为健康的经济学能最有效地促进知识的正常流动。"如果经济学在成为财产前首先是知识，那么有多少知识应变成财产的问题就很重要，"经济史学家奎因·斯洛博迪安（Quinn Slobodian）写道，"因此，如果太多知识被私有化或不正当地私有化，知识也可能会分配不当、阻塞或僵化不前。"哈耶克相信，比起扭曲的价格和畸形的竞争，垄断企业更具危害性。纳粹德国在专利基础上建立起来的工业联合企业就显示了垄断企业如何能够维持国家的发展。在《通往奴役之路》一书中，哈耶克赞同并援引了 TNEC 的观点，即"大公司的优越之处还没有得到展示"，而"垄断是通过共谋形成的，并得到了政府的鼓励"。

1947 年 4 月，哈耶克在能够俯瞰日内瓦湖的度假胜地朝圣山（Mont Pelerin）召开了为期 10 天的会议，会议期间，专利的种种罪恶性成为反复出现的议题。在这里，哈耶克和 39 位志同道合的学者对不允许知识垄断存在的集体主义做出了评论。"财产的概念是针对实物发展而来的，盲目地运用这一概念会极大促进垄断的发展，"哈耶克说，"此时，如果要使竞争发挥作用，可能需要进行大刀阔斧的改革。"

哈耶克的听众中有一个人对知识产权抱有特别强烈的感情。1934 年，芝加哥大学经济学家亨利·西蒙斯（Henry Simons）出版的一本小册子，即《自由放任政策的建设性方案》（*A Positive Program for Laissez Faire*），在当时被认为是反专利的权威观点的最完整、可靠的陈述。西蒙斯写道，"民主最大的敌人是各种形式的垄断"，经济政策的政治目的受到了威胁，除非政府采取行动对抗垄断资本家，先发制人地阻止"国家由他们支配统治"。西蒙斯在他后来的作品中拓展了这一评论，指出政府"可耻地"允许"严重滥用专利特权以进行敲诈、排挤和限制产量"。史学家罗伯特·范·霍恩（Robert van Horn）评价道："西蒙斯之所以谴责专利制度，是因为它使得企业能够限制实际的和潜在的竞争，从而增强自身的垄断权力。（他认为）正如自由贸易需要平等且自由地进入市场的机会一样，产业研究需要平等且虽不是完全自由地，但要合理地获取技术知识的机会。"

西蒙斯的观点得到了 1946 年启动"自由市场研究"的团队的认同。实际上，那时在欧洲和美国的主要保守派知识分子都一定程度上赞同西蒙斯的观点，如注定成为新自由主义代言人的芝加哥大学经济学家米尔顿·弗里德曼（Milton Friedman）。

参与这项研究计划的唯一不认同古典正统观念中这一关键原则的，恰是该计划的出资人。

哈罗德·卢诺不能说自己不知道奥地利学派在专利问题上的立场。《读者文摘》上的《通往奴役之路》包含了哈耶克对专利问题的总体观点——通过他对新政时期 TNEC 调查的赞美加以说明——并在结尾处发出警告，"严峻的危险存在于两个强大集团的政策之中，即资方和工会，它们都支持产业的垄断性组织"。

在卢诺这样的美国保守派看来，奥地利学派对"资方"的关注不会太久。那是欧洲创伤的产物，或许是合乎常理地痴迷于工业对德意志帝国和纳粹德国的作用而产生的偏见。但是，大企业在美国不构成威胁。卢诺这类人的政治目的地不是 19 世纪的荷兰——为了"发明的自由贸易"而拒绝接受专利——而是第二个镀金时代，企业巨人不仅拥有上帝赋予的专利权，而且能够随心所欲地使用这些专利。他们所憧憬的保守派的复兴不允许提高 TNEC 的地位，当然也没有瑟曼·阿诺德的反托拉斯运动，他一手执笔、一手握有和解协议的形象一直出现在美国大企业的梦魇中。

就在"自由市场研究"计划开始的数月前，一桩意外事件缓和了古典自由主义理论和卢诺支持的现代美国保守主义之间的紧张局面。

1946年6月，亨利·西蒙斯因过量服用巴比妥类药物身亡，很可能是自杀。作为货币主义发展的一个关键人物，且通常被认为是芝加哥保守派中最杰出的一位，西蒙斯代表着芝加哥派反垄断的良知。他没有为主张使用国家权力维持公平竞争的环境作为自由市场的前提条件而道歉，而且他曾经称联邦贸易委员会是最重要的政府机构。他的观点并非正统但前后一致，他厌恶胡佛不亚于他厌恶罗斯福，但最憎恨的还是寡头和垄断。

卢诺了解西蒙斯的观点，也理解学派成员对他的尊敬，其中许多人深受西蒙斯1934年发表的严谨的《自由放任政策的建设性方案》的影响。

西蒙斯去世后，卢诺请他的朋友、同为芝加哥学派经济学家的亚伦·戴雷科特（Aaron Director）接手领导"自由市场研究"。在《巨人》一书中，马特·斯托勒写道，卢诺一直担心西蒙斯在垄断问题上的影响力和强硬立场，而认为戴雷科特"在意识形态上的可塑性要大得多"。

接下来的3年里，没有发生什么变化，在垄断和企业巨型化问题上，戴雷科特保持着西蒙斯-哈耶克的思想路线，与他在1947年朝圣山会议讲话中的观点一致。戴雷科特说过，目前的反垄断法应当被看作对企业权力采取更加彻底的限制措施前的"权宜之策"，这包括限制企业活动的范围以及"或许直接限制企业组织的规模大小"。戴雷科特同样严厉谴责专利是垄断的侍女，呼吁要大幅减少专利。西蒙斯应该会为他感到骄傲。

只是到了1950年年末"自由市场研究"的资助即将到期的时候，卢诺才开始就这一问题表达自己的观点。据史学家罗伯特·范·霍恩所说："沃克基金会采取了极端的行动，以致威胁要把戴雷科特从这项研究工程的领导位置上撤下来,原因是基金会拒绝接受古典自由主义的某些原则,也就是已逝的芝加哥学派经济学家亨利·西蒙斯所拥护的那些观点。"

有证据表明戴雷科特完全领会了基金会的意思。同年晚些时候,他突然公开认错,陡然转变之前一贯反对垄断的态度。1950 年,戴雷科特在一篇书评中评论道,垄断企业不是政府干预的理由,因为"竞争的侵蚀作用"是垄断企业的天敌,可以借来"摧毁"经济权力的集中。如果市场生成了灭杀垄断的抗体,那么就没有必要实施反垄断和专利改革了。

第二年,在芝加哥召开的有关公司法的会议上,戴雷科特详细阐明了他的新观点。"公司企业是一种理想的形式,"他说,"因为它不会促进商业垄断的形成。"根据他的新观点,任何由市场而生的东西,顾名思义,都是对市场的自然反应,因而比起赋予政府的权力,本质上有着较低的危害性和强制性。范·霍恩写道,在"'自由市场研究'开始后不到 5 年的时间里",戴雷科特认为"企业权力的集中化相对而言是良性的……对芝加哥学派来说,已成为他们明确肯定且坚信不疑的事实"。

1952 年,"自由市场研究"工程到期,其中的主要人物开始接受"良性垄断"这个芝加哥学派的新信条。完成这段意识形态之旅将是卢诺在芝加哥大学赞助的下一个研究工程"反托拉斯计划"(Antitrust Project)的重心。

"反托拉斯计划"旨在查明并修正在美国对垄断所做的传统法学和经济学解释以及向垄断发起挑战的反托拉斯运动,正如哈耶克在朝圣山布道时所提及的,意图"重新定义国家政府的职能"。但这里的"重新定义"不是哈耶克脑中所想的那种"重新定义"。随后的若干年里，该计划产生了卷帙浩繁的反托拉斯修正论历史，彻底改变了垄断问题的传统法学和经济学思想。一位年轻的芝加哥大学法学学者罗伯特·博克（Robert Bork）在该计划中脱颖而出。博克是一位天赋异禀的作家且能言善辩，"反托拉斯计划"中对《谢尔曼法》和相关判例法最早期的一些新评价即出自他手。他为垂直合并的合法性和竞争优势的辩护有多夸张，他对反垄断行动的谴责就有多刻薄。

戴雷科特不甘示弱，他撰文抨击美国历史上最为著名且争议最少的反托拉斯诉讼案件，包括 1911 年联邦最高法院解散标准石油公司的判决。戴雷科特认为该案不重要，因为它产生的影响事与愿违，没有价值。1956 年，"反托拉斯计划"发表的一篇提到了后来有关股东价值理论的文章中，戴雷科特和芝加哥大学法学院院长爱德华·列维（Edward Levi）指出，公司企业通过实施排他性和反竞争性的做法，使其从更大范围的经济活动中获益。

哈耶克没有和他的同事一样发生如此大的思想转变。1959 年，在他生命的最后一年，他在芝加哥大学撰写他的《自由秩序原理》（*The Constitution of Liberty*）一书，该书有力地重述了奥地利学派反对专利和一切形式的垄断的传统观点。哈耶克在书中写道："知识一经获得，就能无偿地用于造福所有人。正是这份免费馈赠，即从一些社会成员的经验中获得的知识，使社会的总体进步才成为可能，前人取得的成就才得以促进后人的进步。"[1]

1958 年 10 月，横跨美国和欧洲境内的学术图书馆收到了由"反托拉斯计划"相关人物撰稿、芝加哥大学出版的一本新期刊的首刊。刊名为《法学与经济学杂志》（*The Journal of Law and Economics*），为

---

[1] 哈耶克在他生前所著的最后一本书中继续主张这一观点，并援引其同伴奥地利人弗里兹·马克卢普的观点以证专利和版权固有的反竞争性本质。该书于 1988 年出版。——作者注

戴雷科特和博克等人领导的旨在系统化他们关于垄断和专利的变节观点的运动赋名。首批入选的文章含有几篇关于垄断政策和医药价格的,反映了该刊编辑委员会在此之前10年的人生历程和思想跨度,也反映了幕后发生的一些变化。沃克基金会不再是"反托拉斯计划"的唯一赞助人,第二波赞助人也已加入进来,其中之一是印第安纳州的制药巨头礼来公司的家族基金会。启动《法学与经济学杂志》的资金便来自礼来家族,这一事实很可能激发了这本年轻刊物对影响医学界和制药产业的监管议题的兴趣。有些文章具有传统学术研究的特征,有些读起来像愤怒的长篇大论,还有很多介于两者之间。例如,英国经济学家 D. S. 利斯(D. S. Lees)的文章"试图一劳永逸地揭开构成国家医疗服务体系(National Health Service)基础的扭曲的逻辑"以及这个逻辑对"符合一个自由社会的基本假设的原则和目的"所造成的威胁。

直到20世纪50年代晚期,药物公司才开始广泛关注发生在芝加哥大学的神秘智力实验。这一改变发生在基福弗宣布他将扩大反垄断听证会的调查范围,计划将制药产业纳入进来后。它们的关注加剧是在1962年《基福弗-哈里斯修正案》得到国会批准后,该法案的通过表明了其不连贯的"药品故事"公共关系叙事和"'冷战'会议和商会"政治策略的局限性。FDA的职权扩大,首次使制药产业的产品链置于一个政府部门的权力范围内,这一变化深得公众支持。对制药产业而言,虽然政府对药物开发和销售的新的监管职权不像攻击专利特权那么令它们担忧,但仍然是个严重的问题。与此同时,制药产业的反对者视此为尚未完成的事业。基福弗在1963年去世之前已经培养、鼓励其门生形成了一个小圈子,其中特别重要的是威斯康星州自由派州长盖洛德·尼尔森(Gaylord Nelson),他于当年早些时候进入参议院。

让制药产业最感兴趣的芝加哥学派人物是经济学家乔治·施蒂格勒（George Stigler）。

施蒂格勒很晚才加入"反托拉斯计划"，1958年，他离开哥伦比亚大学后，成为芝加哥大学的一名教员，刚好赶上《法学与经济学杂志》创刊，并为此贡献了一篇关于规模经济的文章。

与他的新同事一样，施蒂格勒曾经狂热崇拜亨利·西蒙斯，一直保持古典自由主义者对垄断企业、卡特尔以及专利的反感。1942年，施蒂格勒发表了一篇支持竞争的专题论文，支持TNEC以及瑟曼·阿诺德的司法部发起的反托拉斯进攻。1945年，他在对美国经济学会（American Economic Association）发表的演讲中指责垄断企业是个"需要纠正的弊端"，并称要求减少专利保护期限的观点是"无可辩驳的"。

1958年，施蒂格勒在来到芝加哥后就不再相信这些，他调整了自己的工作重心，对制药产业苦苦应付国会和FDA产生了特别的兴趣。在芝加哥的头几年里，施蒂格勒提出了他最为后人知晓的经济学理论："管制俘获"（Regulatory Capture）。他认为，因为国家管制所针对的产业要比监督管制的公众或者机构承受更多的风险，所以这些产业将不可避免地取得对过程的控制权。该理论刻画的危险足够真实，但年岁已长的施蒂格勒不再提倡自己在20世纪三四十年代赞同的应对措施，即加强民主监督、制止企业集权的疯长。经过芝加哥学派洗礼的施蒂格勒为企业权力服务，体现了新自由主义对多数裁定原则的公然敌意。在1978年朝圣山学社（Mont Pelerin Society）召开的一次会议上，施蒂格勒建议"限制财产所有人、受教育阶层、就业人员或诸如此类群体的特权"。①

管制俘获现象的另一个解决方法是施蒂格勒的朋友兼同事米尔顿·弗里德曼在《新闻周刊》(Newsweek)专栏上所提倡的方法：废除监管机构，将管制权归还于消费者和自由市场。施蒂格勒把弗里德曼的观点看作媒体行为——或许，这很好地平息了公众对激进政府的强烈反对，但这是不切实际且不成熟的。最重要的是，他认为废除政府监管机构没有必要。如果你相信一个产业有决定自身行为的权利，俘获就不是问题。它是一种本领。

爱德华·尼克 - 克汉（Edward Nik-Khah）在自己关于施蒂格勒的著作中写道，这位芝加哥学派的经济学家认为"给猫扒皮的方法有很多种"，这是他在委婉表达企图"赢得对政府监管者的控制权"。作为芝加哥大学商学院"政府控制计划"（Governmental Control Project）的负责人以及后来经济与国家研究中心（Center for the Study of the Economy and the State）的主管，施蒂格勒从理论上解释了主要产业是如何做到一边淡定自若地露出柴郡猫的微笑，一边给赋予特定监管职能的猫扒皮的。他建议受到监管威胁的产业部门应采取措施，除了传统游说以外，还要计划控制监管者和公众的心理状态及语言。"原本是研究政府控制经济的行为本质和外延的项目，居然开始探索起如何控制政府了。"尼克 - 克汉说。

如果施蒂格勒在 20 世纪 60 年代提出的想法看上去像是为困难重重的制药产业提供帮助而精心设计的话，那是因为事实的确如此。自20 世纪 50 年代晚期，与芝加哥学派开展的每一个研究计划一样，施

---

① 芝加哥学派提出的新自由主义在这方面从不遮掩，当该运动相关的杰出人物签约成为智利和阿根廷的右翼警察政府的顾问时，他们急忙发表意见，毫不费力地证明其国家酷刑的合理性，如同他们此时轻松地证明受政府保护的垄断是合理的一样。——作者注

蒂格勒的政策作坊的大门是向商业敞开的。尼克-克汉写道，因更喜欢为"没有被政府的平等主义观点和广大公众污染的资助人"工作，"施蒂格勒在公司以及支持市场的基金会中找到了他们，施蒂格勒选定的关于经济和国家的研究课题，具有吸引付费客户的优点"。

对于仍在小册子和《星期六晚间邮报》(*The Saturday Evening Post*)上重述老旧的"药品故事"的制药产业，施蒂格勒提出的打入政府核心部门和机构的计划蓝图，即使不是未来主义的，也一定是有远见的。施蒂格勒将会教导产业界如何掌握自己的命运，不是向FDA泼红色油漆或安排社论文章呼吁废止该机构，而是重塑该机构的管理人员和科研人员、政治家及公众的思想，以及他们所优先考虑的事情——全部发生在他们还没有察觉的时候。施蒂格勒所刻画的应许之地不是管制俘获，而是认知俘获。

对药物公司而言，这开辟出了若干可能的路线。一些攻击路线已经在进行中，并等待它们的支持，如罗伯特·博克重写反垄断法和专利平民主义历史的修正派工程。其他路线仍处在规划阶段，如建立准学术研究中心以著书立说。这些中心将起到"回音室"的作用，确保产业界的声音持续不断地在公众的舆论范围内响起。施蒂格勒坚信，通过这样的方法，任何精心构思和谨慎传播的思想观点都终将被科学家、监管者和公众吸收内化。

1971年，由辉瑞公司行政主管组成的小批人马去往海德公园与芝加哥大学法学院院长菲尔·尼尔（Phil Neal）碰面。与其他关注监管议题的公司一样，辉瑞很好奇，有没有什么机会资助施蒂格勒以及其他沿着相似路线的新自由主义者的工作。那时这个群体最大的企业资助人是通用电气，也是该学院的"政府-企业关系"（Government-Business Relations）计划以及罗伯特·博克工作的赞助人。反托拉斯修正派的罗伯特·博克像龙卷风一样，在法院和董事会会议室之间来回奔走，为了给垄断一个安全的世界而奋斗。

如果辉瑞的行政主管向法学院的院长详细打探制药产业所面临的敌人的情况，那场会面可能会耗时很久。1967年，威斯康星州民主党人盖洛德·尼尔森继承了基福弗的衣钵，接掌参议院反垄断小组委员会，并启动了"制药产业的竞争性问题"听证会。他还重启了基福弗要减少药物垄断的期限和范围的任务，并提议立法规定医生开具处方时优先考虑非专利药而非相应品牌药。进入20世纪70年代，尼尔森和专利改革事业联合了一位新盟友：美国全国消费者权益运动。这场运动的代表是年轻的律师拉尔夫·纳德（Ralph Nader），他因1965年发表《任何速度都不安全》（*Unsafe at Any Speed*）揭发汽车产业的内幕、提出公共安全的论点而闻名。①

卫生、教育与福利部放宽了肯尼迪专利政策，这是制药产业当时新近取得的胜利，但胜利的成果很有限。尼克松政府采取了与前几届民主党政府相似的相对强硬的反垄断路线。1970年，司法部副部长宣布了一份"监视清单"，列出因反竞争性贸易限制将被起诉的9种专利和许可做法。在70年代余下的岁月里，这份开始被称作"九不准原则"（Nine No-Nos）的清单像是"保龄球木瓶"，成为芝加哥学派"反托拉斯保龄球"的进攻目标。1974年，尼克松政府另一名助理司法部部长宣布，将政府发明占为私人专利是"违宪"的。

---

① 基福弗的听证会上出席了很多参加过基尔戈听证会的资深人士。同样地，尼尔森的听证会上也有很多与埃森豪威尔和肯尼迪时代听证会有关联的人物到场。在基福弗就抗生素氯霉素处方过量致死问题盘问帕克-戴维斯公司行政主管的10余年后，尼尔森再次传唤他们回来就公司持续推广使用氯霉素治疗其没有已知作用的疾病的报道作答。在这些主管承认公司出口发展中国家的药品的美国包装上没有警示标签后，尼尔森对他们说道："我不明白你们的人是怎么能睡得安稳的。"——作者注

芝加哥大学法学院于 1972 年 12 月第一个星期主办的为期两天的新药引进监管会议（Conference on the Regulation of the Introduction of New Pharmaceuticals）就是在这样的背景下召开的。[①] 会上讨论的议题让两个世界面对面：与法学和经济学运动有关联的教授就监管和 1962 年《基福弗－哈里斯修正案》发表了批判性的讲话。

药物公司的行政主管们和研究主任们发表了自己的文章。每一篇都在强调，FDA 现行的监管适得其反，毫无必要。在多数情况下，文章的政治性大于科学性或学术性，也大于他们所依赖的数据。会议论文在结集成《新药物监管》（*Regulating New Drugs*）一书出版后，如一位评论员所说，因主张"与该领域当下思想大相径庭，以致备受批判的"观点而遭到科学报刊的痛批。该书的评论员还不明白创立一种"与当下思想大相径庭"的反叙事，正是这次会议的意图所在。

药物公司的行政主管和新自由主义学术界的这场秘密会议是现代制药产业发展史上的分水岭。这场芝加哥会议的参与者将在 20 世纪 70 年代建设出一个由产业资助的伪科学的"回音室"，目的是制定政治辩论术语和"拉拢辩论技艺精湛的专家"，1978 年出版的具有施蒂格勒风格且颇具影响力的《监管手腕》（*The Regulation Game*）一书中如是写道。

1974 年，与会者成为卫生政策研究中心（Center for Health Policy Research）的首批雇员，该中心是由美国企业研究所（American

---

[①] 此会议在芝加哥大学举行很是讽刺，因为校方在 1944 年就宣布了一项严格的无利润政策要教员服从。制定这一政策的出发点，是相信"科学知识的进步取决于校内科学家与研究人员之间思想和知识的自由交流与使用。如果这些知识的自由交流与使用因一名或多名教员试图从可授予专利的发现中攫取利润而遭遏制或阻碍，那么大学研究工作的基本目的可能会受挫。通过排除任何这样的诱惑，芝加哥大学的专利规则确保了为探寻真理而进行的协作性研究不受到制约"。——作者注

Enterprise Institute)的产业资金支持的一个药物政策智囊团。两年后,那场会议的另一名参与者,即临床科学家出身的 FDA 评论员路易斯·拉萨尼亚(Louis Lasagna),在罗切斯特大学创立了药物开发研究中心(Center for the Study of Drug Development)。① 两座中心都是旨在复位药物辩论的研究成果而组建起来的。成功很快到来。药物开发研究中心产生的首批模因之一是"药物滞后",指的是过度的药物安全监管因抑制研究投资、耽误新药上市,从而伤害了公众健康。丹尼尔·卡朋特(Daniel Carpenter)在其所著联邦食品及药物监管局发展史中指出,监管抑制发明的观念萌芽于这些企业资助的研究中心,并悄然地在公共和学术辩论中生根。这个模因的一个关键载体包括由顶级药物公司资助的研究和文章,在当时未经公开即散发出去,被主流杂志援引,并用于临床药学和经济学计划中。

这支新的智囊团是忙碌的宣传团队,负责把产业要传递的信息进行包装和完善。前几代的产业宣传员已经任凭宣传稿变得过时、僵化;而后芝加哥学派的宣传机器则运转得更加有活力。即使关于专利驱动发明的老一套备用说辞也得到修改,焕发新意。其中有些变化更有生命力,持续了更长时间。一个显著败笔是芝加哥大学法学教授、出席过 1972 年监管会议的爱德华·基奇(Edward Kitch)发表于 1977 年的一篇文章,该文称颂专利垄断可以防止药物市场出现"浪费性重复"。不过,资助新方法以实现某种宣传风格的钱总是有的,如 1996 年由辉瑞资助迈克尔·诺瓦克(Michael Novak)所写的关于专利垄断的道德和神性基础的哲学论文《发明之火与利益之

---

① 拉萨尼亚在监管议题的辩论中站在新自由主义一边后便频繁地在《药物指南》(*The Good Drugs Do*)上发表文章,这是一本由亚瑟·赛克勒(Arthur Sackler)领导的医药广告机构出版的面向公众的简报。后来,赛克勒雇请拉萨尼亚担任塔夫茨大学赛克勒生物医学研究生院(Sackler Graduate School of Biomedical Sciences)的院长。——作者注

油》(*The Fire of Invention, the Fuel of Interest*)所达到的终极修辞速度(Rhetorical Velocity)。

在这个"回音室"从一次产业界与学术界的联合战略事件中孵化出来后的半个世纪里,它继续发挥着施蒂格勒为它设想的功能:制定和监督药品定价辩论的边界,在关键时刻等待激活。21世纪初,该系统释放出"8亿美元药丸"的模因,被乔治·W.布什(George W. Bush)援引以证明2003年《医疗保险处方药、改良和现代化法案》(*Medicare Prescription Drug, Improvement, and Modernization Act*)中政府下放药物定价权的合理性(制药产业不断地修改模因,至写作此书之际已经是"20亿美元药丸"了)。

制药产业网络是在20世纪70年代中期建立的——这是一个可以做出宣传并通过更广泛的文化产生影响的网络——为由于危害公众健康而面临类似监管和政治胁迫的烟草和化石燃料行业提供了榜样。石油公司格外超前地领悟了施蒂格勒关于用资助的方式拉拢专家的观点。1969年,在加利福尼亚州圣芭芭拉海岸的石油泄漏事故发生后,当地所有具有相关专业知识的科学家都拒绝提供对石油公司不利的证词,原因是他们每个人的研究工作都或多或少地受到过该产业的资助。

随着时间推移,这个"回音室"系统将"学会"损坏和削弱任何威胁到产业利益的发现或研究的影响。在科学的名义下,评论家使用的数据将会因"敌对性"和根本上不够严肃而不被考虑。"药物公司的'回音室'的意图从来不在得到公众对垄断定价的支持,"尼克-克汉说,"与涉及多家机构的全球变暖否定论一样,它的目标是通过大肆混淆价格、利润、创新与专利之间的关系,从而阻止监管的实施。"

他还说:"施蒂格勒以及受其作品影响的人,对于如何审视监管机构并通过使这些机构吸收内化(自己的)观点与评论而渐渐地掌控它们,有着十分成熟的想法。他们以公众对医学科学的了解为目标,以监管机构对自己职责的理解为目标,以向监管机构灌输每一种思想为目标——把科学商业化。在芝加哥学派、施蒂格勒、他的学生以及他们的亲密圈子之外形成的是他们与科学家的关系,从而产生了各种相互联系、相互协作的横跨经济、政治和生物医学领域的研究机构。"

或许,最狡诈的"施蒂格勒式策略"是在1991年这位经济学家逝世之后出现的一种趋势:生物伦理学界受产业资助的学术教授。至20世纪末时,这种罪恶的举动已成为司空见惯的做法,对已经是庞大的制药业创意工厂而言,只是"锦上添花"罢了。这场卑鄙的胜利赢在几十年前,当新自由主义执迷于"客观的"成本—收益分析并取得巨大成功的时候。这个芝加哥大学实验室里的产物,在1979年法兰西学院的一场讲座上由哲学家米歇尔·福柯(Michel Foucault)提出。福柯说,美国新自由主义对"政府政策的永久批判"最为关键、显著的特征是还原论者使用量化手段来"检验政府的行动,判定其正当性,以及基于滥权、奢靡、低效与浪费开支等理由反对公共机构的活动……(它针对的是)自新政时期,特别是'二战'结束后建立起来的众多联邦机构,如联邦食品和卫生管理局(Food and Health Administration)"。

福柯于1979年3月发表了这篇演讲。无论他本人是否知晓,孵化这一策略的产业运动在华盛顿特区正临近尾声。在那里,乔治·施蒂格勒和米尔顿·弗里德曼将很快成为一位美国总统的座上宾,这位总统认同垄断是良性的,药物公司理应得到他们想要的一切——或许更多。

第九章

《贝多法案》和『里根加速』

人们记得1974年的中期选举是因为它向民主党控制的众议院输入了新鲜血液。其中，第一次当选议员的民主党人共75名，最年轻的只有25岁，他们因前一年夏天结束时的总统弹劾案丑闻而被称作"水门孩子"(Watergate Babies)。他们中很多人对美国的国家安全状况持怀疑态度，并在竞选时承诺要削弱政府权力以及减少其在美国内外的滥用职权行为。他们与民主党的经济传统的冲突很少被提及，尤其是在触及监管、反托拉斯和企业权力的政策方面。这一代际断裂的一个早期迹象是，"水门孩子"带头将赖特·帕特曼从众议院银行与货币小组委员会(Subcommittee on Banking and Currency)主席的位置上赶了下来。帕特曼与参议院的罗素·朗(Russell Long)是当时健在的与新政反垄断成就和公共科学愿景有重要联系的人物。1976年的那一届国会和吉米·卡特(Jimmy Carter)的白宫也出现了厌恶自由主义忠诚的迹象。由卡特最亲近的顾问之一帕特·卡德尔(Pat Caddell)起草于1977年早期，后被外泄的一份策略备忘录中讨论了政府行政机关如何能够"采纳许多（共和党的）观点"，并忽略不可避免的"来自民主党左派的啧啧怨言，（他们）和保守派共和党人一样思想落伍、不合时宜"。①

---

① 来自新政班底的一些人物以新的伪装重新现身。新政时期持专利怀疑态度的神童理论家艾尔弗雷德·卡恩成了航空产业放松管制的主导力量，不再对专利如何阻碍创新和竞争这一话题感兴趣的他写了一本书《管制经济学》(The Economics of Regulation)，很有影响力，为其所在党派在放松管制方面的建树奠定了基础，杜鲁门创立的航空局(Aeronautics Board)首当其冲。——作者注

种种政治风向的改变是受到产业界与共和党人拥护的，10多年来，他们共同努力，想要以一种授予合约商使用联邦资助发明的垄断权的专利政策，代替肯尼迪的专利政策。自20世纪60年代中期成功抵制美国国立卫生研究院后，他们的努力已渐渐陷入僵局，这令他们感到沮丧。任何企图改变政策的立法尝试都被国会里一众反对派死死拦截下来。此间，尼克松和福特任命的联邦机构主管也帮不上忙。毕竟，制定反竞争做法"九不准原则"的是尼克松政府的司法部。

最终，为肯尼迪政策反对者带来他们所需要的转变的不是政治领域，而是经济领域里发生的一场变动。在国民经济的前景开始暗淡时，向私人开放联邦科学所有权的斗争前景变得光明起来。

1971年，美国自1893年以来首次公开自己的贸易赤字。1973年3月的《新闻周刊》向美国人介绍了一个此前在英国使用的名词"滞胀"（Stagflation），用以描述高通货膨胀率和高失业率的双重困境。1975年，美国经济4年来首次出现贸易盈余，但是出现在经济全面衰退的背景下。对美国任何经济部门来说，这些都不是好消息，但是希望在专利问题上有所作为的研究产业察觉到机会就在眼前。

由于福特和卡特执政期间经济萎缩，反肯尼迪政策联盟——已发展壮大，吸纳了风险投资和处于萌芽状态的生物技术产业——开始为赠送专利给政府合约商的行为提供全新的依据和理由。受到它特别关注的是美国国内政治和经济语汇中的一个新词："竞争力"（Competitiveness）。最新的说法是，政府专利的所有权不仅阻碍了商业化进程，而且损害了美国同欧洲和亚洲的复苏经济体竞争的实力。除非美国企业享有获取最先进科学成果的专有权，并在垄断的基础上按照它们乐意的方式来使用这些科学成果，否则，美国企业将在世界舞台上遭到技术对手的碾压。僵化的"新边疆"政策必须给充满活力的产业优先政策让路，所有权不再默认归政府所有，而是要将发明转交给私营部门以激励创新。垄断对美国的实力、创新和全球领导力并不构成威胁，反而是让美国拥有这些的前提。

在一个贸易差额浮动而工资固定的时代，给肯尼迪政策贴上"软弱"和"违背自身利益"的标签看似是明智之举，实则不然。"竞争力"的观点是基于一个错误的假设得出的，即公共科学被牢牢地锁藏了起来。事实上，政府从事的科学研究，尤其是被药物公司觊觎的医药研究，本质上可以被许可及使用。药物公司不缺使用政府科学研究的机会，它们缺的是将竞争者拒之门外的权力。

把美国政策与那些挑战美国科技地位的国家的政策一比，竞争力的论点越发站不住脚。这些国家的知识产权制度都远不及美国完善，在医药和公共卫生方面格外如此。"对美国在技术上的领导地位构成威胁的、最可怕的新晋对手——日本，仍维持着一个比较弱的专利体系，包括需要许可大部分专利的其他方面。"联邦贸易委员会 1974 年至 1976 年间在任的首席经济学家 F. M. 谢勒（F. M. Scherer）说。在共和党领导的以肯尼迪政策如何伤害国家经济为主题的听证会期间，卡特政府联邦贸易委员会主席迈克尔·珀楚克（Michael Pertschuk）解释说，共和党声称政府对专利的控制减慢了政府科学研究商业化的进程是"没有实在根据的"。"现有的证据所表明的情况恰恰相反。"他对面红耳赤的参议员们说。

不需要研究日本或德国的专利政策，原因是反对将公共科学转变成私有垄断的最佳实例，是在美国经济转变的关头出现的高科技创新数量的激增。

信息经济的技术基础——固态晶体管电路、激光、光纤——来源有三：公共资助的研究，政府对该类研究的慷慨许可，以及最重要的，

1954年迫使贝尔实验室打开专利"保险库"并分发其中专利的司法部和解协议。若是放任美国大公司最著名的高科技垄断资本家和知识抢占者继续隐藏其取得专利的技术而不加以使用的话，美国在20世纪的"竞争力"进程将会大相径庭。①

迪斯科年代的公共科学私有化运动，套用了与那位专利政策备受争议的总统密切相关的一个"冷战"用语。正如肯尼迪在1960年大选前指责理查德·尼克松放任美国与苏联的"导弹发展水平差距"不断拉大一样，那些谋划专利改革的人责备肯尼迪政策是在放任"发明水平差距"损害公众健康、威胁到美国的"竞争力"。这种"发明水平差距"被认为与大量政府专利不能得到富有成效的开发和利用有关，这受阻的每一项专利都代表被教条的国家主义夺走的一次进步。

"发明水平差距"的模因是在1976年夏天由担任过化学产业专利律师的商务部副助理部长霍华德·福尔曼（Howard Forman）所构想出来的。面对众议院的科学技术委员会（House Committee on Science and Technology），福尔曼发表讲话，声称政府放任28000项专利被冷落忽视（在他的书面证词中，这一数字是26000）。如他所说，其中的每一项专利都代表着因为一个自私无能的政策而不能被美国产业界和美国民众享用的一项发明。"无论我们一直以来采用的是何种体系，它都无助于促进技术和科学的进步，因为我明白这28000项专利中大约只有5%获得了某种类型的使用许可，"福尔曼告诉委员会，"这些专利中的绝大多数没有被利用起来，它们没有给任何人带来好处。"

福尔曼的论点——政府通过拒绝提供给合约商这些发明的垄断

---

① 对这段历史的理解加上致幻剂和反主流文化的影响，促使年轻的硅谷养成了开放科学的精神特质。——作者注

权，有效地压制了这些发明的传播和开发利用——让两党的国会议员感到不安。他们对专利如何发挥作用一无所知，福尔曼的论点一击中的。肯尼迪所说的"导弹发展水平差距"涉及美国与苏联在火箭数量上的可计量差异，而福尔曼所说的"差距"则涉及对真相进行多处更加细微巧妙的歪曲，每一处歪曲的构思都是为了利用国会议员和公众的单纯无知及不安全感。第一处歪曲便是影射大多数被授予专利的发明总是被许可生产，而实际上大多数发明，无论是否被授予专利，都没有造福任何人。美国专利局（U.S. Patent Office）每天颁发上千项专利，从来就只有很小的一部分能产生应用技术或新的产品。更加让福尔曼的数字失去意义的一个事实是，为政府所有的发明通常不需要任何人费事地获得许可便可使用，原因是政府所有权的全部目的就是要保障发明的享用权并鼓励知识的使用，而不是为了放出猎犬般的专利律师去追踪侵权的气味。

这一点在海曼·里科弗（Hyman Rickover）的反面证词中做了解释，在当时乃至现在，这位 75 岁高龄的海军上将都是美国武装部队史上服役时间最长的军官。里科弗是一位具有传奇色彩的人物，作为美国"核潜艇计划"的创始者和指挥者，众人皆知他严格奉行专利权保留在政府手中的做法。国会中若有任何人认为其他做法是正确的，他会感到愤怒且不解。1979 年 6 月，里科弗在提交给参议院宪法小组委员会（Senate Subcommittee on the Constitution）的证词中督促国会议员不要相信"专利游说中那些由来已久的论点"。他把福尔曼对政府发明所做的统计数据看作欺世惑众的诡论而摒弃，原因如下：

> 政府机构没有理由搜查专利侵权行为。与私营参与者不同，

政府一般不希望阻止他人使用自己的发明。政府应该拥有这些发明的所有权，主要原因是要确保政府随后不会因他人所有专利的限制而不能使用专利中的想法、杜绝围绕公共资助的发明建立私人垄断以及保证公众平等享用这些发明。

关于他们的主张，即非排他性权利阻碍进步，里科弗告诉参议员们："真正的好想法常常是会得到使用的。"

至于最赚钱的制药产业和生物技术产业的情况，福尔曼的论点更是不堪一击。在查阅卫生、教育与福利部于1968年至1978年，即被福尔曼称作"发明水平差距"空白期的10年间实施许可的情况时，法学教授丽贝卡·艾森柏格（Rebecca Eisenberg）发现，卫生部门在其大约350项取得专利的发明中整整许可了1/4。这个许可率比同时期因IPA协议计划获得专利的大学的许可率的2倍还要高。从1968年到1981年，通过卫生、教育与福利部的IPA协议计划获得专利的公司只许可了9项发明，导致商业化产品一共只有4种。

尽管如此，产业界－共和党联盟继续推进自己的论点。虽然联盟运动得到了美国全国专利委员会、商会和全国制造商协会这些惯常的怀疑者的支持，但它并不是由产业界及其说客的私人团队组织的。运动的意旨和政治策略是由来自商务部、能源部和卫生、教育与福利部内部脱离集体不受管制的官员组成的智囊团制定的，其中资历最深、权势最大的成员恰是来自联盟正准备强攻的卫生、教育与福利部这座"堡垒"的内部。

1976年，吉米·卡特当选总统后，已经着手构想"发明水平差距"的福尔曼召集了一些志同道合的官员，组成了一个叫作政府专利政策委员会（Government Patent Policy Committee）的非正式团体。他们中的大多数和福尔曼一样是来自尼克松和福特政府的前朝遗老，担心卫生、教育与福利部对政府研究的控制会在卡特新任命的部长约瑟夫·卡利法诺（Joseph Califano）的领导下进一步收紧，这位帮助林登·约翰逊（Lyndon Johnson）实现老年医疗保险和医疗补助保险立法的自由派民主党人果然名不虚传，证实了他们的猜疑：在他上任的头两年里，卫生、教育与福利部没有因 IPA 协议放弃任何专利。

这个政策委员会中的成员诺曼·J. 莱克特尔（Norman J. Lakter），之前和福尔曼同为专利律师，自 20 世纪 60 年代起就以法律总顾问的身份服务于卫生、教育与福利部，被迫监管一项他在思想上不认同的专利政策。在随后的 15 年里，他私下里与破坏和推翻那项政策的势力核心发展了工作上的关系。然而在工作时间，他不得不实施自己老板制定的政策，过着一种双重生活。

福尔曼－莱克特尔圈子提出的第一个专利议案可谓铤而走险，放手一搏。该议案在 1977 年 4 月由阿肯色州民主党人雷·桑顿（Ray Thornton）提呈众议院，甚至像巴里·戈德华特（Barry Goldwater）这样最热情的支持者也不否认它凝练地表达了产业界的愿望和对慷慨的科学政策的仇恨。用贝齐·安克－约翰逊（Betsy Ancker-Johnson）的话说，桑顿的提案是"尽我们所能制定出来的最完美的专利政策，完全没有任何因政治上的利害考量而产生缺陷"。

这议案得到批准成为法律的可能性也很渺茫，甚至在民主党控制的众议院中通过委员会审议的细微可能也没有。在参议院，威斯康星州的盖洛德·尼尔森召集自己的反垄断小组委员会开会，唯一的目的是警告他的同事们不要考虑在参议院引入桑顿的议案。"如果这群商务部员工得逞的话，"尼尔森说，"政府最终就得放弃从其资助研究中获得的每一项发明的所有权，并把它们交到少数公司手上。"当罗素·朗被问及该议案时,他吼道:"好极了——这就是真正的'无偿让予'啊!骨头被啃得干干净净,一丝肉也没留下。这是我作为美国参议院议员至今,遇到过的内容最彻底、涉及面最广且意图最露骨的'无偿让予'要求。"

这场丢人现眼的失败让专利游说团体重新回到原点。尽管几十年来面临着罗伯特·博克和其他芝加哥学派人物在意识形态上的拉锯和对峙,但事实证明,新政时期在反垄断和专利问题上所产生的影响,力量很顽强,没那么容易被打败。看来,一项改革议案要在吉米·卡特和一群守旧的参议员那里得到通过是不太可能了。但是石油危机和对经济状况日益加深的焦虑让本不太可能的政策以不可预知的方式生效了。认为执着于自由主义信条是在阻碍进步、制造战略上的"发明水平差距"的改革者数量翻了一番。他们希望反复出现在专栏文章中、智库报告里、参议院听证会上的这一观点会淹没反驳的声音,淹没联邦贸易委员会、司法部、国防部以及卫生、教育与福利部官员提呈的反面证据。

改变公众的看法并非易事。药物公司和医药垄断仍然背负着藏于美国国民记忆中的巨大包袱。尼尔森听证会揭露的药品定价和安全的丑闻在公众的脑海中仍记忆犹新。大多数美国人都记得基福弗听证会,任何年龄在60岁以上的人都见证过TNEC、阿诺德以及基尔戈调查。这给制药产业提出了一道难题:如何在不引起公众怀疑的情况下使一个扩大医药垄断范围的议案得到批准呢?

专利游说集团决定采用一个既优雅又简单的解决方案:让药物公司置身事外。如果政客和公众认为胡乱定价和反竞争行为与默克公司和辉瑞公司有关,那么就**不要提及默克公司和辉瑞公司**。桑顿议案完败之后的数星期内,福尔曼-莱克特尔集团就开始起草新的议案,其中最重大的修改是，新的议案限定，只有小型企业和大学可以对公共科学提出专利权要求。起草该议案是为了将公众的注意力从药物公司身上引开，并利用公众对20世纪30年代兴起的大学取得专利的无知。很少有人明白，研究性大学这个时候在做的是以排他性条款许可专利给大大小小的药物公司和生物技术公司以最大化自身收益。新的议案仅仅是在通往垄断的道路上多加了一步而已，这一步实际上把药物公司推出了争议聚光灯，使之隐蔽于暗处。这多加的一步终归是暂时的。一旦政策在结构上出现了初始裂隙，法律的适用范围就能够轻易地被扩大至涵盖跨国药物巨头。

不过，这部法律还没有得到通过。此项艰巨的任务交给国会中一位真正的斗士去完成应该会容易些，最好是一个比区区众议员桑顿重量级更高的人。经过短暂的搜索，福尔曼－莱克特尔集团的一位核心成员就被锁定，他是来自礼来公司诞生地的印第安纳州，一心想要改革的民主党参议员伯奇·贝赫（Birch Bayh）的一名手下。

为了起草该议案，福尔曼－莱克特尔集团向卫生、教育与福利部的法律总顾问诺曼·莱克特尔求助。莱克特尔是最适合这项工作的人选，但他必须非常小心，因为利用联邦资源进行立法游说是非法行为。他曾因被怀疑有类似行为而遭调查过，而且卡利法诺不信任他。为了安全起见，莱克特尔手写了议案草案，然后将打字工作外包给一位技术转让企业家米克·斯塔德勒（Mick Stadler），他是这个集团的朋友。即使没有证据可以将议案草案与莱克特尔办公室的打字机关联起来，卡利法诺还是听到传闻说自己的法律总顾问又一次在政府工作时间做与卫生、教育与福利部政策对着干的事情，并于1978年12月开除了他，连遣散费都没给。莱克特尔重新做起了赚钱的私人执业专利律师。

草案已在手，福尔曼-莱克特尔集团开始培植对该议案的支持力量。在行动中，该集团与政府之间最重要的联系是贝赫手下的一位员工，27岁的乔·艾伦（Joe Allen）。当贝赫同意发起该议案后，他于1979年2月在参议院提出《大学和小型企业专利程序法案》（University and Small Business Patent Procedures Act）时的演讲稿是艾伦撰写的。一年多后，在进行投票表决之前，贝赫关于立法问题的书面和口头发言几乎全部是艾伦起草的，既有针对持怀疑态度的工人团体的政治宣传，也有午餐会上面向贝赫的专利律师以及礼来公司的行政主管们那样的友好听众的演讲。艾伦和脑海中最先想到的一名贝赫的同事一起精心构想并周密筹划了这位参议员的很多主张。艾伦在数十年后说道："我们希望把我们议案的覆盖范围限定在大学和小公司，这样就可以避免惹怒参议员罗素·朗了。"

该计谋早期就显示出成功的迹象。研究集团和WARF崛起50余年后，大部分人仍然不太了解为该议案大力游说的大学专利管理人社团（Society of University Patent Administrators，现在已更名为Association of University Technology Managers, Inc.，即大学技术经理人协会）所代表的产业界。"大学的发展史让它们看起来比商业公司更值得信赖：它们会利用自己的专利为公共利益而非一己私利服务，"丽贝卡·艾森柏格写道，"大学头顶上的光环点亮了《贝多法案》（Bayh-Dole Act）的立法道路。"

大学的专利游说团体自他们在20世纪30年代激起辩论开始至今已取得了巨大的成功。至70年代，每一所大型公立和私立研究型大学都有了自己的专利办公室，或是雇请合约商来管理自己用作"非传统收入"来源的知识产权。全美大学联盟采取了福尔曼制定的方针路线，重点是要放宽对所取得的公共卫生领域联邦资助研究专利的限制。

在贝赫提出那个新议案的演讲稿中,艾伦插入的耸人听闻的指控称,因政府在专利权分配一事上缺乏决断力,已经有 29 种重要药品的开发被耽误了。这毫无根据的指控,再经媒体反复报道,进一步增强了该议案所激起的忧虑:"民主党致力于公共科学那敌视商业的过时主张,不仅威胁到美国工厂的就业机会,**而且正在杀害我们的祖母。对此,你的民选代表们在意过吗?**"

这一策略奏效了。专利可以推动经济增长、增加就业机会的想法让工会产生兴趣,1979 年 3 月一封由艾伦起草、贝赫署名写给工会领导的信件便说明了这一情况。信中写道:"能够实现的最高效的专利政策,转化成美国工人更多的就业机会以及美国乃至全世界更高的生活水准。"这些论调日益引起民主党国会议员的共鸣,他们纷纷公开表明自己对议案的支持。1979 年春,盖洛德·尼尔森表示他将支持该议案,此举是追随同为威斯康星州民主党人的罗伯特·卡斯滕迈耶(Robert Kastenmeier),后者所在的国会选区包括威斯康星大学和《贝多法案》游说联盟的领导者之一 WARF。不管尼尔森是否也是受到这位强大的同乡选民的影响而改变了看法,他的立场大转变确实为其他自由派民主党人提供了掩护。福尔曼-莱克特尔集团审慎乐观地为秋季在贝赫的司法委员会举行的听证会做着筹划。

一名民主党人识破了这其中的诡计而拒绝合作。参议院财政委员会主席(Senate Finance Committee),即来自路易斯安那州的罗素·朗,30 年来一直在捶打产业界伸向政府科学专利的手。自贝赫提呈该议案的那天起,朗就感到事情不妙了,但随着游说活动的势头上涨,他的盟友越来越少。自始至终从未动摇过的是唯一比他更加痛恨在联邦研发中采用专利激励的人:海军上将海曼·里科弗。"这些发明的费用由公众支付,因此,任何公民用与不用这些发明理应由他们自行决定。"里科弗在1979年11月举行的议案听证会上说道。这时，该议案已经有了一名共同提案人，即堪萨斯州的共和党人鲍勃·多尔（Bob Dole）。

在议案中增加一条符合公众利益的条款——政府保留介入权（"March-in" Rights）以确保专利所有人以"合理条款"向公众提供产品——并未打动里科弗。他指出，这些介入权是不大可能被用到的，而维持现行法律的做法要简单得多。草率地同意专利持有人的社会责任并保留政府的终极权力的"介入"条款，给那些摇摆不定、寻找理由说服自己相信议案不只是一次历史性的，而是必定会导致更多医药垄断和更高药物价格的无偿让予的民主党人提供了借口。

议案在参议院推进的过程中，一次偶发事件给了朗所需要的全部有利形势。卡特竞选连任总统失败，而国会正处于"跛脚鸭"会期，此时非预算议案要继续下去必须获得全票通过。正当联邦员工在白宫为卡特当总统的最后一个圣诞节竖起缀有5瓦特节能灯泡的圣诞树时，没人预料到，朗居然没有亲手"扼杀"贝赫－多尔联名议案。

12月上旬的一天下午晚些时候，同样在竞选连任中败下阵来的贝赫正在办公室里打包收拾，此时电话响了，是罗素·朗打来的。经过一番闲谈，年长的参议员说出临别赠言。"伯奇，你那该死的议案可以通过了，"他说，"我真的会怀念与你一起共事的时光的。"在民主党控制的众议院和参议院的议会厅分别进行了简短的辩论后，该议案被送往白宫。1980年12月12日，也是第96届国会的最后一天，卡特总统签署了该议案，并以《专利与商标法修正案》（Patent and Trademark Law Amendments Act）这一新的名字立法。肯尼迪政府资助研究默认归政府所有的灵活政策被撤销了。这个时候，政府的责任在于证明它拥有的专利比私人垄断更有利于公众。

罗素·朗没有留下任何记录来揭开这位参议院里最致力于守卫公共科学的人为何改变想法的谜底。关于朗的决定，大部分的记述都把它归因于参议员的礼让——按一名同时代的观察员的说法，是"一种大度姿态"——但似乎不太可能是这样。更加可信的解释是，鲍勃·多尔给了朗丰厚的报酬，很可能与路易斯安那州有关，同时还有一份保证，即保证该议案不是为药物公司安排的"特洛伊木马"，不会扩大适用范围将它们纳入其中，朗也从贝赫那里得到了相同的保证。

事态的发展很快证实了朗一开始的本能猜测：该议案就是一个迷惑人的把戏。商务部再一次在其中发挥了关键性的作用。乔·艾伦在腾空了他在贝赫办公室的桌子之后，很快就在一个叫作知识产权所有人公司（Intellectual Property Owners, Inc.）的游说组织供职，直到他再次回到政府部门任职于商务部下属的科学与技术政策办公室（Office of Science and Technology Policy）帮助福尔曼监管《贝多法案》的执行情况。这个职位也让艾伦与重回联邦雇员队伍、出任商务部专利局局长的诺曼·莱克特尔重聚。这个三人组实际上负责监督《贝多法案》的实施以及适用范围的扩大。在他们三人的建议下，罗纳德·里根在1983年签署了一道行政令，将该法律扩展至适用于所有规模大小的公司（1984年，该议案按照里根备忘录的内容进行了正式修订）。《贝多法案》的临时目的已经达到，其作为舞台道具的光环被取下，而后被丢出了窗外。

因《贝多法案》而结束的传统——公共科学由公众支配——之所以能存在这么久，是因为它的捍卫者们明白，一项民主的专利政策会在政治和经济上产生溢出效应。"美国宪法保证但尚未实现的大众福祉，不受自然条件的阻挡，也不可以被人为设立的、防备彼此的障碍阻挡。"沃顿·汉密尔顿在1938年的TNEC报告中写道。10

年后,司法部部长在提交给杜鲁门总统的报告中指出,只有提倡公共所有权的政策,"才会保证美国产业界和科学界无偿且平等地享用发明,才会消除任何被选中从事研究工作的合约商的竞争优势,才会避免经济权力过度集中在一些大公司手中……从而加强我们美国企业的自由竞争制度"。

20世纪80年代见证了几代人累积下来的公共知识可以多么快速、多么彻底地被侵入性的寄生产业侵占,这些产业与因法律变化带来的激励和诱惑而发生转变的公共机构结成伙伴关系。对一些观察员而言,这一过程在历史上的唯一先例是镀金时代瓜分天然公地。前FDA局长唐纳德·肯尼迪(Donald Kennedy)称《贝多法案》是"无尽边疆的宅地法"(Homestead Act of the Endless Frontier),毫不避讳地将其与1862年通过的、致使美国西部最好的土地被土地投机商和铁路大亨瓜分的法律相提并论。

里根政府的国防预算达到历史新高,作为其中一个子项的政府科学预算也迅速上涨。就在此时,《贝多法案》向商业敞开了政府科学的大门。20世纪80年代联邦研究开支的激增表明,科学、技术甚至"进步"概念本身的名声在更大范围内有了回升。20世纪60年代中期至70年代末,"肯尼迪王朝"以及《星际迷航》(Star Trek)中表现出来的太空时代早期的乐观情绪渐渐低落,取而代之的是对技术的特征和成本进行细致入微、审慎严谨的分析。在新左派、反主流文化以及早期环保运动的影响下,脑中萦绕着致癌污染、矿脂炸药以及下一代核弹头的研究合约问题的公众已无暇对"无尽边疆"做过分乐观的远景展望。

在里根所说的"美国的早晨"(Morning in America),全域流动着技术乐观主义的思潮,而作为反主流文化产物的硅谷正是这种思潮的代表，这不无讽刺意味。滋养了20世纪80年代新兴的高技术产业的，和促使形成20世纪70年代"科学怀疑论"的，是同一批军事计划和外交政策。① 在里根的第一任期，军火武器得到空前发展，使年度研发开销在1983年超过了860亿美元，高于欧洲和日本的之和。

里根政府一边将联邦科学开支推至新高，一边继续扩大私营部门获取联邦科学成果的垄断权。科学私有化的10年的正式起点是1980年10月卡特签署《史蒂文森－怀德勒技术创新法案》（Stevenson-Wydler Technology Innovation Act），比《贝多法案》通过要早2个月。这部先于《贝多法案》生效的法律，要求联邦实验室创建预算线以帮助产业寻找合作伙伴并提出专利申请。当里根于1983年扩展《贝多法案》的适用范围以网罗所有规模大小的合约商后，1980年的《史蒂文森－怀德勒技术创新法案》要求创立的帮助中心的数量就不够了。于是，1986年里根签署修正案下令扩大帮助中心规模。新的帮助中心成为促进一个更大型计划"合作研发协议"（Cooperative Research and Development Agreement，简称 CRADA 协议）的一部分。部分由莱克特尔和艾伦制订的 CRADA 协议计划，让一直以来的咨询台变成了奢华套间。自此，配有员工、服务、器材和设施的联邦实验室，让获得公共资助科学的所有权的过程变得更加轻松、愉悦。②

CRADA 计划的大受欢迎，实现了莫里斯·菲什拜因可能会在斯

---

① 这一变化体现在为硅谷做大肆宣传的《全球概览》（*Whole Earth Catalog*）期刊出版人斯图尔特·布兰德（Stewart Brand）的身上。他放弃了自己的"返土归田"理念，转而支持突然出现的"数字乌托邦主义"。——作者注

② 截至写作本书时，美国国立卫生研究院的网站对 CRADA 协议计划的定义是"本院研究人员与来自产业界和学术界的同事一道追求共同的研究目标的一次激动人心的机会。政府科研人员能为本院更伟大的使命服务，也能够借助自身的研究资源来促进医疗卫生药品和产品的发展与商业化。公司也能在参与最先进的国立卫生研究院的研究的同时，好好利用自身的研发投入"。——作者注

廷博克维生素 D 专利争议期间做的那种未来主义噩梦。曾经支持公开追求知识、自由交流思想、不受约束地公开研究成果的公立大学已然选择并接受了产业界的观点和趣味，哪怕它们与曾经神圣的发表和保密规范截然相对。

要知道，即使在最大型药物公司的研究部门内，这些规范也是很新的。1949 年，默克公司的行政主管们开始推行一项政策，即在提出专利申请后延迟 5 年再发表与新药物相关的研究成果，这在公司内部引来一片非议。公司里面愤怒的高级科研人员抵制这个想法，其原因用多米尼克·托贝尔引用默克的一位研究员的话说，是它"让人难以理解、不利于公司、完全不可接受"。20 世纪 50 年代迫使产业界改变公开发表规范的压力，此时压在了学术实验室的肩上，并产生了相同的结果。早在 1983 年，20 世纪基金会（Twentieth Century Fund）发布的一篇题为《学院中的迈达斯》(*Midas in the Academy*) 的报告就指出了这一转变的突然性并感叹道："或许已经到了这样一个阶段，在美国大学里发现的几乎每一项生物学进展，都是由某个可能利用保密获得商业利益的人所取得的，或者在发现被公开之前先为这样的人所知晓。"

《贝多法案》颁布后的大学实验室，是法案颁布次年发表的一项更深刻的调查研究的对象，该调查研究即戴维·迪克森（David Dickson）1984 年发表的《新科学政治》(*The New Politics of Science*)。作为《科学与自然》(*Science and Nature*)期刊驻华盛顿的资深通讯记者，迪克森给出了《贝多法案》对学术研究文化产生影响的时代写照。"在推动新立法的过程中，大学强烈主张专利能够提供必要的收入来源。"他写道。然而，这个收入的前提是包装"研究项目的成果成为私营公司直接——且通常是排他性的——控制支配的形式，这是为私营市场获取科学知识迈出的非常重要的一步"。

过去 10 年里，随着从企业合作中牟利的机会越来越多，第一波大学取得专利潮中的老牌"有道德的"坚守者中很少有依然不动心的。1934 年，哈佛大学采取一项政策，将自己所有与"治疗药物或者公共卫生"有关的专利献给公有领域。50 年后，它专门参与任凭公司企业设定条款的合作。在校长德里克·博克（Derek Bok）的指导下，哈佛大学接纳了他所说的新品种的"投机"交易，与此同时，他也承认这样做"对学术科学构成的危险似乎是真实且严重的"。

《贝多法案》如此之快地侵蚀了最深厚的学术研究传统，这令迪克森感到惊讶。至里根第一任期结束时，大学行政人员已不再否认自己在企业伙伴施加的压力下废止或修改了延续几个世纪的公开发表规范，也不再为这样的行为表示歉意了。同样地，药物公司也不想再为此道歉了，它们视自己的新权力为应得的。1982 年，强生公司（Johnson & Johnson）的一名高级行政主管向美国国内的医学院院长发表演说。他告诉自己的听众，"专利是必需的"，并批判延迟发表研究成果是为了维护企业利益的自诩清高之士，他说，必须放弃这种"狭隘的看法"。

大学在其技术转让职员的建议下，尽职地采纳了对出版延迟的"更广泛"看法。1981 年，在迪克森开始为他的书做研究时，长期存在的"立即"发表的科学规范已经被调整成了"2 个月内"，也就是提出申请并赢得一项专利所有权所需的时间。在迪克森于 1984 年提交自己的书籍手稿时，这个规范已经放宽到 4 个月以上了。由麻省总医院（Massachusetts General Hospital）随后开展的一项研究发现，近乎 60% 的顶尖生命科学公司在合同中都要求学术界伙伴至少延迟 6 个月再发表任何研究资料。

这一巨变的起因并不神秘。《贝多法案》默认公共科学的私人所有权政策在任何有此种科学的地方都创造了新的动力。大学和新近确立地位且得到许可的公司和投机者共谋改写有关科学产出的规则，以最大限度地提高自己从中所得利益。随后，发生价值观的契合也就不足为奇了。1982年，加利福尼亚大学的免疫学家里昂·沃夫希（Leon Wofsy）在被问及《贝多法案》所产生的影响时耸了耸肩，对记者说："大学的动力是探索知识，而企业要做的是赚钱。"

第十章

关于史上最贵的药物

非专利药、齐多夫定和艾滋病

1963年去世前,埃斯蒂斯·基福弗一直在写一本关于垄断权力的书,书名是《在少数人手中》(*In a Few Hands*)。里根的第一个任期刚开始时,产业界肯定很想发表《在少数几年后》(*In a Few Years*),以幸灾乐祸地回敬基福弗。在1979年到1981年间,药物公司所做的,不只是打破20世纪六七十年代的僵持局面——而是将它砸得粉碎。《史蒂文森-怀德勒技术创新法案》和《贝多法案》用一个把公共科学快速转让到私人手上的有效体系取代了肯尼迪政策。待整个体系构建完成,产业资助的"回音室"将源源不断地输送文化模因:**只有专利能驱动创新……研发需要垄断定价……美国的进步和竞争力都仰赖于它……别无他法……**

1981年12月,药物公司迎来了另一个期盼已久的胜利:国会创立了一个专门审理专利纠纷的联邦法院。此前,专利纠纷是在其发生地所属地区的法院庭审。从产业界的角度看,问题是管辖像纽约州这样的关键区域的联邦第二巡回区,上述法院里有太多坚定拥护新政思想的法官了。这些终身任职的法官常常认为,专利纠纷是执行反垄断法的机会,而非对财产权的侵犯。共和党任命的地方巡回法院的法官在对"新颖性"的标准理解上也是有潜在危险的守旧派。相比之下,新的专利法院,即联邦巡回上诉法院的法官由总统任命。里根让它的法官席上坐满了企业专利律师,还有深受法学与经济学运动中的约翰尼·阿普尔塞德（Johnny Appleseed）、罗伯特·博克影响的保守派法学学者。在1982年以前，联邦地区法院的法官驳回了约2/3的专利所有权要求；自此之后，联邦巡回上诉法院对2/3的专利请求作出了支持的判决。里根任命的第一位联邦巡回上诉法院法官保琳·纽曼（Pauline Newman）是食品机械化学公司（FMC）的前首席专利律师。

产业界在1979年至1981年间获得的一连串的胜诉判决有一部分来自联邦最高法院。在里根就任后，一个重大的科学与法学的未知问题——涉及转基因的可授予专利性。类似于笼罩战后抗生素市场的不确定性——通过1952年《专利法》朝着有利于产业界的方向得以确定——这种未知威胁到了新兴生物技术行业的垄断梦想。美国专利局反对授予转基因专利。1979年，该局官员两次驳回了通用电气的微生物学家阿南达·查卡拉巴提（Ananda Chakrabarty）对一种为帮助清理石油泄漏而发明的转基因细菌提出的专利请求。这位科学家把专利局告上了法庭。1980年冬天，联邦最高法院审理了专利局局长戴蒙德诉查卡拉巴提一案。在由沃伦·伯格（Warren Burger）起草的5票对4票的裁决中，最高法院驳回了美国专利局的诉求，并判定转基因和"天底下任何由人工制造的东西"一样，是可授予专利的。这一判决让《贝多法案》联盟的参与者长舒了一口气。"查卡拉巴提改变了事态的发展，为学术企业家和风险资本家提供了他们正期待的保护，"经济学家厄内尔·图卢姆（Öner Tulum）说，"这一判例为更大范围的科学商业化铺平了道路。"

不过，产业界深知不能就此松懈，也懂得政治上的胜利可能是短暂和脆弱的，曾经的伤疤还在便是最好的证明。药物公司特别赚钱，也特别招人嫉恨，因而也特别易遭攻击，它们战后所拥有的惊为天人的财富和权力，依靠的是对人为垄断的坚持，而这种垄断是以即使不是站不住脚的，也是可疑的、遭到世界上其他所有国家反对的道德和经济观点为基础的，忘记这一点的后果是它们承担不起的。在它们的最大利润来源地——美国，危险潜伏在每个角落，可能会是下一个为了多年没人关注的事实不再被忽视而不懈奋斗的参议员。甚至宝贵的法律新生儿《贝多法案》也不能被认为是理所当然的。20 世纪 80 年代早期，一个熟悉的威胁卷土重来，证实了这种危机常在的意识是对的。在种种可能中，偏偏是以专利为基础的药物公司的弱小宿敌，即非专利药产业再次出现，并威胁要在产业界庆祝赢得全方位医药研究支配权以及伴随而来的数十亿美元公共资金的时候，扫了它们的兴致。

即使到了 20 世纪 30 年代，也还没有非专利药产业一说，药物公司只有大小之分，有些赫赫有名，有些默默无闻。用医学道德的行话说，两者都销售"不受注册商标保护的"产品。为了列入《美国药典》（*United States Pharmacopeia*）和《国家处方集》（*National Formulary*）这两本收录处方药品名目的官方权威典籍，药物只能使用化学名。依据《美国药典》第一版所载，一个好的化学名必须具有"表现力、简洁性和差异性"。

药物及药品的命名构成了另外一半专利禁忌：加商标于一款药物和垄断一款药物同样都是狡诈和贪婪的。但"有道德地营销"的规则确实允许产品包含所属机构的名称——如帕克－戴维斯大麻浸膏（Parke-Davis Cannabis Indica Extract）或者施贵宝洋地黄酊剂（Squibb Digitalis Tincture）——但是药品本身的名字（大麻、洋地黄）不变。"通用名作为一种社会财产的对应形式出现，属于所有抵制商品化的人，且由此开始占据垄断权争议的中心位置。"约瑟夫·加布里埃尔写道。

与医学科学的专利情形一样，在如何使用商标来稳固自己对市场的控制方面，德国人给美国的制药产业提供了早期指导。赫斯特公司和拜耳公司违反了所谓"有道德地营销"的全部规定，以阿司匹林、海洛因和奴佛卡因（Novocain，通用名为"普鲁卡因"）等商标大举推销它们的突破性药物。这样做是为了在公众的大脑中把这些商标名称和它们所对应描述的东西紧密关联在一起，商标将会获得比专利有效期还要长久的事实垄断。

这样的策略奏效了，但是德国公司并没有收割利益。战时的外国侨民财产管理局把德国的专利和商标重新分配给了美国国内的公司，它们生产的阿司匹林可以与德国的相媲美，创造了首个"非专利品牌药"（Branded Generic）。在两次世界大战间歇的数年，专利禁忌长时间地垂死喘鸣，更多的美国公司贸然开始使用原创商标以打压竞争。在它们试图用德国人的战术来避免"非商标化"（Genericide）——专利到期后市场丢失——之时，法院的判决使它们得偿所愿，商标成了实实在在的财产，这与专利在 19 世纪 30 年代被重新定义如出一辙。

第二次世界大战后，品牌创建和垄断经营构成了"后道德时代"发展战略的两大核心。制药产业在战后取得的难以置信的成功——1939 年到 1959 年间，药物利润从 3000 万美元猛增到 23 亿美元——很大程度上是拓展德国战术而获得的。制药产业在以商品名称来创建垄断企业品牌的同时，发起了摧毁在科学性质上一致但处于竞争地位的产品的运动。史学家杰里米·格林纳（Jeremy Greene）写道，其目的是中伤非专利药，药物公司"有条不紊地从道德层面指责并大肆宣扬配制非专利药是一种危险且有破坏性的做法。通过配制无商标产品来代替商标产品被指为'假冒伪劣行为'；代替药房的便宜药物的行为被称为'诱骗''纵容''隐瞒''欺诈''没有职业操守'以及'道德败坏'"。

与取得专利的情形一样，药物公司硬拽着医学组织和它们一起进入"后道德时代"。到了1955年，美国医学会的药学与化学理事会（Council on Pharmacy and Chemistry）仍然坚持禁止在其会刊上发布品牌产品广告的指令。这一变化发生在眠尔通热销的那一年，从而开启了品牌处方药成为医学期刊和协会的首要收入来源的时代。"此时，临床期刊以及更加新式的'广告传单'促销宣传媒体充斥着大量'土霉素''倍美力''克尿塞'的广告，而不是'氧四环素'（辉瑞制药）、'共轭雌激素'（惠氏实验室）或者'氯噻嗪'（默克制药）的广告。"格林纳写道。1909年，只有1/10的处方药有商标（品）名。到1969年时，该比率反了过来，在售处方药中只有1/10采用化学名。

专利争议的另一个回声是，营销活动和品牌药物的兴起产生了分裂和抵抗。至20世纪50年代，出现了所谓的命名法改革者联盟，他们公开谴责商标是垄断的伪科学的侍女，并呼吁回归使用化学名。这些改革者——医生、药剂师和工人领袖——自1959年开始常常出席基福弗听证会。他们给出的关于制药产业如何使用商标打压竞争的证词，占据了基福弗原始议案中要求医生在所有处方中使用药物化学名的一个章节。该议案反映了道德医学全盛时期的规范，允许医生推荐药物公司，但不能推荐它们的品牌产品。不过，与基福弗大部分的核心提议一样，使用药物通用名的条款被删除了。最终版《基福弗－哈里斯修正案》中唯一与商标相关的改革举措，是限制公司用新商标包装之前的药品并作为突破性的新药进行销售的行为。

1965年，随着老年医疗保险和医疗补助保险获批通过，处方药成本成为联邦政府和州政府的预算议题。要求相关非专利替代药物立法的呼声越来越大。1967年，路易斯安那州的罗素·朗和新墨西哥州的约瑟夫·蒙托亚（Joseph Montoya）声援了一项参议院议案，要求修改《社会保障法》中的一项，以规定并激励非专利替代药。该议案没能通过，但争端并未平息。1967年5月，威斯康星州的盖洛德·尼尔森在参议院反垄断小组委员会的熟悉环境下就制药产业的做法开启了长达10年的听证会。在基福弗离开前，听证会开到了哪一步，尼尔森就从哪里继续：直接将矛头对准了专利和商标。"这个行业令人震惊，"他告诉会议厅里的听众，"我不知道市场上还有哪个领域明明存在竞争产品，如此（价格）差距还能持续一天之久。要是消费者知道全部实情的话，这种情况在制药产业中也是撑不过一天的。"

尼尔森听证会让命名法改革者重回公众视线。系列听证会揭露的真相之一便涉及药物公司如何蓄意地选用拼写复杂、音节多到难以正确发音的名字，以破坏科学命名的本来目的——简单且容易记住。这一揭露戳到了公众的痛处并成了一个文化笑话。1969年《纽约客》(*New Yorker*)刊载了这样一幅漫画，画中一名女子正在对自己的药剂师说："可以的话，不要给我昂贵的品牌药。给我几毫克的盐酸苯丙醇胺外加一点马来酸氯苯那敏就好了。"

美国医学会和药物公司并不觉得好笑。它们发起倡议，由美国医学会各州分会领导，配上来自其全美国办公室的污蔑非专利药对公共健康构成威胁的宣传稿件，呼吁废除全美国范围内州级别的非专利替代药的相关法律。同时，药物公司求助于它们一直以来的沟通大师亚瑟·赛克勒，精心策划了一场运动来渲染它们声称的"药物仿冒"和"非专利药等效性谬论"的危险。这些举动一经实施便很快获得了成功。至1970年，50个州全部通过了反替代药物法。① 与此同时，

---

① 这场运动预料到了受企业资助的美国立法交流委员会（American Legislative Exchange Council）的50个州议会的战略计划，该理事会在制药产业的资助下成立于1973年。——作者注

药物公司利用最高级别的联邦权力施加影响。1969年8月,《纽约时报》头版对约翰·阿德里亚尼(John Adriani)做有关报道。他支持非专利药处方,并且尼克松政府的FDA局长打算任命他为该局医药署(Bureau of Medicine)的署长。该报得到消息称,尼克松撤销了这一任命,因为产业界的反对"太大以致政府无法承受"。阿德里亚尼告诉《纽约时报》:"制药产业不让FDA局长任命他的人来保护公众,这样太可悲了。"

不过,制药产业在这场运动中用来败坏非专利药名声的证据是伪造的。依据《国家处方集》和《美国药典》编委会提供的专家证词,生物不等效性——2种化学一致性的药物在机体内运作方式的不同——只在少量非专利药与相应品牌药的对比中有发现。专家之一的爱德华·费尔德曼(Edward Feldmann)医生说,他"很难说出超过5个合规范的临床可接受的研究,证明了有2种及以上产品之间在各自符合官方手册规定的全部物理和化学标准的情况下呈现出显著临床差异"。他指出,任何药,无论品牌与否,在同一生产批次内都会出现这样的不同,也就是说,"从严格意义上来说,完全的'药物等效性'这种事本身就是不存在的"。

证据显示非专利药并非天生就比品牌药逊色。对此,产业界以一种不寻常的方式做出回应:承认这一点。如制药商协会公关主管威廉·C.格雷(William C. Gray)在1974年对尼尔森委员会所做的解释:"'非专利药'这种东西实际上是没有的,不过是代表制造商声誉的各种优点的不同药物。"如果事实如此,那么药物公司本应该是乐意使用"施贵宝洋地黄酊剂"那样的命名法的。但它们自然是不乐意的,因为品牌已经和垄断形成了密切关联,从而使彼此愈加强大。如果它们不能在品牌药的优越性上赢得胜利,那么它们会拼命捍卫自己从维持这一幻象所必要的腐败中获利的权利。

制药产业击退了尼尔森 10 年听证会中期的全美国性非专利替代药物立法运动，但结束该议题的企图也再次落空。1976 年，联邦贸易委员会启动调查美国医学会精心策划的与产业界联合的州级别反替代药物法，得出的结论是它们"通过不正当的手段制约多源处方药市场的价格竞争，强行向消费者收取巨额不合理费用"。一份更加明确的指责来自消费者团体、工会以及美国退休人员协会（AARP）组成的联盟，推翻了 40 个州的反替代药物法。这场成功的抵制行动加速了作为惩罚的更大的失败的到来：开具非专利药处方的权利只在市场上有非专利药销售的情况下才有意义。此时，斗争遇到的就是这一难题。

药物公司怕参议员们，怕消费者运动，怕美国劳工联合会、产业工会联合会和美国退休人员协会，还怕联邦贸易委员会、食品及药物管理局，以及它们服务的普通民众，但它们不怕非专利药产业。美国国内不受专利限制的药物公司规模小、资金短缺且组织不力，甚至在 1969 年尼尔森开启非专利替代药物听证会时，都缺少一个能够代表自己说话的行业协会。

"进入 20 世纪 80 年代，绝大多数非专利药制造商都来自家族企业，"非专利药行业协会（Generic Pharmaceutical Industry Association）的创始法律顾问艾尔弗雷德·恩格尔伯格（Alfred Engelberg）说，"1980 年，非专利药行业协会的 8 家公司中有 5—6 家来自大纽约区的犹太家庭，拥有化学专业文凭的丈夫负责制作药物，而妻子负责管理账簿。他们负担不起 FDA 规定的药物试验，这自然而然造就了大型药物公司的长期垄断，因为专利到期后没有来自非专利药的竞争，它们能够继续以触目惊心的价格来销售品牌药。"

20世纪70年代中期，非专利药产业开始为维护自己的权益而动员起来。帮助他们的是为理想不懈奋斗的前基福弗委员会职员威廉·哈达德（William Haddad）。在纽约和华盛顿召开的各种会议上，哈达德给这些组织散漫、不上台面的非专利药物公司主管当指导，把他们整得就像《少棒闯天下》（*Bad News Bears*）里走出来的一支不被看好的非处方药游说团。他们努力的全部重心是：改革FDA的药物申请流程，从而降低非专利药进入市场的壁垒。

整个80年代早期，该游说团在国会获得了关注，并由来自加州的"水门孩子"、哈达德最亲密的盟友亨利·韦克斯曼（Henry Waxman）领导。到1983年，精简FDA的药物批准流程——最近一次更新是在1970年——的呼声得到广泛响应，这样，非专利药制造商便只需证明自己的产品在人体内的表现与品牌药相同，即所谓"生物等效性"。为了使该议题在参议院中得以推进，韦克斯曼和犹他州共和党人奥林·哈奇（Orrin Hatch）联手。这两人在参众两院都寻求到了支持，这意味着尼尔森听证会已经为非专利药改革奠定了政治基础，只要该议案不触碰专利和强制替代药物这两个政客们都避而远之的争议话题即可。

这场两党共推名为支持竞争、重视预算的改革FDA药物批准流程的运动，对一个习惯了"快球"的制药产业来说，就是一记移动缓慢的"蝴蝶球"。数十年来，这个产业坚持认为专利和垄断是进步的唯一驱动因素。不过由韦克斯曼领导的更改FDA规则的运动并未触碰两者的地位。那么，药物公司以什么样的理由来反对呢？难道美国宪法中"进步条款"的前提不是在专利期满后新知识最终可以得到传播吗？

对于这些问题，药物公司没有答案。不过它们正处于糟糕的境况中，努力抓住一切可以利用的机会。仿佛是出于本能，他们开始无中生有地谈论起专利议题来，特别是延长药物专利期限的问题。若是要简化非专利药进入市场的过程，那么它们就会要求获得更长的垄断权期限。1981年7月，制药产业在参议院的朋友提出一项议案，建议把药物垄断权从17年延长至24年。"制药产业认为，授予新药专利更长的期限是为了弥补在申请获得FDA批准的过程中浪费的时间，"恩格尔伯格说，"这是一个荒谬的主张。专利产品是否售出，多长时间售出以及在什么情况下售出，都会受到很多商业因素的影响。专利根本不会产生持有人销售该专利产品的权利，更不用说在专利期限内销售了。"

该议案在参议院获得通过后被提交到众议院，恩格尔伯格对着田纳西州众议员、民主党人阿尔·戈尔（Al Gore）领导的科学技术委员会说了同样的话。"专利能够产生持有人销售产品权的主张是毫无法律依据的，更别提在给定期限内的销售了，"恩格尔伯格辩说，"一项专利只赋予在一定期限内排除他人销售该专利产品的权利。在没有约束的自由市场中，公众有权享有来自低成本非专利药竞争的好处，而无须通过授予品牌药更长期限的垄断权来为享受这项权利付费。"

在这项专利延期的议案还差5票即可在众议院通过之时，双方同意进行协商谈判。"毫无疑问，延长药物垄断权将是为准许简化非专利药的批准过程而必须付出的政治代价。"恩格尔伯格在几十年后回忆当时的情形时说。以延长专利期限换取加速非专利药批准流程的原始议案，由韦克斯曼在1983年年底和1984年年初制定。哈达德担任非专利药这一方的主要谈判代表。

由此产生的折中议案被最终确定下来：FDA将批准具有生物等效性的非专利药，且不需要出具安全性和效力等方面的单独证明，而专利药将有资格获得额外 5 年的市场独占权。为了讨好和安抚品牌药药物公司，这份协议在最后一刻添加了有利于它们的条款：所有在 1982 年至 1984 年 9 月议案通过之间上市的药物，可再附加 10 年的市场独占权。"只是为了确保它们这 10 年的预估利润不受损。"恩格尔伯格解释说。

1984 年通过的《药品价格竞争和专利期限补偿法案》（Drug Price Competition and Patent Term Restoration Act）——更为人知的名称是《哈奇－韦克斯曼法案》（Hatch-Waxman）——在大型药物公司之间存有争议。一些公司因它们的同行没有殊死抵抗"出身"低微的非专利药产业而大发雷霆。强硬派利益集团由总部位于瑞士——这个国家 1977 年才开始颁授药物专利——巴塞尔的罗氏集团（Roche Group）美国分公司霍夫曼－罗氏公司领头。据说，议案通过之后，霍夫曼－罗氏公司的首席执行官厄文·勒纳（Irwin Lerner）经过精心策划，革去了卢·恩格曼（Lew Engman）制药商协会主席一职，理由是他犯有通敌罪。

什么样的产业能够经受得住要价比自己市场上 40% 的产品低 65% 的竞争对手的崛起，且不仅能够维持自己的利润空间，实际上还有所提高呢？答案是一个对剩下 60% 的市场拥有垄断权的产业。

在《哈奇－韦克斯曼法案》颁布后的 6 年间，市场上涌现了大批无商标药物，实际上压低了处方药垄断企业的药物价格。然而，处方药的累计开支在同一时段内增加了。原因是，为了应对这一情形，药物公司一下子抬高了仍在（此时已被延长了的）垄断期限内受到保护的药品的价格。

美国的药物公司以两种方式彻底消耗掉了这个国家从非专利药上所节省下来的财政开支。短期内，它们只是提升药物价格。接下来，它们便开始引入反竞争操作。时至今日，这些操作手段仍是业内的标准程序。其中最生硬直接的要数"花钱买延迟"，也就是品牌药公司买通非专利药公司，让它们拖延自己公司的非专利药的 FDA 批准申请；还有就是"置之不理"，即大型公司拒绝提供品牌药样品，并以其他方式阻止非专利药公司的科研人员得到必要的产品资料。后一种策略与制药产业推动加强 1985 年《统一商业秘密法》(Uniform Trade Secrets Act) 中对"未披露信息"的合法保护有关，这是本书最后一章将要讨论的话题。

《哈奇－韦克斯曼法案》颁布后，药物公司也大力发展被称作"专利常青化"的操作，即一家公司面临专利断崖时——通常是针对一款畅销药——会通过基于对原产品所做的极其微小或外表上的轻微改动，或者基于首个专利期限内实现制造方法上的改进而提交一份新的专利申请，从而人为地，且有时不止一次地重设专利期限。通过"复刻曾经的成功"，这些公司筑起了一道阻止非专利药出现的屏障，但在延长专利保护期内的药物的疗效并没有得到提升。在很多情况下，因药物的颜色改变或是稍稍改动药物标签用语，就可被授予新的专利期限。即使是最无耻的、在法律上站不住脚的"专利常青化"伎俩也能达到目的，提高竞争对手的入市成本，而非专利药厂商要么反对，打一场昂贵的官司，要么只能冒着随时可能被一家资源无限且拥有一支专利律师"野战军"的跨国公司提起侵权诉讼的风险继续生产。

关于"专利常青化"操作的盛行，加利福尼亚大学黑斯廷斯法学院创新中心主任罗宾·费尔德曼（Robin Feldman）在 2021 年发表的一份类型首创的研究报告中做了描述。费尔德曼利用自 2005 年开始共计 13 年的专利数据建立起一个数据库，显示了药物公司如何运用轻微的改动以及品牌重塑推销的手段来延长专利期限、拖延非专利药竞争。众多熟练地施展这一技艺的，便是在新冠病毒肺炎大流行期间假扮英雄的那些公司。阿斯利康公司（AstraZeneca）则是这一批公司中最显眼的，它有 6 款药物位列排名前 20 的最多附加保护药物名单中——治疗诸如糖尿病之类的普通疾病的药物获得附加 90 年的垄断权。与强生公司的抗艾滋病毒药物地瑞那韦（Prezista）所相关的 14 项专利已被授予 167 项保护，在原专利有效期上有效地推迟了非专利药竞争达 16 年。吉利德公司也在使用相同的手段人为地延长抗艾滋病毒药物特鲁瓦达（Truvada）和韦瑞德（Viread）的专卖权。

费尔德曼确定了"专利常青化"操作的一个变种，称之为"产品跳转"（Product-hopping），也就是对已经"常青化"处理的产品做改动后推出，重新计算保护期限。"看一看阿斯利康将洛赛克（Prilosec，通用名为"奥美拉唑"）做产品跳转变成耐信（Nexium，通用名为"艾司奥美拉唑"）的方法，最后所有的保护叠加在一起都给了耐信。本质上，这些药物公司让已经'常青化'的产品经久不衰。"

"专利理应有个期限——设置专利的初衷是由政府授予一定时限的市场保护以激励创造挽救生命的新药，"费尔德曼说，"但是，我们所见的现实情况并非如此。这个数据库显示出制药产业如何利用专利体系阻碍竞争，从而保护自己的价格和收入。这些药物上所做的微小改进或许足以让这些公司得到专利局的批准，但给病人带来的好处可能并没有多少。为了这极小的改善，社会正在挥霍巨额的奖赏。"

费尔德曼的发现进一步证实了 2018 年研究组织 I-MAK（药品获取和知识倡议组织）所做的一项研究。该研究显示，2017 年，12 款销量最多的处方药平均每个享有 38 年的专利保护，目的是阻挡非专利药的竞争。"这几乎是美国专利法规定的 20 年垄断期限的 2 倍，"该组织联合执行董事塔希尔·阿明（Tahir Amin）说，"美国销量最高的 12 款药物中，有一半以上的单药的专利申请次数超过 100 次，11款的价格自 2012 年以来平均上涨 68%。这些数据反映出取得专利的速率猛增。2005 年至 2015 年间，美国境内授发的药品专利数量比之前翻了一番还要多。"

1985 年，恩格尔伯格离开他的律所，投入全部精力向品牌药垄断的正当性发难。他利用活动的部分收益在纽约大学法学院成立了一家研究所，用于研究创新和知识产权。"1982 年，我就告诉戈尔的委员会，延长药物垄断期限会导致更高的药价以及更少的创新，"恩格尔伯格说，"事实果然如此——对高利润产业的源源不断的回报已经彻底抵消了本会从非专利药上节省下来的开支。现在美国 90% 的处方药是非专利药，但我们在处方药上的花费仍是其他发达国家的 3 倍以上。为什么会这样？因为剩下的 10% 的处方药占到了处方药总开支的 80%，而没有任何一个发达国家允许制药商滥用垄断权，哄抬价格。"①

1985 年，艾滋病（AIDS）爆发，公众普遍意识到它的存在。这一年是"洛克·赫德森（Rock Hudson）和瑞恩·怀特（Ryan White）之年"，他们被确诊患有艾滋病；这一年也进行了首个可靠度高的艾滋病毒抗体测试。9 月 17 日举行的新闻发布会上，美国总统首次使用了"艾滋病"这个字眼。尽管 1986 年编制了一份削减 11% 艾滋病研究经费的预算，里根还是宣布该疫病为政府"最优先处理的要务"。

同年 4 月，一幕戏剧在外百老汇的纽约公共剧院上演，如实地展

---

① 2010 年，一届民主党控制的国会通过了与《哈奇-韦克斯曼法案》极为相似的一项议案，即《生物制品价格竞争和创新法案》（Biologics Price Competition and Innovation Act）。该法案复制了《哈奇-韦克斯曼法案》的折中方案，确立非专利生物药物的加速批准。作为交换，公司获得延迟竞争、捍卫市场独占权的新途径，该法案允诺的是延长专利期限 12 年。——作者注

现了政府应对艾滋病的糟糕表现。在拉里·克莱默（Larry Kramer）自传体戏剧《平常的心》(*The Normal Heart*)的第12场，致力于研究艾滋病的医生艾玛·布鲁克纳（Emma Brookner）独自坐着轮椅出现在原先黑暗的舞台上。在得知自己申请的艾滋病研究经费因预算有限而未获批准后，她向不在场的政府官员们发表了一段愤怒的独白。"看来500万美元用在大约2000个病例上不太合适，但是政府花费了2000万美元调查泰诺（Tylenol）所引起的7例死亡。"她说：

> 现在快进入这个疾病暴发流行的第3个年头了。2年前，你们的国立卫生研究院第一次收到我的研究款项申请……你们让我们为这笔微不足道的资金乞求——而每一年拨给你们的有40亿美元——从中何时能分拨到任何人的手上，恐怕只有上帝知道。这事不管怎么想都说不通，这样的拨款延误让任何人都受不了，在20世纪发生的其他任何卫生突发事件中都从来、绝对没有过这样的情况。某样致命的东西正在到处散播，我们正在遭受一场死亡之疫。

克莱默对里根政府的愤怒很有针对性，但或许太狭隘。艾滋病研究资助的失败涉及一个不再关心传染性疾病的私营制药行业。这样的疾病在"二战"后没有得到根除——肺结核以及数十种热带病毒每年致死或致残上千万人——但是，对一个瞄准最赚钱的市场为此热衷于畅销处方药和慢性病治疗的产业来说，这些疾病所产生的利益越发不重要。

1967年，数十家美国公司还保留着传染性疾病部门和疫苗制造设备。但到了70年代末，这两者的快速消失令政府担忧，原因是此时出现报道称，一种不寻常的致命肺炎正在圣弗朗西斯科的同性恋团体内传播蔓延。"美国制药产业研究、开发和生产疫苗的资金——可能还有能力——在明显缩减,可能……正达到需要迫切关注的程度。"技术评估办公室(Office of Technology Assessment)在1979年的一份报告中下了这样的结论。6年后,非营利机构美国医学研究所(Institute of Medicine)发出警告称,制药产业在传染性疾病领域的投资正在消失,这危害到了国家未来应对这类流行病的能力,可能还会抑制那些被认为已经由科学根除的疾病暴发的能力。该研究所推断:"依赖市场激励来保障疫苗供应可能会导致无法满足公众卫生需求,(而且)可能无法达到最优水平的疫苗创新。"

制药产业没有对驱动投资缩减的经济学逻辑表示异议。1986年,默克公司总裁道格拉斯·麦克马斯特(Douglas MacMaster)对国会发表讲话称,他的公司很可能被迫结束产业中最后一个大型的传染病和疫苗计划,原因在于"这些产品的收益性"。

围绕艾滋病的污名只是更坚定了制药产业让自己的资金与这一疾病保持安全距离的决心。疾病流行已经进入第3年了,还没有一个药物公司宣布过破解该难题或是发展药物和疗法的研究计划。这增强了联邦研究机构内部某些部门的责任感,它们从来都不是克莱默所改编的剧中描绘的对世事完全冷淡漠然的官僚机构。美国国家癌症研究所(National Cancer Institute)与国家过敏和传染病研究所(National institute of Allergic and Infectious Diseases)的高层明白,他们将不得不在不太友好的政治气候里树立榜样。

其中的关键人物是塞缪尔·布罗德(Samuel Broder),他刚被任命为癌症研究所临床肿瘤学项目主管,那年他40岁。在国立卫生研究院的众多研究所中,癌症研究所最有条件在所内开发实验性疗法。半个世纪以来,该所一直在收集资料并形成一份档案,收录从全美国数千个联邦资助计划中筛选出来的候选药物。"事实上，这是唯一隶属于国立卫生研究院且已经成为一家为公众服务的'药物公司'的机构，涉足的是私营部门不能或不愿投资的困难领域。"布罗德在国立卫生研究院的官方史料中做了如上说明。

1984年确定人类免疫缺陷病毒（HIV）是引起艾滋病的病毒后，布罗德连同美国国家过敏和传染病研究所与美国国家癌症研究所联合小组研究员开发了一个测试系统，该系统用于测量实验药物分子在削弱艾滋病病毒对白细胞的强大攻击性方面的效力。接着，他们运用这个测试系统筛选储存在10多个州的研究中心里的候选药物。数百种候选药物都没能通过测试，直到有一种显示出了治疗潜力：齐多夫定。这是韦恩州立大学和底特律癌症研究所（Detroit Cancer Institute）于20世纪六七十年代利用美国国家癌症研究所的拨款开发的一款抗癌药。此药物先是被证实不能逆转肿瘤的生长，导致研究陷入僵局并于1974年中止。但是布罗德开发的测试系统表明，齐多夫定对驱动艾滋病病毒复制的一种酶具有对抗活性。当《平常的心》在1985年4月末首次公演时，布罗德团队正在为首个人体试验做最后的准备工作。

布罗德手上已经有了很有希望成功的候选分子，便开始搜寻一位产业伙伴与其联合开发并最终制造该药物，但他没有找到。无论是自诩为公共卫生的捍卫者和拥护者，还是敢于承担风险、助力推动并实现创新的公司，他们都不愿与处理成指数级别增长的流行病的政府工作有任何关联。如布罗德后来向《华盛顿邮报》说明的那样，这些公司"不确定这个药物是值得它们担上财务以及活病毒围绕在身边的风险的。我们需要让他们看到这里有钱可赚"。

首先考虑接受政府标的的候选人是英国制药巨头宝来威康（Burroughs Wellcome）的美国子公司。这看起来很合适。公司有一个病毒学项目挂靠在杜克大学校外的一家现代实验室名下，但它不愿签署一份强制要求其研究人员处理艾滋病样本的合同。为了说服公司入局，布罗德主动提供一切他能给予的，并告诉对方："我的整个实验室任由你支配使用。"为了换取合作，美国国家癌症研究所愿向公司出借员工并支付试验费用。

即使在签署合约后，公司也与齐多夫定项目保持距离。"他们拒绝接受活的病毒，且一度拒绝接受受试患者，"布罗德后来讲述道，"他们基本上把第一阶段药物代谢动力学和相关问题的全部担子都丢给了美国国家癌症研究所。"

在初期临床试验的准备阶段，有一次，公司的高管阻拦齐多夫定的一个关键原料成分胸苷在公司内部运输。美国国家癌症实验室将自己备有的胸苷横跨整个国家运往另一头的宝来威康工厂，确保一切工作按计划进行。当试验开始后，对进院治疗的艾滋病患者的检测全部由政府人员进行操作。

第二年的夏天，即 1986 年 7 月，《新英格兰医学杂志》（*The New England Journal of Medicine*）发布了试验数据，让公众了解到首次试验的结果。随后谣言四起，称 FDA 加速的药物批准流程能让齐多夫定提早到冬天上市销售。受此消息鼓舞的不仅仅是艾滋病患者群体。一位华尔街分析师对《纽约时报》说，一夜之间，宝来威康成了"对世界各地药物公司来说最具吸引力的大型资本化表率"。

齐多夫定的报道上了头版，但只是从医学的角度，而没有涉及专利话题。任何想到专利问题的人很可能都认为它归政府所有。有什么理由不这么认为呢？是政府发明这个药物并重新发现了它的用途，然后又监督该药物作为艾滋病治疗手段的开发进程，一直到组织管理人体试验结束。1987 年 3 月，政府宣布了一项计划，分发价值 10 万美元的齐多夫定用于突发状况，并启动公开信息运动以便医生了解该新型治疗手段。

可是，政府并不是此药的所有人。FDA 快速授权齐多夫定的当天，宝来威康公司公布此药一年的开发成本在 8000 到 12000 美元之间。首款治疗艾滋病的药物在上市前便成了历史上最昂贵的药。

当时，几乎全部的保险方案都不涵盖药物，而漫天的药价导致大约 150 万感染艾滋病病毒的美国患者中的很多人都无法使用此药。与 30 年后治疗丙型肝炎的品牌药情形一样，齐多夫定的药价威胁到因里根政府预算缩减已经吃紧的医疗补助保险和老年医疗保险。这也成为促使纽约市年轻的活动团体"行动起来"（AIDS Coalition to Unleash Power，简称 ACT UP）集结起来的呼声。该团体成员组织了一系列抗议和直接行动，围堵 FDA 的联邦大楼、宝来威康公司的办公场所和纽约证券交易所。

该团体引发了全美国范围内对定价丑闻的关注，但是宝来威康公司紧紧抓住自己的专利不放。没有任何迹象表明它有许可竞争的打算。对此，政府也没表露出要采取任何行动的意思。

这是怎么回事？自齐多夫定开发伊始，政府本可以依据《贝多法案》公共卫生条款对此项发明提出所有权要求。这样，国立卫生研究院就能够许可给多家制造商，从而降低药价，甚至还可以自行生产此药。这是多种可能保障手段中的第一种。当药价公布后，政府本可以援引《贝多法案》赋予的"介入"权——或者《美国法典》中适用专利的法规，再或是《美利坚合众国宪法》中的"征收条款"（Takings Clause）——来授权竞争。恰恰相反，政府什么也没做。

在议会议员和艾滋病患者要求知道为什么允许宝来威康公司对几

乎全部是由公共部门开发的一款药物提出专有权要求时，政府则装聋作哑。负责"齐多夫定开发计划"的卫生与公众服务部（Health and Human Services）助理部长洛威尔·T. 哈米森（Lowell T. Harmison）说，本机构提出了专利要求，并形成了齐多夫定市场的竞争计划，却因合约商行动迅速而受阻——"宝来公司抢先一步行动了。"他告诉《华盛顿邮报》。在同一篇采访中，他称"齐多夫定开发计划"是展现了"资本主义体系应有的运行方式"的成功范例。

布罗德妥协了。"没有人能预料到宝来威康公司的药价，"他在1987年对《华盛顿邮报》说，"在价格问题上，我们的动作不够快。"

这样的荒谬评论居然来自《贝多法案》通过之后的联邦卫生部门官僚核心的一位最高级官员。8年的专利和技术转让改革恰恰是为了产生这一结果。适用于齐多夫定联合开发项目的核心法律是1980年颁布的《技术创新法案》（更为人熟知的名称是《史蒂文森－怀德勒法案》，1986年法案内容得到扩充），含有如何加速转让可授予专利的知识给私营部门的详细说明，但关于符合公益的合理定价或是确保知识的享用权问题则并未提及。《贝多法案》的"介入"权是政府可用来撤销该专利的最便捷工具，但是如工具的设计者后来所承认的，"介入"权设置的本义其实不是以那样的方式发挥作用的。

在宝来威康公司公布天价定价的数天之后，亨利·韦克斯曼宣布众议院卫生与环境小组委员会（House Subcommittee on Health and the Environment）启动对齐多夫定专利的调查。调查听证会显示，其价格合理性说明是一派胡言。其价格是基于"预计成本"（包括从事此项目而产生的"机会成本"在内）确定的，与单单1987年剩余月份里至少1000万美元的预期利润相比则微不足道。在被逼迫对成本加价给出解释时，宝来威康公司的行政主管们转而使起了产业界引开价格问题的惯用策略：他们顾左右而言他，谈论起公司的"同情用药"计划。不过，这一策略则反噬其身，因为经揭露，宝来威康负责公司事务的副总裁托马斯·肯尼迪（Thomas Kennedy）所吹嘘的"折扣计划"仅限于受试患者，还有不到 50 名因艾滋病而生命垂危的人。

肯尼迪坚称，他的公司不负有确保齐多夫定供人人享用的社会责任。在《贝多法案》颁布后的 10 年里，他在一次旗帜性发言中提议，提供补贴资助从宝来威康公司购买该药物是政府的责任。"除宝来威康之外，社会有责任资助对艾滋病患者的护理，"肯尼迪告诉调查委员会，"因为即便我们做了所能做的一切，公司也会破产。"

听证会给政府造成了压力，迫使其批准了捍卫公众的动议，但不过是可悲地做做样子罢了。当国立卫生研究院在联邦巡回法院对宝来威康公司的 6 项专利提出异议时，它的律师方对公司坚称国立卫生研究院在开发齐多夫定的过程中的作用仅仅是"帮手"一说，不予驳斥。"政府为自己立场辩护的准备不足，也不想这么做，"布罗德后来说道，"司法部似乎对整个诉讼感到很不悦，且在我看来，它没有拿出积极的辩护方案，也没有投入足够的精力和资源。而政府，不管出于什么原因，丝毫不想在诉讼中反击。"

齐多夫定争议让几代专利改革者提出的根本性问题又"复活"了，在政府内外都被重新提及。这些问题曾在 1979 年《贝多法案》听证会期间就经历过激烈的争论，然而新闻界此次的反应就好像它们都是在华盛顿闻所未闻的崭新问题。在韦克斯曼听证会期间，大约迟到了 7 年之后，《华盛顿邮报》请读者思考："在公众通过政府支持高利润产品的开发后，他们该得到什么？而政府又如何确保，自己与私营企业合作后，公众以合理的价格得到救命药的需求得到保护？"

第二个问题的答案就写在《贝多法案》的附属细则中，该细则规定，联邦资助的研究所产生的全部发明依据"合理条款"供大众享用，并且，"为了保护公众的利益，避免发明不被利用或者被不合理利用"，政府可以"介入"私人专利要求。自1987年以来，政府都没有触发《贝多法案》的"介入"程序。有些人对此误会加深，认为政府介入不是一种可选的手段，布罗德就是其中之一。"我们一开始就没有使用附属条款，到最后我们也不能用，"他当时说，"很多人无力承担此药的费用，我也很难过。"

从韦克斯曼听证会结束到夏天来临之前，在一个日益增长、眼前没有竞争、独占17年的市场中，宝来威康公司公布称已销售价值2500万美元的齐多夫定。那年12月，历经8个月的抗议和公众压力后，公司做出让步，宣布瓶装百粒齐多夫定胶囊的价格从每瓶188美元降到150美元。但是对大多数艾滋病患者而言，要付得起这个价格仍很艰难。政府开发的第二种抗艾滋病病毒的药物也将如此。

1989年3月，1986年颁布的《技术转让法案》仿照《贝多法案》，加入了一条合理定价条款，扩充了《史蒂文森-怀德勒法案》，体现了国立卫生研究院的担忧，即"被许可产品的定价，该产品获得的公共投资以及公众在卫生和安全方面的需求之间应存在一定的合理关系。相应地，对国立卫生研究院知识产权授予排他性商业化许可或许需要合理证据的支持"。

国立卫生研究院提出的"合理关系"条款是仿照《贝多法案》的"介入"条款，同样地，在其短暂的存在周期内，这一条款并未被使用。1996年，国立卫生研究院的院长哈罗德·瓦默斯（Harold Varmus）把它从机构的CRADA协议的附则中删除了。"强制执行一条定价条款，"瓦默斯在宣布这一决定时说，"将偏离本院从事研究的首要使命，与我们把有应用前景的技术转让给私营部门从而商业化的法定职责相冲突。"

事实上,《贝多法案》或者国立卫生研究院的政策中根本没有什么"商业化"的法定职责,更别说是垄断条款下的商业化了。两者明确的目的都是对知识和发明的利用——"实际应用"——这是一个可以通过任意数量的许可协议实现的目的,包括基于专利公有而制定的许可协议。

至瓦默斯做出上述声明时,国立卫生研究院的政策不再是布罗德所担心的了。他已经进入私营部门,成了塞莱拉公司(Celera)的医药部主任。这家公司被誉为生物领域的"微软",因其创始人尝试对人类基因组进行排序、取得专利以及商业化而出名。鉴于布罗德在齐多夫定药物丑闻中扮演的角色,他无法避免地被问及有关瓦默斯所做决定的问题。在他离开政府部门加入塞莱拉公司后不久,一位研究国立卫生研究院的史学者敦促布罗德就其从前任职的政府机构自行"截掉"《史蒂文森-怀德勒法案》中的公益附则一事谈谈自己的想法。

"我认为这样做非常合适,"他回复说,"这仅仅是在说明一个事实,即你无法让所有人都满意。现在我加入了私营部门,那么我对这些事情了解得就更多一些。"

第十一章 世界贸易组织
历史尽头的药物垄断

"后道德时代"的制药产业注定有着全球扩张的野心。它在唯一的工业强国内巩固自身,毫发未损地挺过了第二次世界大战,靠着在基本上没有限制的国内外市场销售产品而蓬勃发展。它销售的不是任意的产品,而是像青霉素和链霉素这样的"特效药",似乎是从耶稣所穿的袍子上滑落的一勺勺治愈肺结核和其他一度意味着必死无疑的传染病的良药。最大且最具野心的美国公司制订了扩张计划,要征服由刚刚摆脱殖民统治的国家所组成的新世界。美国专利在这些国家没有法律地位并不重要,他们会购买美国的药,必须买。大部分国家都拥有足够的财富——集中在中产阶级手里——值得他们这么做。

　　然后,在20世纪40年代末,美国出现了令人不安的转折。

　　联合国及其行善机构开始干预拉丁美洲、非洲和亚洲各国的卫生和发展事项。干预的焦点是建立公共卫生体系,包括建立公共药物公司,为这些国家和地区的人口提供便宜药品。更加麻烦的是,此时的美国政府正在争取这些国家和地区的效忠和爱戴,因而支持这些工作。甚至在战后非殖民化浪潮平息之前,这些国家和地区就摆脱了联合国的监护。作为一种政治身份的"全球南方"概念,于1955年诞生在印度尼西亚的万隆。在这里,120个中低收入国家创立了"不结盟运动"(Non-Aligned Movement)组织,他们团结起来争取、维护自身的利益。该组织的政治与发展计划在1964年召开的第一届联合国贸易和发展会议（UN Conference on Trade and Development）上得到了进一步的充实和完善。会议期间，组成了一个谈判集团以呼吁全面非殖民化和"南南合作"，这便是77国集团（Group of 77）。

"全球南方"国家警觉到知识产权在富裕国家发挥的作用，尤其是在美国的制药产业内的作用。它们注意到辉瑞公司早年在欧洲实施美国的药物专利的所作所为，并因此坚定了自己的立场：知识产权是富裕北方有意虚构的谎言——一种阻挡技术由北向南转让却反过来"虹吸"财富的新殖民主义工具。进入70年代，在联合国的各种会议和集会上，每每可见77国集团越发态度强硬、措辞激烈地提出自己的诉求。它们要的是公正，而非施舍。

当它们诉求的呼声在1977年达到最高分贝时，制药产业已经听得不耐烦了。在关系缓和的平静期里，一部分人认为，他们最大的威胁来自"全球南方"国家的非专利药产业。这个替代体系对他们的全球扩张计划构成了威胁，同时也意味着挑衅和挑战，很可能有一天它会伤及虽然赚钱但一直不稳定的美国国内市场。除非快而有力地予以反制，否则不确定它会带来什么样的麻烦。

20世纪70年代让制药产业如此忧虑不安的这个以"全球南方"为主建立起来的体系，与紧随"二战"结束后的那些年的情形一样，是由尼赫鲁领导的印度牵头的。50年代初期，联合国技术人员建立起来的小型青霉素公司——印度斯坦抗生素公司已经实现了其设计师的愿景，奠定了以印度为主的繁荣的非专利药产业的基础，这个产业为发展中国家生产了数十种抗生素和其他关键药品。正如药物公司担心的，与这个产业联合的研究中心已经扩张成十多处的研究机构,印度科研人员在其中提供的配方,树立了印度作为"穷人药房"的国际声誉。

在印度非专利药产业兴起的过程中,发生的关键事件之一是埃斯蒂斯·基福弗于1959年召开的听证会。他向小组委员会提供的证词揭示了美国的药物公司常常把它们最高的加价留给发展中国家里人数很少的中产阶级,而印度成为最大的受害者。这令印度实在难以接受,由此引发的抗议活动促使尼赫鲁加快推进本国摆脱对西方国家药物制造商的依赖的进程。

与此同时,新德里发起倡议,提出了早该提出的,取代仍然记录在案的英国统治时期的专利制度的方案。这比起印度日益扩增的公有部门产品系列更让美国的公司惊慌。忽视美国的专利不可取,但是起草一部法律使这样的鲁莽行为得到正式认可则更糟。

再则,最使制药产业惊慌的是其中体现的榜样的力量。尼赫鲁领导的印度明确拒绝承认美国的药物专利,这将对第三世界产生影响和作用。这样的法律产生的多米诺骨牌效应将会移除制约着"全球南方"药物公司、使其服从"全球北方"的专利制度的最后的法律约束,且不管法律约束的实际影响力有多小。

从法律上驳斥垄断药品也有暗中破坏在美国人脑海中强化官方的"药品故事"的常年产业活动的危险。基福弗听证会揭露了在美销售的品牌药和国外销售的非专利药之间惊人的价格差异,让药物公司的行政主管们慌乱不已。另类专利制度的蔓延同样预示着在美国本土将要出现的令人不安的质疑和比较。

1970年,印度的立法机关人民院(Lok Sabha)批准实施本国自独立以来的第一次专利改革。这部《专利法》本可以更加彻底,但它效仿西欧国家的专利体系而制定,禁止药物专利,却对药物制造相关方法的临时垄断留有余地。①

药物公司并没有认输屈服，而是继续在新德里游说政府，就像他们在华盛顿特区做的那样。

"西方企业与印度政府的保守阶层结盟，坚定不移地反对并阻挠建立公有药物部门和专利改革，"印度人民卫生运动（People's Health Movement）组织的资深人士普拉比尔·普尔卡亚斯塔（Prabir Purkayastha）说，"尼赫鲁的愿景意味着一个格外可怕的威胁：一个发展中国家拥有自己的科研机构、顶尖的研发能力，不设专利保护，还拥有能够向自身庞大的国内市场和其他发展中国家供应药物的工厂生产线。"

事实证明，美国的制药产业无力阻止印度的《专利法》生效。此法刚获批准，曾任职于范内瓦·布什领导的 OSRD 的默克公司的首席执行官约翰·康纳立刻宣称此部法律是"全球共产主义的一次胜利"。康纳和他的产业界同事担心，此法确实成了一座象征着与资本主义医药垄断模式对立的灯塔。遍布东南亚和安第斯山脉的 77 国集团国家都以印度的《专利法》为榜样建立起自己国家的专利体系，美国制药产业的前景越发暗淡了。

1974 年 5 月 1 日，77 国集团在联合国大会上发表宣言，呼吁建立"国际经济新秩序"。该声明号召成员国践行联合国宪章的规定，"消除残留的外来统治和殖民统治（以及）各种形式的新殖民主义"。"国际经济新秩序"特别强调专利和知识垄断是"发展中国家彻底解放和全面进步的最大障碍"之一，其创立的重要原则有：

---

① 因为印度拥有擅长对西方药物进行逆向工程的世界一流的研究人员，他们常常想出不同的制造方法，而且有时是更好的方法。——作者注

> 为了发展中国家的利益，以适合其经济发展的形式和做法，给予它们享有现代科学与技术成果的权利，并促进技术转让和本土技术创造。

77 国集团将建立"国际经济新秩序"的日程计划带入 WHO，在这里，发展中国家拥有制定政策所需的大多数优势。1973 年，随着哈夫丹·马勒（Halfdan Mahler）被任命为 WHO 总干事，77 国集团免专利北－南医药技术转让的日程计划有了一个强大的支持者。马勒是一名丹麦医生，曾主持印度的肺结核计划工作 10 年。他支持 77 国集团的计划，并于 70 年代中期与集团各成员国政府一起制订为实现 21 世纪"人人享有卫生保健"（Health for All）目标的行动方案。该方案在 1978 年 WHO 主办的初级卫生保健大会（Conference on Primary Health Care）上公开，因大会召开城市是苏联加盟共和国哈萨克斯坦的阿拉木图，故又名《阿拉木图宣言》（Declaration of Alma-Ata）。该宣言申明，WHO 支持"健康是基于社会公平和公正的一项人权"，并呼吁创立一项联合国计划以帮助 77 国集团国家实现自给自足。该弥合北－南卫生保健领域差距的方案中最重要的组成部分是：联合国帮助南方各国建立本国的制药产业。这不是一般意义上的卫生保健，而是涉及几乎全部仍在"全球北方"国家生产制造的具体产品。那年晚些时候，马勒发布了 WHO 的第一份基本药物清单，对从控制药物生产和定价中牟利的药物公司和卡特尔来说，这是一记警告。

"77 国集团正在要求拥有那种能够使它在大流行病中自给自足的公共机构的研究能力，"联络全球活动家和学术人士的国际组织人民卫生运动的澳大利亚籍联合发起人戴维·莱格（David Legge）说，"呼吁国际经济新秩序以及在阿拉木图发表宣言都是为了调整联合国'青霉素计划'的模式。"

在美国最大的药物公司身居高位的十几位主管中,小艾德蒙德·T.普拉特(Edmund T. Pratt Jr.)是受这些事件的影响最焦虑不安的一个。自从1972年被任命为辉瑞公司的首席执行官开始,普拉特就一直在仔细研究"全球南方"国家中兴起的非专利药产业和77国集团的自信坚决的态度。作为曾在肯尼迪时期担任过陆军部部长的一名军人,他从长远的战略视角看待全球范围内不利于其公司国际扩张计划的因素,特别是药物和农产品在亚洲的扩张计划。在普拉特对可能的反击形式深思熟虑多年后,发生在阿拉木图的场景——77国集团呼吁联合国资助非专利药的生产,要求把基本药物作为一项基本人权,"人人享有健康"——最终迫使他采取了行动。他看到的已经够多了。1978年冬天,他召集了一些药物公司的首席执行官开会协商、制订计划。

领导制药产业对77国集团和与之结盟的联合国机构发起突袭的非辉瑞公司莫属。该公司出名是因为它在世界范围内发起自杀式的药物专利侵权诉讼,只是为了故意刁难拒绝向美国专利局的权威低头的外国政府。1961年,公司起诉英国政府,原因是英国国家医疗服务体系购买了意大利制造的非专利药——四环素,而辉瑞公司持有此抗生素的专利。这起诉讼让近乎全面禁止药品专利的欧洲对"后道德时代"的美国制药产业有了清醒的认识。英国和欧洲的社论文章提醒读者,辉瑞公司的权力要归功于战时签署的利用发酵工艺生产青霉素的合约,而此项工艺则是基于英国科学家的发现,而他们依照政府的指示把自己的工作成果置于公有领域。1961年,辉瑞公司在四环素诉讼中败给了英国的"王室使用"(Royal Use)政策。4年后,针对另一种药物的专利,公司指控英国国家医疗服务体系"侵权",但同样败诉。

普拉特的初始计划并不包括起用自己公司的专利律师队伍。相反，他设法在77国集团鼓动着技术转让的联合国系统内扩大对知识产权保护的支持，但考虑到大部分的联合国事务以多数原则和共识原则为指导，始终不太可能获得成功。但是在1978年，他没有太多选择。联合国下属世界知识产权组织（World Intellectual Property Organization, 简称WIPO）是唯一为制定知识产权规则、解决相关争端提供公开讨论机会的国际机构。该机构的主要权限由1883年《保护工业产权巴黎公约》（Paris Convention for the Protection of Industrial Property，简称《巴黎公约》）规定，这份文件仅限于要求缔约国依据本国的专利法平等地对待外国和本国企业。普拉特认为此公约没有约束力，但不排除它是进一步发展的立足点。虽然WIPO和《巴黎公约》既缺少执行机制，也没有赋予专利在国界之外的合法地位，但或许可以从内部进行改变。

阿拉木图会议之后，普拉特集中精力想要赶在计划于1980年召开的会议之前强化美国的观点，此次会议关乎《巴黎公约》自1967年以来的首次修改。普拉特不必努力工作以引起政府的注意。1979年，他被卡特任命为贸易政策和谈判顾问委员会（Advisory Committee for Trade Policy and Negotiation）委员，这是一个由几十个行政主管组成的精英委员会，成立于1974年，旨在更好地统一美国的贸易政策与顶尖公司的利益。

到最后，这些都不重要了——卡特政府和里根政府的支持不重要，2年的规划和组织工作也不重要。美国代表团哪怕是对加强专利保护进行讨论的提议，也会与55个既是《巴黎公约》缔约国，也同时属于77集团的国家发生冲突。当普拉特的提议遭到"全球南方"国家冰冷的目光时，美国代表团注意到表面上是自己盟友的那些富裕国家的代表，正低头盯着他们自己的鞋子看。专利律师汉斯·彼得·孔茨－哈尔斯坦（Hans Peter Kunz-Hallstein）是德国代表团的法律顾问，据他猜测，美国代表团是"单枪匹马，几乎孤立无援"。

77 国集团在捍卫现状时没有否定美国的提议。他们来到日内瓦设法修改《巴黎公约》以减弱对知识产权的保护并加快建设国际经济的新秩序：优惠待遇，补贴技术转让，规避生产和贸易链专利的权利。

77 国集团谈判的立场之统一、态度之坚定，让美国的专利游说团大吃一惊。如果法国、加拿大和日本能有它们一半的坚定去强制实现西方药物专利的话，或许华盛顿就不用做那么多工作了。美国的药物和专利游说团内弥漫的情绪，在美国律师协会（American Bar Association）专利、商标和版权部门于 1981 年集会上发表的一份声明里有所描述。游说团体要求新组建的里根政府退出《巴黎公约》，并谴责给予"发展中国家特免或特权"或是强加"特殊负担于发达国家"的任何修订条款。

没有正式的声明宣告此时的"联合制药产业－白宫"（the Joint Drug Industry-White House）在全球专利执行方面的立场发生任何的改变。但是变化已然发生了。普拉特坚信美国一直在努力理性行事——甚至可以说是宽宏大量。他们诚心实意地争取在联合国这个中立的地方开启与发展中国家的对话和谈判。但是他们的努力换来的是羞辱，让自己沦为给予华盛顿、内罗毕和墨西哥城等分投票权的联合国体制的受害者。

普拉特和他的核心团队回到起点，重新开始。不过这次，他们准备摩拳擦掌大干一番。"此次在 WIPO 的经历是我们尝试通过劝说达到目的的'最后一根稻草'，"时任辉瑞公司法律总顾问路·克莱门特

（Lou Clemente）后来如此告诉研究员暨《信息封建主义》(*Information Feudalism*）一书的作者彼得·达沃豪斯（Peter Drahos）和约翰·布雷思韦特（John Braithwaite）。

联合国给了77国集团及其倚重政府集权、干涉私人事务的盟友太多的权力，所以需要一个不那么民主的公开讨论机构。如果这样的机构还没有的话，那么就必须造一个。

在日内瓦遭受《巴黎公约》修订一役溃败之后，普拉特在产业界的名望得到提升。1981年冬天，白宫任命普拉特和IBM（国际商用机器公司）的约翰·奥佩尔（John Opel）共同掌舵贸易政策和谈判顾问委员会。如里根政府所愿，两位主管把委员会的工作重心放在专利问题上，成立了由专利律师和来自以专利为基础的制造业协会的企业行政主管组成的知识产权特别工作组，其中大部分人来自化学和制药产业，但也不乏新兴的信息经济领域（娱乐业、软件业、生物技术、农业及半导体行业）的新近参与者，他们正通过制药产业的双眼认识世界。

专利全球化的列车在卡特与里根政权更替过渡的那一年里获得了动力，但它将开往何处，仍不清楚。1982年，情况发生了改变，由普拉特和奥佩尔所监管的联结产业界与政府的那个机构决定了这趟列车的一个目的地：乌拉圭的度假胜地埃斯特角城。正是在那儿，一个可以眺望南大西洋的半岛上，1986年9月，开启了新一回合的全球贸易谈判，讨论关税及贸易总协定（General Agreement on Tariffs and Trade，简称关贸总协定）的有关问题。自1947年以来，关贸总协定一直是最接近设定规则的全球贸易权威机构，却又是一种奇怪的、脱离实体的权威机构。它没有机构本部，没有执行权力，没有理事长，也没有主席，只有一套浮动不定的政策和规范，这些政策规范大约每

10年在以举办城市命名的谈判后更新一次。

对于美国——在这里,政府和普拉特的专利同盟之间没有区别——即将到来的关贸总协定为乌拉圭回合的谈判提供了一个有吸引力的机会。最终通过的修订条款往往是全盘皆输或皆赢的协议,经过大量讨论得出,有利于富裕国家。不过,那个有利条件只有在与会各方就议事日程达成一致,并且处于谈判范围内时才可用。这在1982年几乎不会实现。首先,"全球南方"国家已经在WIPO会议上明确表明了他们的统一立场。其次,还有一个更加根本性的问题,那就是促进自由贸易是订立关贸总协定的前提。30年来,其工作都是围绕消除关税和其他妨碍国与国之间货物流通的壁垒所展开的。而专利垄断,从本质上讲,它的存在就是会限制贸易、遏制竞争。而且,知识产权被认为是存在于国家内部的,而非国家之间的一种形式上的保护主义。专利是根据国家法律进行授予和执行的,其合法性终止于国家疆土的边界。

各种依赖专利的产业并不是攻击这一"悖论"的首个企业联盟。关贸总协定东京回合谈判期间,李维斯公司（Levi's）和其他与著名商标有关联的公司敦促美国代表团建立一种产品防伪准则,但最终失败。发展中国家断然拒绝这个想法,认为它不适合在此讨论——WIPO才是讨论这个问题的恰当机构——而且是伪善的,关贸总协定的"全球南方"缔约国"并不同情西方世界奢侈品牌所有人遭遇的困境"。达沃豪斯和布雷思韦特写道:"多年来,控制着食品包装和分销的西方跨国企业大量使用发展中国家的地理标志,如大吉岭茶、巴斯马蒂香米,而没有太多考虑它们分销的这些产品实际上原产自这些地区。西方国家里没有人认为那样做有什么问题。"

对美国来说,这次令人沮丧的先例仍记忆犹新。1979年东京回合的谈判结束，没有建立防伪准则。① 如果美国甚至不能就保护象征自身文化符号的蓝色牛仔裤进行表决的话，那么救命药物的垄断全球化——一个几经辩论、只是最近才被华盛顿最亲密的盟友们接受的概念——又有什么希望呢？

至 1982 年，至少政治要素全部就位了。普拉特和奥佩尔的委员会正与白宫和贸易官员开展紧密合作。在美国和其他富裕国家，最强大的专利和版权产业都已经被洗脑并争取过来了。在以美国为首的同盟中，一些成员国被认为是薄弱环节——显著的有加拿大和日本——但是离埃斯特角谈判还有 4 年时间，足够使它们变得强大起来。

至于更广泛的商界和公众，仍有工作要做。很多中小型规模的企业对专利垄断持有的看法和发展中国家一样，认为它是强者用来对付弱者的武器。小企业是 TNEC 专利听证会的中坚力量，被有意排除在美国全国制造商协会专利与研究委员会组织的战后战略会议之外。仍然可以在公众舆论中看到由基福弗、尼尔森以及最近的泰德·肯尼迪（Ted Kennedy）主持的参议院调查中所揭露的丑闻的痕迹。

美国制药产业苦苦奋斗了数十载，企图改变公众对专利的看法。在围绕关贸总协定开展的运动中，"创新"的老酒配上"竞争力"和"国家安全"的新酿一起宣传。与霍华德·福尔曼利用公众对于经济下滑的焦虑情绪来攻击肯尼迪专利政策的手法相似，这场由普拉特和奥佩尔率领的运动试图将美国专利重新塑造成自由企业和全球经济中国家至上的象征。拒绝承认美国专利局权威的国家是"流氓国家""海盗国家"，它们对知识的盗窃行为威胁到底特律工厂里的就业机会、

---

① 事实证明，东京回合谈判取得的成果之一是巩固了一个新颖的贸易概念："关联原则"（Linkage），这有利于美国的图谋。通过主张一个问题与诸如关税和配额之类的合理的贸易问题有关联，谈判者可以更加容易地将此问题置于议事日程之上。这便是使海关程序和无形输出补贴相关的修订条款获得通过所使用的策略。——作者注

正在硅谷兴起的高技术产业以及美国的方式。

为了加大这一思想的宣传分贝和强度，辉瑞公司往右翼和中间派的智库研究项目中注入大量资金，如布鲁金斯学会（Brookings Institution）。普拉特亲自在巡回演讲中传达这一思想，慷慨激昂地呼吁全美国范围内的商业集团采取行动抵制"盗窃知识"的行为。维持本次运动的坚实思想是，知识产权和其他任何种类的产权是一样的——神圣不容侵犯，是美国政府有责任在国内外予以保护的一种产权。

事实是，这一点对于普通大众并非不言而喻，这表明自18世纪运动以来，某些事情一直没有改变。该运动推动了在大革命后的法国诞生"知识产权"这一说法。经济学家弗里茨·马克卢普和伊迪丝·彭罗斯（Edith Penrose）在一篇于1950年发表的文章中叙述了在法国制宪会议上，被围攻的专利拥护者如何用明显矛盾的两个词造出一个新词来掩盖垄断的王室渊源，把关注从知识产权要求的真正客体市场而非知识上引开。既然关于权利和财产的现代理论无法轻易地适用于市场这个客体，"最先把'财产'一词与'发明'一词关联使用的那些人脑中自是有着非常明确的目的"。马克卢普和彭罗斯写道：

> 他们想要用一个蕴含体面尊敬之意的词"财产"，代替一个听起来不甚悦耳的词"特权"。（他们知道）除非依存于一个可接受的理论体系下，否则是没有希望保全专利特权制度的……而且蓄意不实地"把人为的发明人产权"理解为人权的一部分。

辉瑞国际董事长巴里·麦克塔格特（Barry MacTaggart）在1982年7月9日《纽约时报》发表了题为《窃取知识》（*Stealing from the Mind*）的专栏文章，与之前的宣传相比做了改动。他告知读者，一场"世界范围内争取技术优势地位的斗争正在紧张地"展开。美国研究型高尖技术产业的发明"已经在被一个接一个的国家'合法地'拿走并占有,原因是这些国家的政府侵犯了知识产权,尤其是专利"。他恳请各个热爱自由的国家在"恰当实施和体面对待"知识产权的问题上团结一致,特别指出"计算机、药物(和)远距离通信"是正在"以否认专利权的方式被窃取的"知识领域。

麦克塔格特指责联合国,因为在那里,77国集团正"试图为不发达国家抢夺高端技术发明",这是在攻击"国际经济体系的基本原则"。

事实上,没有这样的国际经济体系基本原则。最深厚的专利传统是地区性的。辉瑞公司的主管清楚地知道,即使在最富有的"全球北方"国家里,药物专利的根基也是极浅的。几个世纪里,它与道德、伦理、法律和科学规范交锋。对规范和原则宣战的不是来自"全球南方"国家和远东的"海盗国家",而是辉瑞公司。

从麦克塔格特的专栏文章到美国政府在乌拉圭宣布其知识产权的议事日程,已过去了5年。在1987年10月19日致关贸总协定秘书处的一封信中,美国贸易代表克莱顿·尤特(Clayton Yeutter)勾勒出了谈判的"基本框架",相当于达沃豪斯和布雷思韦特所说的"大型企业为即将来临的全球信息经济所做的关于财产原则的声明"。

此时,应对这一挑战的77国集团已不是那个在阿拉木图呼吁建立国际经济新秩序,并要求把健康作为一项基本人权的77国集团了。至80年代中期,"全球南方"正因处于一场债务危机以及全球政治和经济秩序的混乱之中而晕头转向。来自苏联的发展资金和技术正在消失,留下的空档正好被世界银行(World Bank)和国际货币基金组织(International Monetary Fund)轻松填补。这股具有专业知识和影响力的"逆流"让一个对六七十年代的77国集团的工作计划给予过支持和帮助的联合国贸易和发展会议(UN Conference on Trade and

Development，简称贸发会议）付出了代价。贸发会议不再支持以创建更加公正、民主的世界体系为目的的结构性改革，并退回到以帮助贫穷国家做到收支平衡为主要工作的技术专家官员的角色。

"与1964年到1980年间相比，现在的我们已衰弱不堪、名存实亡，"一位贸发会议机构的官员告诉研究员昆廷·德福尔热（Quentin Deforge）和邦雅曼·勒穆瓦纳（Benjamin Lemoine），"贸发会议继续从事系统要素方面工作的想法遭到非常强烈的反对，特别是来自美国的反对，但也来自一般（发达）国家。"

这样的状况为美国在乌拉圭回合谈判中实施准备好的策略创造了有利条件。发展中国家没有什么其他选择，也很少有其他机构的盟友，它们日益倚重向美国和其他富足国家的市场销售原材料和纺织品。自1976年美国为了扩大同"全球南方"国家之间的贸易往来而实行普遍优惠制（Generalized System of Preference）以来，已有百余个国家增加了同美国的贸易，贸易双方都从这一普惠制度中受益。但是，随着1984年条款临近到期，贫穷国家并不能对其中的条款做出任何要求。使普惠制得以延续的是1984年的《贸易与关税法》（Trade and Tariff Act），此法提前于乌拉圭回合谈判向缔约国增加了一项知识产权要求。

同年，《贸易法》（Trade Act）的另一条修正提案通过，在普惠制的"胡萝卜"之上加了一根"大棒"。实质上，它使不严格执行知识产权成为美国政府调查、审查和实施报复的绊线，从而使得1974年的《贸易法》的第301条成为"武器"。这根"大棒"依据其所改造的条款命名为"特别301条款"。

华盛顿采取奖惩兼施的方法安抚反抗的国家，但成效甚微。1985年，美国扬言启用"特别301条款"对巴西、日本和韩国采取行动，让发展中国家及其盟友感到慌乱不安。① 美国贸易代表克莱顿·尤特宣称,"特别301条款"是新式"贸易政策的氢弹",他的继任者称赞此条款为一柄"撬棍"。1984年至1994年间,美国在与77国集团领导人之间的十几起冲突中启用"特别301条款",包括1次与印度以及3次与巴西的冲突,带来的结果是设立关税、减少这些国家的产品进入美国市场的机会。

1986年9月,乌拉圭回合谈判开启,美国在两方面有所担忧。

其一,美国所谓的盟友缺乏激情。加拿大、日本和欧洲国家难以割舍非垄断的药物传统,如价格控制以及政府对非专利药的支持。为了帮助这些盟友下定决心并提醒它们签署盟约是为了什么,普拉特和奥佩尔于同年组织了一个新的游说团体知识产权委员会(Intellectual Property Committee)。其成员大多是大型药企,如辉瑞、布里斯托尔-迈耶斯、强生以及默克,游说工作包括出版一本好用的、便于谈判者研习的百来页的手册,名叫《关税与贸易总协定知识产权条款的基本框架:来自欧洲、日本和美国商界的观点陈述》(*Basic Framework of GATT Provisions on Intellectual Property: Statement of Views of the European, Japanese, and United States Business Communities*)。

其二,也是更严重的问题,即多数"全球南方"国家持续抵制这一"基本框架"。虽然许多国家已被劝服,不再反对,但仍有一些国家誓要斗争抵抗。在谈判的头2年,这些国家的数量是有稳步减少的,至1989年,经过不断缩减最终留下的中坚力量形成以非专利药强国印度和巴西为首的十国集团(Group of Ten)。同年,"冷战"结束,注定了印度-巴西轴心的必然失败。柏林墙的倒塌使美国得以从需要保

---

① 那年,里根政府切断了美国对WHO的支持,原因是该组织的基本药物计划可能产生反知识产权的作用。——作者注

持克制的国际关系中解放出来，从而进入历史上独一无二的全球主导时期。在关贸总协定的谈判过程中，美方谈判人员邀请誓要抵抗的国家进入会议室侧边的房间聊天，这被称作"黑室磋商"（Black Room Consultation）。①

美国官员逐步增加了对"特别301条款"的运用，对10个反对TRIPS协定的"强硬派国家"中的5个展开调查，印度和巴西首当其冲。最先溃败的是巴西，因为美国通过强征关税，对其进口商品造成了严重损害。印度坚持的时间略长一些，但是到1990年，同样迫于美国的压力而屈服了。依据TRIPS协定，印度自签署之日起有10年时间修改其1970年颁布的《专利法》以适应西方药物巨头建立的规则。尼赫鲁时代的专利法远不止一个让国民引以为傲的制度——它是被誉为"穷人药房"的非专利药产业的奠基石，是整个"全球南方"有能力购买药物治疗疟疾、癌症和肺结核的根基。当印度加入TRIPS协定的消息传回印度国内，街头掀起了反对拉吉夫·甘地（Rajiv Gandhi）政府的抗议狂潮。

既然各国已取得一致意见，留给新组建的克林顿政府的就只有监管细节的工作了。就在不久前，比尔·克林顿（Bill Clinton）看上去还不太可能是该角色的人选。他的竞选活动一直反对在卫生保健和制药产业中"昧良心的"贪婪，并称此种行为是为了"追逐利润而不惜牺牲掉我们的子孙后代"。他确定药物高昂的价格正是解释"卫生医疗系统失灵"的一个例子。当他为仍然被绝大多数国家视为不道德也不合法的药物专利全球化举杯庆祝的时候，所有这些曾经

---

① 这反映出"冷战"后两国普遍缺少耐心，连装装样子走走谈判、妥协的过场都免了。1992年1月，苏联正式解体的2周后，制药商协会的哈维·贝尔（Harvey Bale）怒气冲冲地对《美国贸易内幕》（Inside US Trade）期刊抱怨："关贸总协定开始有了联合国的味道。"——作者注

的关切都荡然无存。

1994年4月15日,在摩洛哥的马拉喀什,124个国家签署了乌拉圭回合谈判达成的最终协议,世贸组织(WTO)就此成立,克林顿在庆典上看上去是真心高兴。根据该协定的文本,WTO预示着"一个全球经济合作的新时代的到来,代表着各国为了自己人民的利益与福祉,在一个更加公平和开放的多边贸易体制下参与合作的普遍愿望"。作为对执行西方国家的药物和其他技术专利的回报,77国集团被许以进入富裕的北方市场,假使触犯了"特别301条款",也可获得有条件的豁免。

签署仪式上,这样的妥协被广泛报道为公平且符合各方意愿的。其实两者都不是,不过,各方自愿的说法一直保留了下来。十几年后,资深老练如约瑟夫·斯蒂格利茨(Joseph Stiglitz)这样的世卫组织(WHO)评论家写道:"在贸易部长签署TRIPS协定时,他们是如此开心满意,因为他们终于达成了一项协议,以至于他们没有注意到自己签下的是给世界上最贫穷国家的数千人执行死刑的命令。"

但他们确实知道这一点。这正是他们进行长期激烈斗争的原因。这就是为什么77国集团的谈判人员在巴西挺不住以后含泪跟彼此通话,以及为什么WTO部长级会议会在催泪瓦斯的烟雾笼罩中召开。1994年的时候,很多人就完全明白TRIPS协定是一场大规模的死刑判决。到了20世纪末的时候,其他人也都会明白。

1995年1月1日,WTO正式开始运作,唯一批准的治疗艾滋病的药物只有齐多夫定一种,这是由原本治疗癌症的药物经重新利用并由美国国立卫生研究院开发所得,在专利保护下宝来威康公司的该药物售价在10000美元以上。1996年,齐多夫定再次出现在市场上是作为葛兰素威康(Glaxo Wellcome,前身是宝来威康,很快将成为 GlaxoSmithKline，即葛兰素史克）出售的首批治疗艾滋病的联合药物的组分之一。随着新的联合药物在中断艾滋病病情进展上的效力被宣传开来，WTO 给发展中国家施压，催促它们加速改革各自的专利制度，以符合 TRIPS 协定的要求。同齐多夫定的情况一样，这些抗逆转录病毒疗法在其所有权被转让给葛兰素威康、百时美施贵宝（Bristol Myers Squibb）以及勃林格殷格翰（Boehringer-Ingelheim）之前，是在美国以及欧洲政府的大力支持下开发出来的。也和齐多夫定一样，这些疗法在市场上的售价是一年的疗程在 10000 到 15000 美元之间。这么高的价格将把全球 2500 万艾滋病人中的 99% 都拒之门外。对许多发展中国家来说，为每一位感染的公民提供这些药物的成本将会超过它们的国内生产总值（GDP）。

对那些买得起的人而言，这些药物把艾滋病毒感染从死刑判决变成一种慢性疾病。这些人几乎全部生活在"全球北方"，约占全球艾滋病毒感染病例总数的 10%。即将发生的冲突——在"全球南方"里日益攀升的艾滋病患者数和 WTO 强制推行的新专利制度之间——甚至在这些新药物的疗效被证实之前就已显露出来。在 1996 年世界卫生大会（World Health Assembly）上，"全球南方"国家始终要求 WHO 密切监视 WTO 对它们获取新药物和基本药品所造成的影响。

从 WTO 法律的字面意思来看，这些影响还没有造成。1994 年签署的 TRIPS 协定允许发展中国家有 10 年的时间来调整本国专利法以达到协议的要求。理论上，10 年时间足够用来生产急需的新联合药物对应的非专利药了。撒哈拉以南的非洲地区格外急需这些药物，其中一些国家近 1/5 的人口正遭受着一种令人极度痛苦的疾病和死亡的蹂躏。

但与贸易有关的知识产权协定一直是关乎权力的现实。"事实上，我们在谈判关贸总协定的时候没花很多时间思考法律问题，"TRIPS 协定的美方谈判代表埃默里·西蒙（Emory Simon）在一本法律期刊 1989 年出版的谈判专题论丛中写道，"我们关心的是商业成果……而不是法律上的细枝末节。"90 年代末，克林顿政府采取措施以确保 TRIPS 协定的商业成果是受保护的药物垄断和难以计数的无谓的人类苦难。

当 TRIPS 协定 10 年宽限期的时钟开始"嘀嗒"计时后，华盛顿便对主要国家进行施压，迫使它们立即实施"符合 TRIPS 协定的"专利法，而不是等到 2005 年。在巴西和阿根廷，左翼政党、工会和公民社会团体组织召开会议来抗议这一施压行为。但他们全部失败了。1997 年，巴西屈服于美国和欧洲国家提升其出口产品关税并阻断其进入北方市场渠道的要挟而使药物专利在本国合法化，几乎使另一部于前一年批准生效、保障其日益增多的艾滋病毒感染人群获得抗逆转录病毒治疗的法律失效。

对美国而言，阿根廷是个特别棘手的难题。这个国家的非专利药产业在拉丁美洲规模最大，有实力"枪毙"任何议案，特别是像专利改革一样不受欢迎、会伤害经济、要牺牲掉买得起药的 10 年去讨好华盛顿和外国药企的议案。1994 年，阿根廷总统卡洛斯·梅内姆（Carlos Menem）扬言要颁布行政令，包围强大的议会反对派。虽然这一险招在阿根廷后军政府体制下是否合法尚且存疑，但克林顿政府把此举视作最佳方案，一再对阿根廷政府施压。在阿参议院就此议案辩论期间，阿尔·戈尔被派往布宜诺斯艾利斯去提醒梅内姆加速 TRIPS 协定相关改革的好处——以及不这么做可能要付出的代价。

那个时代兴起的全球医药获取运动（Medicines-access Movement）的关键人物詹姆斯·洛夫（James Love）也为了这场辩论来到布宜诺

斯艾利斯。"阿根廷10年前处于军事独裁统治之下,而美国此时对它施压,要求它绕过议会,放弃WTO组织赋予它的10年宽限期,"洛夫说,"美国同时还要挟取消它的'平行贸易'权,也就是从其他市场购买并进口药物的权利。处于共同市场的欧洲国家每天都这么做,但是美国此时也是通过行政令逼迫阿根廷放弃该权利,手段十分粗鲁。我在整个职业生涯都在与特殊利益集团做斗争,但是阿根廷的遭遇让我第一次认识到美国的药物专利政策和TRIPS协定的真实面目。恶性通胀正在整个阿根廷和巴西境内造成极度的贫困,到处是由硬纸板盒子搭建的棚户区,而美国政府却在药物价格上向他们大张狮口。"

1997年12月,南非曼德拉政府通过了一部《药品法》(Medicines Act),给予卫生部生产、购买和进口低价药物的实权。来自制药产业的强烈反对声随即响起。1998年2月,30余家跨国药企和南非的制药商协会发起诉讼,控告纳尔逊·曼德拉(Nelson Mandela)以及南非政府违反国家宪法和眼看就要开始履行的TRIPS协定规定的责任。[①]在公开场合继续赞扬曼德拉和在私下会面时谴责他的是同一批西方领导人。1998年夏天,阿尔·戈尔把美国药物专利问题提上当年的美国–南非两国委员会(U.S.–South Africa Binational Commission)议事日程的重要位置。与此同时,美方贸易代表正警告南非,美方将依据"特别301条款"采取报复性措施。迪伦·莫汉·格雷(Dylan Mohan Gray)在他2012年关于治疗艾滋病的非专利药斗争的纪录片《血域燃烧》(Fire in the Blood)中评论道,美国政府花了40年的时间以制裁的手段威吓实施种族隔离时期的南非,但是制裁纳尔逊·曼德拉时期的南非政府花费的时间却不到4年。

---

① 南非对TRIPS协定承担的责任是实施种族隔离制度的P. W. 波塔(P. W. Botha)政府在20世纪80年代末签署的,这使得该诉讼的合法性更加扑朔迷离。——作者注

依据制药产业在"冷战"时期的"多米诺骨牌理论",南非并非跨国药企的主要市场——它几乎没有引起过注意,但便宜药物在任何地方出现,都是对垄断价格的药物的一种威胁。任由最贫穷国家"无偿地获利"于美国的科学(就像龙头企业所为),并形成平行的药物经济体,最终将引火烧身,引发美国国内的问题,毕竟制药产业为了压制住美国国内公众对药物价格的不满,花了数十亿美元。起诉曼德拉的这些公司已经构想出了以TRIPS协定应对60年代出现的以"全球南方"为基地的非专利药产业的长期策略。事已至此,它们绝不会因为非洲人的需求就前功尽弃。

但这一点它们不能明说,所以它们把"专利驱动创新"的老一套备用观点与种族主义者的伪科学搭配使用:美国官员和产业界人士声称,事实会证明,一旦允许非洲人广泛获取联合药物,他们将不能遵照使用说明按时按量用药,从而导致新型的危险的耐药性病毒突变。在媒体上机械地宣传这一思想的人士当中有艾滋病毒阳性的博主安德鲁·沙利文(Andrew Sullivan),当争议到达白热化阶段的时候,他被揭露有私下收受来自制药产业行业协会的资助。[1]

面对持续的压力,曼德拉政府毫不退让,一些人认为压力的表现形式会让人联想到反对外来敌人的间谍活动。1997年,南非卫生部部长,即具有传奇色彩的活动家恩科萨扎娜·克拉丽斯·德拉米尼－祖马(Nkosazana Clarice Dlamini-Zuma)博士受到阿尔·戈尔的邀请,前往华盛顿与美国的官员及药物公司的律师当面商讨南非的《药品法》。德拉米尼－祖马在下榻的水门酒店房间里私下和药物获取运动

---

[1] 沙利文在制药产业的资助金额被公开、自己被迫停止接受该资助金后仍表示不服。"应该说,我认为接受(制药产业的资助)绝对不是问题,"他对一名记者说,"事实上,可以从一个挽救了自己以及其他无数人生命的了不起的产业那里得到一些帮助,我觉得十分荣幸,尽管很多人因为它所做的事试图惩罚它。"——作者注

的 2 名代表会面,随后,美国官员立即联系了她,并在提醒她第二天的会议上不欢迎外部专家时提到了那 2 名代表的名字。德拉米尼-祖马和南非政府怀疑她所在的房间被窃听了。

1999 年 5 月,第 52 届联合国卫生大会(General Health Assembly)召开,正值非洲艾滋病危机和相关药物争议发展成为全球公众关注的议题。WHO 在日内瓦的总部因潜在的南北分歧弄得四分五裂。一边是西方药企的母国,另一边是 77 国集团国家和新兴的"第三方力量",即公民社会团体。当前,冲突的焦点是由"全球南方"国家提出的一份决议,被最富有的国家视为对 5 年前随着 WTO 成立而实现的垄断医药的威胁。该决议叙述了"修订的药物战略"并要求 WHO 成员国:

(1)要重申制定、实施以及监督国家药物政策并采取一切必要的具体措施以确保公平公正获取基本药物的承诺;(2)要确保公众健康是各项制药和卫生保健政策最为重要的考虑因素;(3)要调查研究并审阅它们在诸如贸易协议等相关国际协议下的各项条款,从而捍卫获取基本药物的权利。

卫生大会召开前的几周内,全球的公共舆论和 WHO 成员国的态度越发偏向于支持该决议,药物公司及其盟友国的使团人员试图扭转局势。这种试图扭转局势的焦虑情绪在那年四五月份美国大使乔治·穆斯(George Moose)发回华盛顿、内容遭到泄露的一系列电报中有所描述。其中一份电报中,穆斯表示忧虑,因为越来越多的 WHO 代表团发表声明说:

在诸如 TRIPS 协定等 WTO 的贸易协议之下,公众健康应置于商业利益之上……因此,很可能对知识产权造成损害。

穆斯担心药物公司不对自身事业伸出援手，它们看上去什么也做不了，除了机械地重弹知识产权是"利益之油"（The Fuel of Interest）的老调。穆斯在大会前夕发出的电报上写道：

> 制药产业在这一问题上要多为自己说话，身在发展中国家更应如此，而不是仅仅依赖于知识产权保护利润的论点，这些利润将被用于未来的新药开发。现在南非人还有其他国家的人主要担心药物的供应问题。毫无疑问，本地供应以及与 TRIPS 协定无关的药物定价问题需要做进一步商榷。

几周过去了，从穆斯描述的对美国药物公司的行政主管们拟定的知识产权规则的反动员中，一幅画面逐渐浮现出来：制药产业倚靠在拳击擂台的围绳上，被打得头昏眼花、无计可施。

在1999年世界卫生大会上遭遇了始料未及的棘手问题之后，制药产业将搞砸通过谈判降低艾滋病治疗药物价格的尝试，跌落到离《华盛顿邮报》所说的"社会弃儿"的境地不远了。

1999年11月30日早晨，大约10点钟的样子，一辆装甲警车向第六大道和联合街交叉路口投掷了一罐催泪瓦斯。不管是谁投掷了这枚武器，他的准头不错。化学品在轴心绽放，驱散了坐在街上的数百名抗议者。他们大多都头晕目眩，跌跌撞撞地四下逃散，有些还痛苦地哀号。其他人用T恤裹住脸部把冒烟的催泪瓦斯罐向投来的方向反掷回去。在市中心，来自百余个国家的贸易官员们被告知待在自己的酒店房间里。"西雅图之战"已经打响。

反对WTO的抗议规模和强度连抗议组织者都感到惊讶。贸易谈判本应该在奢华酒店的会议室里低调召开，远离公众注意。自WTO在摩洛哥成立5年后，在西雅图，贸易谈判回合在发达国家静悄悄地发生而不被察觉的时代宣告终结。以美国为首的加速前进的全球化进程产生了与过去 10 年高喊的自由贸易的口号不一致的后果。一个全球的公民社会团体网兴起，挑战这些口号，但是在西雅图所发生的一切表明，将这些口号合在一起形成一致连贯的叙述存在难处。在西雅图"反全球化"抗议的横幅上，可见各种机构名称和诉求——劳工标准和房地产开发贷款，自由贸易和海洋环境保护，基因改造的种子和公共卫生预算——给了这个新经济秩序的拥护者一个机会，可以不予理会多数是年轻人的非难者，因为他们至多是群天真烂漫的人，太过无知而不理解华盛顿领导的自由贸易的世界才是所有可能的世界中最好的那一个。烟雾消散之前，《纽约时报》专栏作家托马斯·弗里德曼（Thomas Friedman）把批评这样的世界的人称为"登上挪亚方舟的地平说倡导者、贸易保护主义工会成员以及寻找 60 年代的'补救方法'①的雅皮士"。

在西雅图要讨论的药物不是弗里德曼隐喻中所暗示的消遣种类。自 WTO 在摩洛哥签署成立以来，艾滋病在整个发展中国家的肆虐更加猖狂。至 1999 年，艾滋病毒成为非洲的第一大致死原因。贫穷落后的国家已经对治疗艾滋病的非专利药竖起了壁垒，这些药物列在了 TRIPS 协定委员会在西雅图会议待讨论清单上，但这份清单被排在了委员会议事日程的最后。排在最前的待议事项是描述更加冗长的"地理标志"问题，涉及以地名命名的国家产品所享有的保护范围，如"香槟酒"（Champagne）、"龙舌兰酒"（Tequila）和"罗克福干酪"（Roquefort）。

这样的南北分歧——法国的谈判代表关心的是干酪的命名权，而

---

① 指毒品。——作者注

非洲国家的谈判代表则在争取拯救数百万人性命的权利——与电视上警方和抗议者之间的混乱局面相比,才是西雅图谈判注定失败的最终原因。谈判最终无果,亦无重启谈判的安排。

2001年3月,南非政府把药物公司的起诉和指控称作"虚张声势"。恐吓南非官员的企图最终使药物公司自身暴露在影响日益扩大的国际丑闻的刺目光线之下,即起诉纳尔逊·曼德拉而维持的规则每天都在夺走数千人的性命。

这起诉讼并非引来国际社会关注相关议题的唯一驱动力。在制药产业的律师向比勒陀利亚高等法院做开场陈述的数周前,《纽约时报》发表了由小唐纳德·麦克尼尔(Donald McNeil Jr.)供稿、题为《印度公司主动要求以低廉价格向非洲供应艾滋病药物》(*Indian Company Offers to Supply AIDS Drugs at Low Cost in Africa*)的轰动性新闻。一家名为西普拉(Cipla)的印度药物公司主动表示要制造非专利联合用药,且以每天不超过1美元的价格出售给贫穷国家。这家公司代表了TRIPS协定在订立时意图扼杀的一切。其创始人赫瓦贾·阿卜杜勒·哈米耶德(Khwaja Abdul Hamied)对塑造印度民族主义运动的科学发展观一直颇有影响,这种发展观是甘地"自给自足"思想在国家层面的表达。后来,圣雄甘地在他被刺前不久访问西普拉工厂时认可了这一关系。哈米耶德的儿子优素福(Yusuf)在政治上以其父为榜样,为印度是世界的药房感到骄傲。

《纽约时报》的报道之后,产业界一向不甚有理的立场变得不堪一击。以专利为基础建立起来的药物公司此时被认为是妨碍了一个解决办法,这个解决办法所需要的只是它们不要挡道碍事。西普拉提供的数额——每年350美元——暴露了大型药企的标签价码,还有4000美元的优惠价格,都不过是血淋淋的骗局。

在这样的情况下，制药产业做了它唯一能做的事：2001年4月，它悄悄地撤回了针对曼德拉政府的诉讼。它将注意力转向坐落在海边、一尘不染的卡塔尔首都多哈，WTO预定于2001年11月在这里举行自西雅图之后的首次会议。两座城市的反差象征着两次会议间歇的两年中发生的深刻变化。全球范围内的医药获取运动已发展壮大，并使药物生产国感到羞愧而准许了非专利联合药物的全球贸易。此时，这股势力正推动这一准许的制度化进程。法国干酪的命名权将不会成为多哈会议上TRIPS协定的重要待议事项了。

此间，针对纽约和华盛顿发起的"9·11"恐怖袭击使药物专利问题降格为西方国家外交的关切问题。就在多哈会谈开始的两周前，世人得以饱赏一出"奇观"。布什政府扬言要侵犯美国药物公司拜耳公司的专利权，起因是其治疗炭疽病的品牌药环丙沙星（Cipro）的价格问题。卫生与公众服务部告诉拜耳公司，除非它降低单片药1.83美元的报价，否则该机构已准备好与一家非专利制造商巴尔工业公司（Barr Industries）订立合约。在拜耳同意以低于1美元的单价出售该药的时候，华盛顿为保护艾滋病药物的10倍垄断加价而开展的5年运动对发展中国家而言记忆犹新，而这时，华盛顿却借助其自主权，因为90美分而无视专利权，一切都是为了应对一个假想的美国城市在卫生和安全上所要遭受的牵强威胁而做的准备。①

多哈会谈对1994年建立的TRIPS协定制度做了首次修订。在协议文本上增加了不仅仅是在突发卫生事件期间，而是从政策上认可人民优先于专利的权利的相关内容："TRIPS协定不阻止，也不应该阻止其成员采取措施保护公众健康。"颁发强制性许可的权利得到扩大

---

① 美国领导的专利"四方小组"成员国之一的加拿大也以专利侵权要挟拜耳公司降低药价。——作者注

和阐释。发展中国家以及此时已是医药获取运动的主要国际代言人的无国界医生组织（Médecins Sans Frontières）都对这一变化称赞不已。

但是，TRIPS 协定的多哈修订在核心上有漏洞。如果一个国家缺少本土的医药制造基础，那么拥有颁发强制性许可和为国内需求生产非专利药的权力是没有意义的。让印度这样的第三方国家来交付订单并在 TRIPS 协定的保护下出运非专利药的权利被写入协定，还需要再等上 2 年。

如同美国本土《贝多法案》的批评家一样，发展中国家很快开始怀疑 TRIPS 协定中规避规则的条款根本就不打算起作用。于 2001 年至 2003 年间写入 TRIPS 协定的"灵活性"（Flexibilities）仅仅是同各国享有的使用"灵活性"的自由一样珍贵。实际上，使用"灵活性"的自由一直受到政治手段的制约，特别是来自西方国家的持续施压。

"各国一旦开始使用'灵活性'，就会遭到反对抵制。"K. M. 戈帕库玛（K. M. Gopakumar）说道，他在专门研究影响发展中国家的问题的国际智库第三世界网络（Third World Network）中担任知识产权法律顾问。

他继续说道："从泰国到哥伦比亚，试图颁发强制许可的国家名单很长，它们都面临着来自欧洲和美国的政治压力、药物公司的合法愤怒以及这两方面要求它们提高 TRIPS 标准的联合施压。为这些价格高昂的专利药做辩护就是违反人权。在许多国家看来，多哈谈判产生的'灵活性'不过是一纸空文。"

第十二章 新型冠状病毒感染和一如既往的商业之争

新型冠状病毒感染进入公众视野是从假日期间的一段新闻量贩播报开始的。2019年12月31日，全世界的大部分地区正在准备庆祝新年，一种不同寻常的肺炎正蔓延开来。

2020年1月11日，当上海市公共卫生临床中心的研究人员上传该病毒尚不精确的基因组序列到基因库和病毒学等开放式网站时，大家悬着的心都放了下来。基因库作为一个开放数据库，是国际联盟的组成部分，由美国国立卫生研究院维护。上传病毒基因组序列的消息是由悉尼大学病毒学家爱德华·霍姆斯（Edward Holmes）向英语世界宣布的，他的团队一直与上海市公共卫生临床中心有合作。在霍姆斯于推文中发出链接后的数小时内，世界各地的科学家画出了一张谱系图，确认该病毒与严重急性呼吸系统综合征（SARS）冠状病毒有近缘关系。

当日晚些时候，中国报道了首个感染该新型病毒而死亡的病例：在此不久前，一名61岁的男性去世。这则新闻对普通民众并未产生多少影响。又过去了2个月后，WHO才宣布该病毒病为大流行病，并将对全球市场造成冲击，继而引发了人们争相抢购卫生纸等基本物资。公共卫生和研究团体并不奢望唐纳德·特朗普于1月20日许下的诺言会兑现，而等待或是相信"一切都会好起来的"。随着该新型病毒与SARS的相似性得到进一步证实，专家们明白，已经错过了控制病毒的最佳时期。在联合国于1月30日宣布此疫情为"全球突发卫生事件"之前的数星期里,在"战时状态"(War-footing)一词成为那年春天滥用的疫情常用语之前的数月当中,专家们都是按照红色最高危害病毒级别来进行相关工作的。

以作战的心理状态来处理一种微生物意味着什么呢?对战的双方究竟是谁?在刻画外星人入侵地球的科幻电影里,各国团结起来一起抵御天外敌人。如果这一情形有可能发生在对付新冠病毒肺炎这个微生物"火星入侵者"的斗争中,信手拈来的故事灵感就是全球科学界领导这场防御战,守住还没有因政治和商业压力完全消亡的国际主义精神和准则。在2019年冬季到2020年春季期间,这一精神照亮了一条全球团结合作的前进道路,而上海和悉尼就病毒基因组展开的合作就是这条道路的起点。

这条道路总是会令人忧虑。但是,2020年已经有了足够的数据作为实施一个更加广泛的合作计划的基础。该计划由传染病结构基因组学中心(Center for Structural Genomics of Infectious Diseases)领头,这个由世界范围内的研究机构组成的联合体拥有世界上仅有的几台能够绘制出病毒蛋白和酶的原子尺度结构图的粒子加速器。位于北美、欧洲和中国境内的研究团队把他们的发现集合在一起,在最短时间内制作出一张详细显示该病毒结构及其如何攻击细胞和自我复制的图片。与上海和悉尼之间的合作一样,这些团队把他们的发现发布在开放访问的线上知识库中。这些数据便是大家协力治疗和控制该病毒的全部努力的起点。"2003年,在SARS病毒暴发时需要2个月才能完成的工作,这次只用了一个星期,"《自然》(Nature)期刊的编辑们评论道,"原本通常会耗时数月(甚至数年也有可能)的(进一步)工作,在几星期内就完成了。"

如果这个病毒的科学拼图的框架在破纪录的时间内搭建好了，那么可想而知，大家会坚持走合作的道路，继续压缩治疗方法与疫苗的开发和测试耗时，从而争取更多的时间建造为数十亿人生产疫苗所需的基础设施。这是2020年2月11日WHO在日内瓦总部召开的为期2天的会议上得出的一个暂行假定。与会人员是公共卫生政策和传染病研究部门的领军人物，他们带着时间是借来的负累感，为一个因官方命名为严重急性呼吸系统综合征冠状病毒2型（SARS-CoV-2）的病毒和新型冠状病毒感染（COVID-19）的疾病而纷乱不堪的世界绘制了一份应急"研发蓝图"。

这次会议在1月份合作所展现的开放科学精神中展开。专家们编制了一份有关新型冠状病毒研究的全面总结，并提出了加速诊断试剂盒、治疗方法以及疫苗的开发、测试和生产方法。WHO的这次会议以研究人员将会保持开放的沟通渠道和共有知识库的假设为前提拟了一份文件，把资源和发现汇聚在一起将减少重复并加速发现。他们期待这一假设从基础研究一直到WHO展开比较试验的每一个阶段都成立。比较试验是与会者计划用于最终评估候选疗法和疫苗的最佳方法。

有一个议题没有出现在WHO专家的这份规划文件中：知识产权。即使最糟糕的情况发生，专家们的工作也是以合作共赢为前提的。但他们没有想到专利壁垒会被允许用来阻碍研究进度或产品的按需生产。

他们这样想很天真，但无独有偶，连医药获取运动和开放科学运动中最愤世嫉俗的资深活动人士在面对此次疫情时也认为，合作和共享所带来的显而易见的好处将会使私有科学和垄断医药的主导范式失效。从2月到3月，这一替代范式时不时会挑逗性地显露一下。它在出乎意料的地方获得了支持。焦急的政府谈起共享利益和全球公共产品；药物公司保证会采取"竞争前（合作）"和"无利润"的方法进行产品开发和定价。

在发生实际行动违背上述言论的情况下,制药产业看起来出奇地软弱无力、缺少斗志。3月中旬,在用联邦资金开发的药物瑞德西韦显示出治疗重症新冠肺炎的希望后,吉利德科学公司暗地里尝试续展该药物的专卖权,但迫于公众压力最终撤回了展期申请。3月25日,即吉利德撤回申请的两日后,最初拒绝荷兰政府的紧急要求,不愿分享其新冠肺炎检测制剂的专利成分和规格说明的瑞士药物巨头罗氏,为平息荷兰民众的愤怒宣布采取相似的举动放弃专利权。艾伯维公司(AbbVie Inc.)的一款抗艾滋病毒药物显示有望治疗重症新冠肺炎,于是以色列宣布计划订购此药的非专利药,虽然原药仍在专利保护期内,在以色列的非商业分配受到限制,但也没有人提及法律诉讼或是"特别301条款"。艾伯维完全放弃了抗议。在德国、哥斯达黎加、加拿大和厄瓜多尔,TRIPS协定制度也出现了裂痕,它们都宣告行使撤销专利的权利,以促进研究、生产可负担得起的疗法。

3月27日,《金融时报》(*Financial Times*)发表社论称:"全世界对于确保人人享有廉价的(新冠肺炎药物和疫苗)有着极大的兴趣。"这样的表达给人的感觉像是,一种符合社会习俗的看法正在变得坚定起来。意识到可能性的存在使得努力扩大合作模式的人们受到鼓舞。支撑他们努力的是,他们打算从2020年3月初开始把知识产权壁垒从整个体系中移除,并建立一种模式,使公共部门和私营部门的参与者可以在募集到科学和相关知识财产后存放在一个共享的知识管理机构里,直至疫情结束。5月下旬,这一想法成为现实,WHO启动了新型冠状病毒感染技术获取池(COVID-19 Technology Access Pool,简称C-TAP)计划。

开放科学的想法和科学本身一样古老:知识公开以供他人学习,

然后将所得的改进、增补再公开，以使更多人获益。这一周而复始、无穷无尽的过程便是牛顿名言中所指的那个巨人，站在他的肩膀上得以"看得更远"。根据古时的理想和启蒙运动的目标，这一过程是为了人类的利益，能带来的有名誉和荣耀，但从来没有所有权。

作为一场正式的运动，开放科学可追溯至 17 世纪的第一批国际科学期刊，它们是对那些将自己的发现秘而不宣或是存放在王室专利宝库中的人的挑战。作为一种以反对私有和以其他方式隔离起来的知识为特征的哲学理念，开放科学承认知识在根本上是超越个体的；从赫拉克利特（Heraclitus）到本杰明·富兰克林，再到弗朗西斯·克里克（Francis Crick），大家都明白，每一个发现都来自前人的发现，都是"伟大的社会脑力整体的"一部分。每一个"发明"都拒绝接受唯一的起源或创造者的观念，企图指定唯一的创造者的愚蠢行为因赋予非真实创造者所有权和支配权而更加荒谬。在大流行病暴发的背景下，这样的愚蠢行为就构成了不仅反科学而且反人类的罪行。

唯一可以兑现新冠肺炎研究是"全球公共产品"说辞的做法是：建立一套汇聚研究、褫夺其知识产权要求以及提供技术帮扶贫穷国家实现研究成果转化的机制。这是 2020 年 3 月上旬 WHO 内部基本观点所支撑起来的 C-TAP 计划的愿景。支持者明白其中的风险，因为在全世界"一起携手共渡难关"（being in this together）的豪言壮语背后，萌生的"疫苗隔离"已经显露头角。富裕国家已经开始签署第一批预订单，大宗采购尚在研发中的疫苗。这些疫苗采购合同和实现这些合同的政府研究补助一样，都不包括汇聚研究或是向世界其他国家转让技术的规定。

C-TAP 计划是抑制这种令人担忧的趋势的最后也是最佳的机会。哥斯达黎加总统卡洛斯·阿尔瓦拉多·克萨达（Carlos Alvarado

Quesada）带头召集大家支持该计划。他直接向 WHO 成员国发出请求，强调 C-TAP 是临时应急措施，加入与否是自愿的。各个公司和国家将把它们的研究和相关知识产权放在一个开放的创新中心，该中心效仿现有的由联合国监督的艾滋病毒/艾滋病医药专利池而建，并由 WHO 统一协调。WHO 将保证集中起来的知识产权被广泛许可给有资质的参与者，无论大小，以使生产最大化并保证产品的获取机会。即使在这个替代范式内，专利持有人也理应得到其产品的专利使用费。这一协议将随着疫情结束而中止，所有权一律复归其所有者。

2020 年 5 月 15 日，在 C-TAP 计划于日内瓦宣布正式启动的两周前，唐纳德·特朗普在白宫花园召开新闻发布会宣布"曲速行动"，这是一项协调并资助私营部门进行新冠肺炎研究和开发的联邦计划，以疫苗产品为主。在开场致辞后，特朗普向大家介绍该计划将由蒙塞夫·斯拉维（Moncef Slaoui）监督执行，此人是出生于摩洛哥的科学家，同时也是药物公司的行政主管，为人固执。

作为科学家和制药企业的主管，斯拉维职业生涯的大部分时间都就职于跨国制药巨头葛兰素史克公司。在应邀管理"曲速行动"之前，他是莫德纳公司董事会的成员，这家位于马萨诸塞州剑桥市的生物技术公司将收到由国立卫生研究院和五角大楼生物医学高级研究和发展管理局（Biomedical Advanced Research and Development Authority）为该行动豪掷的 200 亿美元总预算中的 20 亿。作为接受这项监督管理工作的一个条件，斯拉维抛售了自己手上价值 1200 万美元的莫德纳公司股票（3 天后，他的前同事在一则旨在刺激该公司市值上涨的新闻通稿之后，也因以高得多的价格抛售价值数百万美元的莫德纳股票而登上头条新闻）。

该计划的具体内容以及斯拉维的选择对 C-TAP 计划来说并非好

兆头。它让一项丛林法则制度化,特朗普最初释放这一信号是在3月份的时候,他试图收购德国生物技术公司"克尔瓦克"(CureVac)并把其传闻中的候选疫苗据为美国所有。"曲速行动"增强了那个念头,并为即将来临的企业疫苗民族主义浪潮提供了样板。它成为富裕国家下调国内供应过剩水平的模板,即向选中的药物公司滥发补助资金、狂下预订单而不求回报:没有分享技术或广泛许可的要求,也没有生产或价格的透明度的要求。

特朗普宣布"曲速行动"的前夕,140个政治和公民社会团体的领袖共同发表了一封公开信,敦促其他国家选择一条不同的道路。他们要求开发一种"属于人民的疫苗",不要再资助莫德纳或阿斯利康的专利疫苗。"人民的疫苗"的界定不在于生产它所使用的技术或者拥有疫苗所有权的公司,而是它必须是公共产品,尽可能大范围地、透明地生产,且必须以不为任何政府或企业独享的成本价格销售。

"必须紧急采取行动,在世界范围内大规模地建设产能以制造数十亿剂的疫苗,"以南非总统和非洲联盟(African Union)现任主席西里尔·拉马福萨(Cyril Ramaphosa)为首署名的这封公开信中写道,"现在不是时候……把这个关乎道德的重任交由市场,使其通过自我调节来完成……垄断、野蛮竞争和目光短浅的民族主义会挡住我们的道路,后果我们承担不起……唯有人民的疫苗——其本质是平等和团结——能保护全人类,让我们的社会重新安全运行。"

这封公开信是写给预定于同一周晚些时候通过视频参加2020年世界卫生大会的卫生部部长们的。信中并未提及将于当月末宣布的C-TAP计划,而是提出了一个更加激进彻底的举措:一个由WHO管理运行的强制性知识池,技术收入其中或向外许可无须它们所有人同意。

这封信透露出一丝苦涩，表明信中所指"来自不平等的获取经历的痛苦教训"难以忘怀。这是不太隐晦地提及上一次制药产业在大流行病期间被允许支配公众资助药品的情况，当时的制药产业选择让数百万人死去，以此来象征业界为了保护属于自己的专利垄断会不遗余力、不惜代价。

药物公司与它们的政府若只是出于对自身利益的考量，也许还会接受"人民的疫苗"背后观点的可能性，但在 2020 年 5 月 18 日世界卫生大会开幕的共识声明撰写期间，可能性变得更小了。

会议召开决议给为期两天的会议设定了基调并指导了议事日程。草拟的首个疫情声明显示出卫生部部长们的分歧，类似于熟悉的南北分歧。发展中国家所起草的内容围绕两个基准点：呼吁建立开放许可制度以及谴责垄断医药，这也是呼吁全球正义，但这两方面的内容因为美国、英国和瑞士的反对而全部遭到删除。最终折中的声明文本沉闷无趣、毫无新意，只是承认了 TRIPS 协定的多哈修订并简短指出联合国艾滋病规划署（UNAIDS）的自愿专利池的存在。会议以一份态度敷衍的支持"全民及时公平地获取"新冠肺炎技术（COVID-19 technologies）的声明结束。

这对美国代表团领队，即卫生与公众服务部部长亚历克斯·阿扎（Alex Azar）来说还是太多了。这位礼来公司的前总裁拒绝在最终决议上签字，而是发表视频讲话，指责 WHO 要为疫情负责，并吹捧近来宣布的"曲速行动"。此外，阿扎用卫生与公众服务部抬头的信笺投递了一封信，表示自己担忧该决议暗含一些"可能对各国激励新药开发能力产生负面影响"的内容。他鼓励发展中国家和他们少量的发达国家盟友摒弃任何关于汇聚研究的幻想，而要密切接洽药物创新者，以找到彼此都可接受的解决方案，从而提高获取可负担的、安全有效的、高品质的新冠肺炎卫生产品的机会。

尽管美国唱了反调，但这份决议包含了可能发展成南北汇聚研究联合体的种子。"全民公平获取"的要求得到非洲集团和欧盟所有国家的支持。或许这些国家会一同加入即将实施的 C-TAP 计划而赋予这些文字口号以现实意义。又或许 5 月 18 日新闻中提到的另一份文件将更为准确地预示一场疫苗"竞赛"的到来，它的样子看起来太熟悉了。

世界卫生大会在日内瓦开幕当天的午餐时间传来了令人振奋的消息，莫德纳公司发布了一则新闻通稿，为这个焦虑不安的世界提供了一朵希望的春蕾：在数十名自愿注射了该公司候选疫苗 mRNA-1273 的健康受试者中，随机选取的 8 名受试者都显示出新冠肺炎抗体中和的迹象。该声明连最起码的科学要求都不满足——数据集的样本量很少，初级且不够完备——不过在好消息是稀缺品的时候，这也算得上是好消息。或许，这也是预示其他疫苗试验取得成功的好兆头，特别是莫德纳的对头，即辉瑞-拜恩泰科（Pfizer-BioNTech）联合开发的 mRNA 疫苗。

那天下午，莫德纳公司沉浸在媒体的一片褒奖和赞美声中。期间，公司的科学官在一个重要的投资者活动即瑞银集团全球卫生保健会议（UBS Global Healthcare Conference）上通过视频对产品做了介绍。会议之后，公司发布了第二则新闻通稿，宣布公开发售价值 12.5 亿美元的莫德纳公司普通股。摩根士丹利正在整理账目并准备下单，莫德纳的第二则新闻通稿如那天上午一样，大肆吹捧 mRNA-1273，但是这次没有提及它的资深搭档，即领头临床试验的国立卫生研究院下属机构——国家过敏和传染病研究所。

关于莫德纳临床试验数据不够多导致对结果科学性的担忧的详细

报道出现在一天后，就在公司股价上涨接近30%之后。[①] 获得最大利润的是公司的首席财务官和首席医务官，两人共抛售价值3000万美元的公司股票。这并非第一次，也不是最后一次药物公司的行政主管从一次精心设计并适时安排的新闻通稿中获益。不过，这的确揭露了决定将第一批疫苗正式推出的文字背后蕴藏的力量。这则富有启发性的新闻引来一些人的温和批评，他们明白，用全球团结的言辞至少可以部分掩盖肮脏现实的重要性。"在这个变幻莫测的时代，请养成良好的企业卫生习惯，"证券交易监督委员会（Securities and Exchange Commission）主席杰伊·克莱顿（Jay Clayton）婉转地提醒莫德纳和其他接受"曲速行动"资金的企业。

就企业不端行为的等级而言，莫德纳的股票抛售行为算不上什么。但在疫情期间，这种行为提醒了有能力主导第一波疫苗生产的私营利益集团，其本职工作是要使市场控制和利润最大化，而不是尽快给世人接种最有效的疫苗。

5月29日，随着C-TAP计划的启动，汇集新冠肺炎技术的浮动替代范式成为现实。WHO的埃塞俄比亚籍总干事谭德塞博士（Tedros Ghebreyesus）在启动仪式上发表题为"团结行动呼吁"（Solidarity Call to Action）的开幕词，恳请全世界的药物公司及其本国政府加入这项行动计划。

"这是人们必须优先考虑的时候，"谭德塞说，"科学为我们提供了解决方案，但要使之适用于每一个人，我们必须团结起来。新冠肺炎凸显了我们所在世界的不平等问题，但同时也给了我们一个建设更

[①] 7月14日，莫德纳公司宣布在《新英格兰医学杂志》上发表其完整的临床第一阶段中期报告，就在公司宣布即将入选纳斯达克100指数成分股的几小时之后，该指数只收录美国市场上市值最高的非金融公司。——作者注

加公平的世界的机会，在那样的世界，健康不是少数人的特权，而是一种公共利益。"

在 5 月 18 日的世界卫生大会上明确支持"全民获取"的 130 个国家中，仅有 34 个国家签字加入了 C-TAP 计划，其中只有挪威、卢森堡和荷兰 3 个高收入国家。[①] 巴西在名单上，和它一起抵制垄断医药的老盟友印度却不在。这是个小而分裂的联盟。且名单上，没有一家药物公司。

C-TAP 计划确有少量来自产业界的个人支持者。吉利德科学公司前执行副总裁格雷格·阿尔顿（Gregg Alton）在 C-TAP 计划宣布启动之后召开的专题小组讨论会上发表讲话称，此计划既是衡量开放科学创新模式的好处的一个机会，也是一种道德责任。这也是资深的制药主管、"再构想治疗"（reVision Therapeutics）公司的首席执行官、曾在瑞士药企诺华公司（Novartis）担任 9 年的全球知识产权负责人的保罗·费尔纳（Paul Fehlner）的看法。在疫情暴发的早期，费尔纳就是少有的来自产业界支持汇聚技术的代表。他在私下发起运动，想要改变其他行政主管们的想法，但没有成功。

"产业界的很多人怀疑 C-TAP 计划只不过是公民社会破坏知识产权的计策，"费尔纳说，"但在如此重大的危机中，这样的构陷不管用，因为各国政府才是主要投资人，而且投资的目的是帮助加速创新和开发。我的信念，即透明和共享可以加速发展，这是基于自己 30 年来帮助公司**阻止共享并维护知识产权壁垒**的亲身经历。专利、商业秘密、技术诀窍——设立这些只是为了降低竞争对手的速度。如果将这个法

---

① 7 月份，欧洲议会通过了一项决议，极力支持强制许可和 WHO 的 C-TAP 计划，还有欧盟在世界范围内的行动中不曾反映的其他立场，为整个欧盟范围内创建 2 个新的公共卫生机构铺平了道路。——作者注

子倒转一下，反过来促进共享，将会得到相反的效果——正是在这种规模的危机中你所希望看到的效果。这不会是最后一次病毒病大流行。"

为了阐释汇聚技术和思想交流的好处，费尔纳以莫德纳和辉瑞–拜恩泰科之间开发首支 mRNA 疫苗的"竞赛"为例。"辉瑞–拜恩泰科的疫苗针剂是基于与莫德纳疫苗类似的 mRNA 技术开发的，但结果是，辉瑞的疫苗对储存和温度的要求更加严苛，"他说，"把疫苗项目设想成一场'竞赛'是错误的，因为那样的话，一旦你开始了一段赛程，就不能偏离赛道，和你不能在马拉松比赛中途停下来换衣服是一个道理。辉瑞无法停下来，虽然得到的疫苗需要超低温存储，但所做的工作无法倒回去重新来过。或许，要是当初辉瑞能获取莫德纳的数据的话，我们现在就会有两款可存储于常规医用冰箱的 mRNA 疫苗了。"

一些著名的知识产权制度批评家认为 C-TAP 计划力度不够——这反映了 WHO 在像比尔·盖茨（Bill Gates）这样的私人机构的赞助之下处于中立状态。在他们看来，自愿暂停知识产权的提议反而是承认了一个不合理体系的合理性。该观点得到南方中心（South Centre）的拥护，该中心是由 TRIPS 协定乌拉圭回合谈判中脱颖而出的阿根廷经济学家卡洛斯·科雷亚（Carlos Correa）所领导的一家研究组织。根据该中心的一篇文章所言，中低收入国家不应甘心做"单纯的疫苗接受者"，而必须要成为"疫苗生产的合伙人"。这将需要一个愿意用行动证实自己言论的机构，如能够"确保提供所需的技术和数据（并）大规模制造，以可负担得起的价格在所有国家快速、公平地分配"的非自愿汇聚研究机制。

这篇文章推断，"这场危机也是 WHO 成员国重塑该组织的一个机会，使之成为一个更强大、更独立的国际公共机构，有能力和手段来执行自己的决议和计划"。

对 WHO 的这般图景让人想起，作为一项政治工程的 77 国集团在 20 世纪 70 年代中期掀起的浪潮。那是回应药物公司妄图建立 TRIPS 协定作为防护堤的野心。当 25 年后疫情来袭的时候，产业界坚信这道防护堤依然坚固，但对它是否能够彻底无视 C-TAP 计划所形成的挑战存疑。该计划启动前夕，产业界举办了一场活动，宣称一切都在自己的掌控之中，而由 TRIPS 协定创造的世界依旧是所有可能世界中最好的一个。

5 月 28 日晚间，国际制药商协会联合会（International Federation of Pharmaceutical Manufacturers and Associations，简称 IFPMA）抢在于次日上午进行的 C-TAP 计划启动仪式之前，在其日内瓦总部的黑匣子工作室里线上直播了一场专题小组问答会。为了最大限度地激发媒体的兴趣，该问答会请来了由 5 名资深行政主管组成的不同寻常的高级别的专家组，其中包括阿斯利康、葛兰素史克和辉瑞的首席执行官们，来到工作室现场和主持人一起直播的是 IFPMA 总干事及常驻日内瓦代表托马斯·库埃尼（Thomas Cueni）。

由记者提出的百余个问题中很多是关于 C-TAP 计划的，这在预料之中。本次直播活动的全部意义就是让这些主管们分享他们对于"为什么没有必要汇聚研究"的看法。5 名主管中的 4 人一开始便佯装惊讶表示不知道 C-TAP 计划的存在。只有辉瑞的首席执行官阿尔伯特·布拉（Albert Bourla）对这样的佯装行为感到不耐烦，并打断了他们，他把汇聚知识产权的想法归结为"危险的一派胡言"。无论如何，布拉认为这没有必要。他重复其同事早前的说法，指出了他所在行业致力于确保"准入与公平"的具体证据。

这些主管们提供的证据是一个被称为"获得抗击新冠肺炎工具加速器"的计划（Access to COVID-19 Tools Accelerator，简称 ACT-A）。

他们说，该计划是以为 C-TAP 计划寻求伙伴为特征，联合产业界、各国政府和主要的基金会的力量，特别是比尔及梅琳达·盖茨基金会（Bill and Melinda Gates Foundation）及其子机构全球疫苗免疫联盟（Global Alliance for Vaccines and Immunisation，简称 GAVI）和流行病防范创新联盟（Coalition for Epidemic Preparedness Innovations，简称 CEPI）。主管们轮流援引对这项加速计划的支持，以证明他们富有人性，同时为尽快结束这场疫情做出贡献。库埃尼表示，有了这个加速器就不需要额外的努力和倡议了。"盖茨基金会在这里起着关键的作用，"他说，"我们已经有了平台，产业界已经在做所有的正确的事了。"

随着这个时长 75 分钟的直播活动的进行，产业界共享的加速器的剧本开始听起来不像是一系列的谈话要点，更像是一连串激烈的、无法控制的无意识话语。葛兰素史克的首席执行官艾玛·沃姆斯利（Emma Walmsley）在回答第二个关于知识产权壁垒的问题时，吐出一顿未经消化的"盖茨式词汇沙拉"："我们肯定有义务解决获取的问题，我们热烈欢迎新型冠状病毒感染工具的形成，一个多边组织……有多个利益攸关方……像盖茨基金会和全球疫苗免疫联盟以及其他组织……实际上我们在查看它们的……呃……获取原则，而且很显然，我们也参与其中。"

如果不是加速计划为所有关乎获取、公平和知识产权的问题提供了一个便捷可靠的答案，那么口吃的情况怕是会更糟。辉瑞的首席执行官阿尔伯特·布拉再次为会议带来了让人耳目一新的诚实。在一次赞美加速器的时候，他打断了自己的话，直接向该直播节目隐形的第六位发言人表达感激。

"我想借此机会强调一下比尔·盖茨所发挥的作用，"布拉说，"他给予了我们灵感。"

第十三章

药企的『最佳伙伴』

比尔·盖茨和新型冠状病毒感染

2019年9月末,流媒体服务公司奈飞(Netflix)发行了一部关于比尔·盖茨的系列纪录片《走进比尔》(*Inside Bill's Brain*)。这部电影对盖茨的授权颂扬,与过去20年里其他上千部影片的风格一致:曾经或许傲慢无礼、急躁好动、野心过盛的天才小子,如今的慈善事业倡导者,受谦恭思想的感召,倾尽自己的才智和财富,专注于修复一个处于危机之中的世界。在这个系列中,盖茨用犀利的目光研究数字和角度,在他充满想象力的大脑中,那巨大的处理器在不停地计算和思考。盖茨认为,如果我们要挺过气候变化、能源转型和传染性疾病,"以非比寻常的速度开始部署解决方案是很重要的"。

《走进比尔》发行几个月后,盖茨得到了一次机会,以表示他对历史上最快解决方案的支持。

如上一章节所讲,新冠肺炎触发了一系列紧急的规划会议和国际辩论,只为制定最有效的策略,以战胜一个世纪以来的首个空气传播流行病病毒。2020年2月,WHO的公共卫生专家们进行了会晤,为协力研究、开发、检测、制造和部署疗法和疫苗制订计划纲要。数十亿剂疫苗的生产和分配是一项艰巨的任务,但鉴于病毒会适应和突变的机会主义本性,这也是一项紧迫的任务。艾滋病、埃博拉病毒病以及禽流感危机——每一次危机都显示了知识产权和利润的问题是如何导致人为的物资匮乏和分配不公的——这些惨痛教训贯穿于这次晤谈之中。

2020年年初，最适合提出以"非比寻常的速度"加大研究产出的人是比尔·盖茨。与特朗普政府出人意料的反科学无能做法相比，他才是全球公共卫生政策的实际"独裁者"，这一头衔是自他2000年辞任微软首席执行官后，用他的同名基金会提供的数十亿美元资金换来的。盖茨对全球公共卫生政策的适用范围以及它在不同权力级别所呈现的形式，具有无人能及的影响力——从指导资金紧缺的非洲政府的预算选择，到制订国际卫生和发展机构的长期工作计划。他带着威信力和影响力迈入出版商、首相、非营利组织以及药物公司主管的办公室。

盖茨没有使用这一权力去支持，甚至没有与"全球南方"的专家和领袖进行接触。这些人警告说，将新冠肺炎的科学研究交到囤积知识产权的企业手中会有危险。相反，他却在另一边耀武扬威，确保疫情的应对措施依旧与意识深处所赞同的知识垄断保持一致，而盖茨一生中的每一个事业阶段都体现出这一思想特质。

私下里与药物公司主管、政府官员以及国际卫生机构的高级官员会面时，盖茨和他的副手们坚定自己对专利控制的支持，并试图阻止任何关于汇聚知识产权或是暂停TRIPS制度的讨论。相反，他们对一个集中采购的计划大肆调侃。在这方面，与盖茨并肩作战的是理查德·怀尔德（Richard Wilder），他是微软知识产权部门的前负责人，现任CEPI的业务发展主任和法务总顾问。CEPI是盖茨最关键的传染病研究举措，在2017年达沃斯世界经济论坛上由公立和私营部门联合发起，并获得盖茨提供的种子基金，体现了盖茨的机构组织在尝试精心策划全球应对新冠肺炎的行动中所反复出现的有利于知识产权的慈善模式。

"早些时候,在政府和药物公司把全球公共产品的口号挂在嘴边时,盖茨就有机会发挥诸如汇聚研究这样的开放模式的重要作用,"无国界医生组织的政策顾问曼纽尔·马丁(Manuel Martin)说,"他本可以站出来说,'我们会使你们遵守公共产品的承诺,因为在道德层面,我们有义务把一场竞赛变成一次协同合作,展开跨平台、跨领域的信息交流',但盖茨团队早早地便浇灭了人们的热情,说知识产权不是阻碍疫苗获取的壁垒。很显然,这种说法是错误的。它不是唯一阻碍获取的壁垒,但也没有人说过它是唯一障碍。"

在公共卫生领域,盖茨一举一动的冲击力在他的影响半径内掀起了波澜,也就是说,一切难逃其影响。

知识生态国际组织(Knowledge Ecology International)的詹姆斯·洛夫说:"他的权力极大,他可以让你从联合国的岗位上被开掉。如果你想要在全球公共卫生领域工作,你最好不要与盖茨基金会为敌,更不要质疑它在知识产权和垄断问题上的立场。"

2020年3月10日,比尔及梅琳达·盖茨基金会宣布与惠康信托(Wellcome Trust)和万事达卡(Mastercard)建立合作伙伴关系。三方将合力培育一个新的机制"治疗加速器"(Therapeutics Accelerator),它第二天将被明确宣布成为新型冠状病毒的潜在疗法。

这一举措既是一家金融服务公司的社交品牌营销活动,也是盖茨标志性的企业慈善管理咨询方式,这是一个早期信号,表明他将会用老一套法子来应对迫在眉睫的全球危机。一场开始让产业界紧张惧怕的关于如何组织全球研究工作的辩论正在当下发生。据接近辩论核心的人所说,盖茨所做的时间安排并不是巧合。

"盖茨想要维持专有权利,他比WHO更快宣布'加速器'计划,并释放出知识产权规则一切照旧的信号,"詹姆斯·洛夫说,"此时事态本可能向两个方向发展，但盖茨利用自己的影响力阻止了分享制造产品所需知识的努力——技术诀窍（Know-how）、数据、细胞系和技术转让。C-TAP 计划将会包含以上所有。盖茨（通过'治疗加速器'与产业界）订立的合约要求的回报很少，完全不需要在方方面面都极为重要的透明度。自 20 世纪 90 年代末起，盖茨就一直告诉大家，他们可以通过向贫穷国家口头承诺各种折扣而进入天堂，但这仍然是自私的。"

4 月 24 日，盖茨发起了一个规模更大的"加速器"计划。获取 COVID-19 工具加速计划作为一个全方位的解决方案被提出，以应对许多人预测的供应和获取的双重危机。该计划包含 4 个"支柱"，内容涵盖卫生体系、诊断、疗法和疫苗。疫苗"支柱"——WHO"新冠肺炎疫苗实施计划"（COVAX）一直是核心部分，6 月份由疫苗联盟 GAVI 正式启动，该联盟是盖茨领导的公私合作的组织，主要关注"全球南方"儿童疫苗接种工作。COVAX 被认为是疫苗的集中采购池和交易中心，为富裕国家和贫穷国家提供同样的服务。按其要求，CEPI 需要确认并投入足够数量的有前景的候选疫苗，以形成一组有效疫苗，然后通过一个叫作预先市场承诺（Advance Market Commitment）的资金筹措机制组织疫苗的采购和分配，其本质上是一个买家俱乐部，他们会向 WHO 所说的最优先考虑的 1/5 人口，也就是世界上 92 个最贫穷国家人口中最脆弱的 20% 支付疫苗费用。为达到群体免疫，这些国家还需要给另外 50% 的人口接种疫苗，但这只得靠它们自己在全球市场上竞争了。

COVAX 在启动时受到产业界和 GAVI 的媒体关系部门的大肆宣扬，它的提出基于一个信念，即市场能够在推动和引导下达到平衡，既能满足全球公共卫生和安全需求，也能让拥有第一批 WHO 批准疫苗的公司实现行使垄断、赚取利润的目的。它的成功还需富裕国家——在COVAX的术语里叫作"自筹资金的国家"——不要相互竞争,并与制造商达成双边交易,这样会导致其他人的货架上空空如也。事实证明,这两个前提条件十分错误。

"盖茨模式认为生产会根据需求的变化而变化,对于公司不屑解决的产品供应问题则没有答案,"艾滋病治疗倡导组织"为所有人准备"(PrEP4All)的理事詹姆斯·克雷伦斯坦(James Krellenstein)说,"这是个危险的计划方案,且解决不了问题,随着病毒的扩散,必然会出现更多病毒变种。"

COVAX启动的头几个月内,美国政府签署了7笔双边交易,预购近10亿剂疫苗;英国签署了5笔交易,将获得2.7亿剂疫苗,是其人口数量的2倍还要多。其余的大部分疫苗订单,则被除美英以外的七国集团国家订购。

如果盖茨组织GAVI只是因没能预料到供应危机,或是善意地想要利用技术补救方法处理政治上的顽疾而酿成大错的话,COVAX计划则意味着某个更了解情况的人的重大失职。但必须将其视为比一次计划或设想更为严重的情况进行评判。对于预测供应危机的范围和根源的人,盖茨本人设法破坏他们的努力,他利用一切可以利用的手段——包括直接的所有权归属——来积极限制垄断模式之外的许可和生产活动。

当牛津大学詹纳研究所(Jenner Institute)所长公开表达他想把该所在CEPI资助下研制的候选疫苗的所有权归入公有领域的愿望后,盖茨便出面干预。恺撒健康新闻(Kaiser Health News)报道称:"受到比尔及梅琳达·盖茨基金会的敦促,几周后,牛津大学的态度发生彻底转变,并与阿斯利康签署了独家疫苗生产协议,授予这家制药巨头独享的权利，且不要求它保证低廉的价格。"CureVac 公司的情况是，这家公司从 CEPI 获得超过 2000 万美元的资金用来开发一款 mRNA 疫苗，而"获取义务"未经任何解释说明便从合同中被删除了。"这事儿令人费解，"公共市民组织（Public Citizen）的扎因·里兹维（Zain Rizvi）告诉《国家》(*The Nation*)杂志，"CEPI 帮助推动了 CureVac 的疫苗研制工作，但似乎也放弃了其在世界范围内扩大疫苗生产的优势。"

"获取义务"在 CureVac 合同中删除一事，让人们忆起这一被写入 CEPI 与合作药企的原始合同中的条款所经历的遭遇。2017 年，在达沃斯举行的 CEPI 启动仪式上，该机构的倡议做了很多定价方面的承诺，保证使合作公司担负起维护社会价值和实现本倡议使命方面的责任。在媒体的聚光灯熄灭后，这些公司认为刚刚的话说得太过了。CEPI 出于职责所在，话说得极其浅显、直白，如一碗薄粥般无须太多咀嚼，因为容易消化。

盖茨为了掩盖他对垄断的支持而在合同上使用"波将金村"式的弄虚作假手法，这就提出了一个问题：谁的利益得到了满足，又是如何做到的？产业界十分明白，人们更关注这些关于"获取"的誓言是否存在，而不是它的细枝末节。只要产业界以及这些组织鼓吹这些誓言的存在，它们就足够为一个产业带来预期的干预效果，否则这个产业在面对呼吁用更加彻底的改革来解决最初让"获取"誓言成为必要的系统性失败时，将哑口无言。

盖茨慈善事业的这方面在 2020 年 4 月举行的获取 COVID-19 工具加速计划启动仪式上有所表现，该计划有许多"创始合作伙伴"来自产业界。IFPMA 总干事托马斯·库埃尼称赞此举措是"具有里程碑意义的全球合作伙伴关系"——他在未来几星期，甚至几个月内会多次这样说——正好让建设其他框架体系的考虑变得没有必要。此事成为辉瑞公司首席执行官阿尔伯特·布拉在 IFPMA 媒体活动中的唯一挡箭牌，他可以借此挥手拒绝回答那些关于知识产权的问题，并说："产业界已经在做所有正确的事了。我们已经有行动的平台了。"

如果盖茨用了他的影响力来支持汇聚研究、暂停知识产权并组织全球技术转让的话，那么他这几十年对知识垄断的投入就会中断了，这种投入可追溯至他青少年时代意图报复而参与反对 20 世纪 70 年代计算机编程开源文化的运动。20 世纪八九十年代，一种对知识产权的新应用——版权应用于计算机代码——使得盖茨自 1995 年往后的 20 年间的大部分时间都是世界上最富有的人。1995 年，也就是 TRIPS 协定生效的那一年，就在包括微软公司在内的产业界联盟进行了一场昂贵的游说运动之后。4 年后，盖茨腰缠万贯，并成功进入公共卫生领域，这恰是 TRIPS 协定的产业联盟里他的合作伙伴们遭到全球运动的围攻而苦苦挣扎的时候，这场运动意欲打破他们对救命的艾滋病药物的牢牢控制。

1999 年 5 月，盖茨正处于过渡期。虽然一心扑在为微软公司在两大洲所遭遇的反垄断诉讼做辩护，但再过几个月他就不再是公司首席执行官了。因他的商业声誉遭受到来自美国和欧洲监管部门的高调损毁，他开始了他人生的第二阶段。2000 年，他将两支小规模的基金会并入比尔及梅琳达·盖茨基金会，他在全球发展与公共卫生领域的地位开始上升，并最终攀上本不太可能达到的权力制高点。

盖茨在这一领域的首次亮相是在 1999 年 5 月召开的世界卫生大会上。大型药企比以往任何时候都富有，但曼德拉政府所发起的诉讼也让它们遭到了比从前要多的仇恨，且更易受到攻击。尽管有价值 10 亿美元的公共事务机器和一个全面运转的"回音室"，制药企业正在流失其合理性，看上去已无力伪装出一副可靠人性的面孔。从所有非金融标准来衡量,这是个陷入困境的产业。套用比尔·盖茨将来的一部纪录片片名,你可以说这个产业正等待拯救它的超人出现。[①]

在美国驻日内瓦大使于 1999 年春天就 TRIPS 协定的未来图景拉响警报之时,盖茨正准备以初始资金 7.5 亿美元启动 GAVI。在喧嚷的 WHO 大会上,盖茨亿万富翁的身份没有什么价值,当他的慈善机构——当时仍称作威廉·H. 盖茨基金会(William H. Gates Foundation)的官员开始分发一本光面小册子,鼓吹知识产权在驱动制药创新上发挥的作用时,这样的身份反倒引起众人惊恐。詹姆斯·洛夫记得自己看见盖茨的员工和美国前贸易官员、现任 IFPMA 干事的哈维·贝尔一起分发这个宣传册。

"这是本精致的全彩小册子,介绍为什么专利不会给'获取'造成问题,底部附有盖茨基金会的徽标,"洛夫说,"这有点儿奇怪。我想:'好吧,我猜他现在就干这个。'回想起来,那时正值药企和盖茨的联合体在知识产权问题上设立标杆之时。这个联合体颇为激进地改变了公民社会一方的辩论动态和思想观念,对峙双方变成了'盖茨对无国界医生组织'而不是'药企对无国界医生组织'。自此之后,一切关于知识产权的辩论,他都要探听。"

在 1999 年世界卫生大会之后,围绕艾滋病所展开的辩论进入新的阶段。产业界试图向非洲国家提供价格折扣以平息反对的声音,并挽回自己的声誉。它提出的折中价格依旧高得令人咂舌,但即使这种在批评家眼中带有侮辱性的和平提议,对辉瑞而言已是做了极大让步,以致它愤而退出了产业同盟以示抗议。与新冠疫情头几个月里的情形一样,舆论越是向不利于药物公司的一方倾斜,且个中

[①] 2010 年,盖茨基金会为一部主张美国公立教育私有化的纪录片提供资金,片名为《等待超人》(Waiting for Superman)。——作者注

利害越是明了，就越是可能积聚早该发生的、在系统层面上打破现状的势头。

"辉瑞公司的举动开始成功地施加压力，呼唤一个结构性的、更加明确的解决方案，一直到 21 世纪初，"经验丰富的艾滋病毒 / 艾滋病活动家和全球获取计划倡议团体"健康差距"（Health GAP）的干事阿西娅·罗素（Asia Russell）说，"这一举动重心明确，就在它开始起作用的时候，盖茨和药企那里出现了新版的产业界叙述。新版的叙述仍旧是在说，任何干扰产业界利润的做法都将会破坏研发，但破坏的动力与从前不同。相同的专栏评论和论点不仅仅出自产业界之手，也来自以盖茨基金会形式出现的慈善界。"

盖茨基金会和 GAVI 的兴起很快改变了人们对这场冲突及其解决方案的看法，无国界医生组织的政策顾问马丁说："在药物公司可以只提供资金给盖茨的机构的时候，它就扩散了非殖民化全球卫生的真正问题。"

在产业界和盖茨之间出现第三方力量一直都是个幻想。在药物公司放弃了它们对曼德拉和南非政府的诉讼之后，在联合国内建立了一个自愿的艾滋病专利池之后，盖茨仍感到不满。美国东北大学的法学教授、"健康差距"团体的高级政策分析师布鲁克·贝克（Brook Baker）记得盖茨对国际药品采购机制药品专利池（UNITAID Medicines Patent Pool）所表现出的冷淡态度，该专利池是自愿专利池的先驱，被很多人看作可供 2020 年 5 月提议的 WHO 的 C-TAP 计划效仿的成功典范。他说："起初，盖茨不仅不支持甚至是反对艾滋病药品专利池。他同样反对放宽产业界对其技术的铁腕控制，新冠疫情的应对措施中可见他的这种反对思想，但因其本人巨大的影响力而得到支持。"

2020年10月15日，南非和印度向TRIPS理事会提出一项动议，要求暂停对包括疫苗在内的新冠肺炎技术形成障碍的所有知识产权保护，这勉强算得上是一次严格意义上的团结。由最富有的国家组成阵营，炮制药物公司所用的花招，拿出盖茨的COVAX计划作为借口，断然拒绝这项要求。对此，南非强烈要求把COVAX在局部地区的贡献与一个没有知识产权制度的世界做比较，而不是与一个没有COVAX的世界做比较，正是因为最初这个知识产权制度的存在才致使COVAX计划成为必要。2021年2月末，在TRIPS理事会内分发的一份声明中，南非代表放弃专利权的阵营发声，并请求反对放弃专利权的代表团要认识到：

> COVAX计划实际能给予的，与发展中国家以及最不发达国家的需求之间存在相当大的差距。与任何捐献国在这个问题上所掷入金额的多少无关，捐赠和慈善权宜之计的模式不能弥合COVAX计划所支持的垄断模式，与发展中国家以及最不发达国家想要自己生产疫苗的恳切愿望之间的完全脱轨。慈善买不来平等。造成人为的疫苗短缺的主要原因是知识产权的不当使用。不能任由这种情况继续下去。

至2021年2月南非发表上述声明之时，75%的现有疫苗已完成接种，而接种的国家只有10个。与这接种的1.3亿剂次疫苗形成反差的是，接近130个国家的25亿人尚未接种过1剂疫苗。结果证明，COVAX计划零星的捐赠不值一提。在某些情况下，这些捐赠不过是几打疫苗针剂，够一座总统官邸里全部人员的需求罢了。COVAX设定的20%的目标根本不够，看上去也遥不可及。在晨间，各国首相和各个药企主管们继续表示口头上的支持，只是为了下午继续签订双边交易。欧洲委员会已经绕开COVAX计划而直接启动由欧盟管理的区域采购池计划。

公众对放弃专利权之争以及知识产权问题的关注日益增强并蔓延开来，即使盖茨强大的媒体运作也无法阻止。这一关注很快引向盖茨本人，各种问题向他袭来，引得这位老牌微软垄断资本家，此时披着远见卓识和人道主义的昂贵外衣的疫苗垄断资本家做出回应。

新冠疫情揭露了盖茨数十亿美元洗白声誉的操作之关键的神话编造。他插手干预新冠肺炎的应对举措不仅失败了，更揭示了他对药品和疫苗的"获取与公平"之承诺的空洞。被问及其组织所述目标和其思想上对不可侵犯的私有的知识垄断的支持之间的矛盾，他表现得像个年幼皇帝，一下子就恼羞成怒。这样的盖茨，对任何记得他第一份事业的人来说，都是有些许熟悉的。

采访一个接着一个，盖茨不理会在这一问题上批评他的人——他们现在代表了"全球南方"的大多数人的意见——就像惯坏了的孩子非要在晚饭前吃冰激凌似的。"这是全球卫生事务中发生的典型情况，突然地，拥护者们想要不花一分钱便能立马拿到（疫苗）。"他在2021年1月下旬告诉路透社。当2月份《快公司》(*Fast Company*)的一名记者提出人们日益担忧知识产权壁垒的问题时，她称盖茨"轻微提高了嗓门，沮丧地笑了笑"，然后失去了控制，愤怒地说："此时提到这个问题让人恼火。这和知识产权无关。"有时，盖茨对这个问题不予理会，而是借用一些把受到国家保护的公共资助的垄断等同于"自由市场"的评论来作答。在《纽约时报》记者提出这个问题后，盖茨回复说："就我们所知，朝鲜没有那么多疫苗。"《纽约时报》记者很可能指出朝鲜没有在疫苗研发上花费太多，但是那些投入很多的国家已经在公共非营利研究的环境下生产了全球大部分的疫苗。

在这个问题上盖茨被逼迫得越紧，他的反应就越是专横傲慢，揭示了他所吹嘘夸耀的自己对公共卫生议题的完全掌控绝非只是妄想，而是为达目的所进行的操纵。2021年4月《天空新闻》（Sky News）的一名记者询问盖茨是否认为取消知识产权对疫苗的限制"将会有帮助"，他生气地说："没有。世界上仅有这么多疫苗生产工厂，且人们对待疫苗安全问题是非常严肃的。"这个回答的前后貌似都有道理。从加拿大到孟加拉国，闲置工厂的工厂主们已经尝试过与疫苗公司签署许可协议，但都失败了。于是，一些国家出现了许多空闲产能，并可能已经又有所增加。这些国家中有很多已经在生产疫苗，就是盖茨所影射的已经超过发展中国家安全生产的薪酬等级的疫苗。这样的批评指责不仅极端傲慢，而且与事实不符——这一点盖茨很清楚——据《全球疫苗市场报告》（Global Vaccine Market Report）所载，WHO批准的161款疫苗中，近半数（占世界疫苗供应总量的70%）是在印度、巴西、古巴、泰国、塞内加尔和印度尼西亚等发展中国家制造的。这些疫苗和新冠肺炎疫苗之间的差异与这些国家的生产线质量全然无关，而是与专利、商业秘密和独有的技术诀窍紧密相关。

2021年5月，拜登政府声明，在某种紧急情况下将同意放弃知识产权，TRIPS理事会内部的僵持局面就此被打破。在随后发生的对政治立场的重新定位中，比尔及梅琳达·盖茨基金会由首席执行官马克·苏兹曼（Mark Suzman）发表一条简短的声明称："不应该有任何壁垒，包括知识产权在内，阻碍疫苗的公平获取，因此，在疫情期间我们支持局部范围放弃知识产权。"

如下一章节将要讨论的，"局部范围"放弃知识产权将不会有太大效果，甚至可能比什么都没有更糟，因为它不利于呼吁和强制技术转让机制相配的包括商业秘密和检测数据在内的知识产权的普遍放弃。苏兹曼曾提醒,盖茨基金会"自 2020 年 1 月起就在紧急部署"组织全球疫苗供应的生产和流通,但该组织竟花了那么长时间才承认知识产权根本就是一道"壁垒"的事实,给这则提醒蒙上了一层阴影。

在那则声明之前,盖茨最接近于承认知识产权和供应危机之间关系的一次是在 1 月份接受南非的《邮政卫报》(*Mail & Guardian*)的采访期间。当被问及发生在 WTO 的知识产权辩论日益增多时,他回应道:"这时候,即使改变规则,也不会获得更多的疫苗。"

盖茨使用"这时候"是在暗示,在辩论的关键时刻,他缺乏左右其结果的能力,说得仿佛 2020 年的冬天和 2021 年的春天他一直生活在南太平洋的一座环岛上。如果盖茨指望读者对他在疫情早期为夺取权力而施展的阴谋诡计一无所知的话,那他确能如愿以偿。那时候,大部分普通民众有比关注晦涩费解的知识产权辩论更紧迫的事情要做。知道这些辩论的人当中,很可能大部分人都认为自己没有资格发表意见。毕竟他们算谁啊,怎么能质疑多年来被认为是房间里智商最高的那个人?

盖茨拒绝考虑一场供应危机的可能性,拒绝相信那些详细预言危机的人,结果被打脸。如果有任何声音表现出预言的意味的话,它们首先来自呼吁"人民的疫苗"的 140 位政界和公共卫生领域的领袖。

"不记得过往的人注定要重蹈覆辙,"他们在 2020 年 5 月发表的一封公开信中写道,"鉴于这样的教训,我们要求制订一份全球协议,保证在世界范围内强制共享一切与新冠肺炎相关的知识、数据和技术,建立新冠肺炎的许可池,无偿地供所有国家使用,(并)制订一个全球性的公平而快速地生产与分配的方案……必须立即采取行动,在全世界范围内大规模建设产能,以生产数十亿剂疫苗,同时征募和培训接种疫苗工作所需的数百万有偿且受到保护的卫生工作者。"

　　这是盖茨在疫情暴发最初几个月的关键期竭力想要扼杀的方案。当他计划的失败变得不容忽视，众人的目光聚集到自己身上的时候，人们看到的不是《走进比尔》中那个肩负重任、不辞辛劳的另类天才，而是微软反垄断案听证会上为所欲为、自恃无所不知的垄断资本家。原来，他一直以来都在这里，在众目睽睽之下做着同样的事情。

第十四章
黑匣子里的冠上宝石
商业秘密和谎言

2020年9月的最后几日里，全球因新冠肺炎死亡的人数已达到100万。这个令人震惊的、具有"里程碑"意义的统计数字让人警醒，但终归是空洞的，一连串的数字"0"无法衡量孤零零地死于不治之症的那份凄凉和苦楚。这些死去的人在生命最后的日子里一个人煎熬着，在混乱无序、拥挤不堪的医院里被插着管子，或是在临时搭建的隔离病房中困难地喘息……情状之悲惨，不可言喻。

对于未来将会有数万人死亡的恐惧笼罩着最富有的国家，它们竞相争抢疫苗的供应。随着疫情暴发后的第二个冬季即将来临，富裕国家以高达30美元/剂次的市场价向莫德纳公司下了大量的疫苗预订单。英国和加拿大在设法获得足够其人口需求的疫苗量后，仍然继续购进，不断扩充已经过剩的库存。

与此同时，COVAX会来拯救其他人的承诺，践行得并不顺利。其声称为20%最贫困人口提供补贴疫苗的目标被推迟了一年，也可能两年——没人能说得准。可就在COVAX没能兑现其有限的承诺的时候，它却成功地帮助疫苗公司和赞助它们的政府，转移了日益高涨的要求将制作效力最佳的疫苗所需的科学和技术摆脱垄断控制的呼声。在C-TAP计划确定之后，COVAX和盖茨率先为产业界出面干预。2020年10月2日，它们成为阻碍TRIPS理事会内部一项提议的武器，该提议提出在疫情期间放弃新冠肺炎相关产品的知识产权。

该弃权提议简洁明了，没有寻求在特定技术上使用理事会晦涩难懂的强制性许可规则，而是要求全面放弃知识产权，让所有国家从"预防、控制和治疗"新冠肺炎相关产品的"大部分类别的知识产权的实施、运用或强制执行"的法律义务中解放出来。它覆盖所有形式的知识产权——专利、商业秘密、版权、数据——直到"疫苗接种在全球范围内普及，世界上大部分人口获得免疫力"。

该提议利用历史上的一次强大指控将新冠肺炎和非洲艾滋病危机关联起来，给陷入僵局的知识产权辩论注入活力。20世纪90年代末，南非和印度打败了七国集团支持的制药产业，在撒哈拉以南的非洲和世界上其他贫穷地区引进便宜的且不受专利限制的联合疗法。在面向TRIPS理事会会议的开场陈述中，南非确保对它的代表团同伴们而言，这场艾滋病危机所代表的象征意义仍在。

"这样的事情之前就发生过，"南非代表克索莱尔瓦·姆伦比-彼得（Xolelwa Mlumbi-Peter）说，"在艾滋病毒危机最严重的时候，治疗它的（组合疗法）的定价简直太高了，对很多发展中国家而言是超出支付能力范围的。由于富裕国家的艾滋病死亡率骤降，发展中国家的感染者就被弃之不理、任凭其死去。我们的国家领导人发誓，这种情况绝不会再发生。"

放弃知识产权的反对派沿着一条南北轴线产生分歧，这条轴线表明各国对20世纪90年代的教训的领悟是参差不齐的。① 美国、英国、加拿大、日本和欧盟国家反对的理由是：目前全球的自愿机制已经足够了（双边许可，COVAX）。在这些机制出现不足的地方，富

---

① 该提议原始的共同发起人包括62个发展中国家，由TRIPS理事会中的非洲国家集团（Africa Group）、最不发达国家集团（The Least Developed Country Group）、玻利维亚、斐济、印度尼西亚、巴基斯坦、蒙古国、瓦努阿图和委内瑞拉组成，至2021年夏季时，又得到了另外100个国家的支持。——作者注

裕国家则援引在多哈谈判上正式通过的"灵活性"作为在协定允许的范围内已经存在的、可利用的备选方案。

同意放弃知识产权的国家对这样的反对并不讶异,并采用一系列详尽的反驳声明回应每一处反对。来到2021年春天,对立双方表演了一场"歌舞伎",向对方解释各自都十分清楚的局面:多哈谈判通过的强制性许可的修订意图并不是要解决疫情期间高度复杂的疫苗短缺困境。与美国法律中公共利益的触发点相似,这些修订的意图在于安抚批评者,并作为理论被欣赏、被赞美,但是从不被部署实施。

在2001年多哈谈判上正式通过的修订内容的重中之重,即"灵活性"——颁发强制性许可的权利——允许各国在突发公共卫生和国家安全事件的情况下,制造或者外包原本受到知识产权保护的药物。修订的第一个版本是藏着巨大漏洞的第31条,该条款仅保护颁发强制许可的国家。既然大多数国家没有能力生产药物,需要交给第三方处理,那么第31条中又追加了保障第三方合约权益的条款,即有了"第31条修订"(31bis)。

起初,发展中国家为2003年通过"第31条修订"而欢呼,就算这并不意味着完全从TRIPS协定的桎梏中解脱,看上去也是在"不考虑贫穷国家的社会后果的情况下,大大击退了无休止地加强私有知识产权的进攻"之后收复了一些失地,全球医药获取运动的活动家和学者埃伦特·霍恩(Ellen't Hoen)如是说。

然而,这些强制出口许可的修订条款在19年中只使用过一次。2007年,卢旺达援引第31条和"第31条修订"与一家加拿大公司签署了出口治疗艾滋病的联合专利药物"翠艾尔"①(TriAvir)的合约。

---

① "翠艾尔"为音译,本药物商品名在我国暂无标准译名。——编者注

这家非专利药公司奥贝泰克（Apotex）很快生产了该药，成本为19美分/粒，但两票货各自在一间多伦多的仓库里落了一年的灰尘，等待TRIPS理事会拟定相关法律细节。

至于为什么延期交货，以及为什么强制出口许可从未使用过，得从TRIPS协定的文本说起。第31条及"第31条修订"含有大量的规定要求、例外情况和注释星号，像是一座法律和流程的迷宫，让一个本已经充满政治和经济风险的法案越发错综复杂。"为非专利药的进出口设置条件的第19款和第100条子款条文让'灵活性'变得不切实际，甚至毫无意义，"K. M. 戈帕库玛说，"对于没有能力在本国内生产合规药品的国家来说，往往没有必要对它们施加压力。"

当需要施加压力去阻止一个国家侵犯药物的专利时，即使此药的定价超出患病和垂死之人的财力范围，压力依然会通过这个官方记录之外的"外交黑牢"《与贸易有关的知识产权协定》增订版（简称TRIPS Plus）来施压，毫无怜悯之心。这正是多哈谈判产生的"灵活性"在真实世界的遭遇，在远离WTO总部的城堡领地后，终究是不那么灵活的。

TRIPS协定一直被认为是一道底线，用WTO的话术说，这是一份"最低标准"的协定，为知识产权的执行设定了底线，如承认药物专利的标准期限为20年。除了这些基础规定之外，它就是一个"露天"条约，其实施的前景受到那些设法执行这些条款的国家的霸权和想象力的制约。因实际情况和涉及国家的不同，TRIPS Plus条款的细节也有所差异，但通常是在达成地区和双边贸易协议的非正式会谈的小屋里、常规外交的持续谈话中以及与国际机构和发展机构的谈判中得以确定。致使多哈谈判的"灵活性"注定沦为一件"装饰品"的是TRIPS Plus条款非正式的现实，而不是TRIPS

协定本身的法律措辞。"当泰国和其他国家开始借用 21 世纪初多哈修订之'灵活性'中的公共卫生条款时，它们立马遭遇了来自华盛顿和布鲁塞尔的强烈反对，"戈帕库玛说，"药物公司及它们的政府总是使用政治施压、威胁和其他法律工具来确保'灵活性'只停留在理论层面。"

这种遵守 TRIPS Plus 条款的压力不是什么秘密，即便相关细节通常不被报道，也不公开。典型的例子有，2016 年哥伦比亚扬言要颁发诺华持有专利的一款治疗白血病的药物的强制许可。作为回应，这家瑞士公司先是威胁其驻哥伦比亚大使馆，扬言要通过 WTO 进行报复；接着，它们争取到美国驻波哥大大使馆的帮助，启用了 TRIPS Plus 条款程序向哥伦比亚卫生部部长发出警告称，粗暴无礼地对待诺华公司的专利——尽管此举在 TRIPS 协定的第 31 条下是合法的——将危及在即将举行的与哥伦比亚革命武装力量（FARC）的谈判中美国给予哥伦比亚政府的支持。

美国贸易代表办公室（Office of the U.S. Trade Representa-tive）发布了一份年度《特别 301 报告》(*Special 301 Report*)，与欧盟效仿的年度报告一样，通过发布一张"淘气或乖巧"的分等级"观察名单"来把各国禁锢在 TRIPS Plus 条款的思维模式中。依据创立 301 审查程序的法令，美国贸易代表办公室必须为连续两年出现在"重点"名单上的国家制定出惩罚性"行动方案"。2021 年的《特别 301 报告》[①]上列出了 32 个需要关注的国家。

这些报告也起到了窗口的作用，通过它可以窥见华盛顿和布鲁塞尔是如何理解 TRIPS Plus 条款的适用范围和趋势线的。近些年，

[①] 据新华社记者报道，301 调查报告不实。有专家认为该报告体现了美国强烈的单边主义思维。——编者注

由美国和欧盟发布的这些报告关注的焦点都是围绕商业秘密和专利数据，这两种形式的知识产权是 WTO 内放弃知识产权之争的核心。虽然在日内瓦放弃知识产权的提议中提到了商业秘密和专利数据，但要理解这两个类别的知识产权及其重要性的起始地不是日内瓦，而是一家新近有名的疫苗公司 6 天后发布一则不同寻常的公告的所在地，即位于马萨诸塞州剑桥市的由鹅卵石铺就的生物技术中心。

2020 年 10 月 8 日，莫德纳突然再一次出现在新闻中。该公司宣布它将暂时放弃与美国政府合作开发的候选疫苗的专利，但未提到南非和印度在一周前所提议的放弃知识产权一事。该公司在声明中说："在当前的大环境下，这是我们应履行的特殊义务。"

从声明的语调中听出，莫德纳公司只是乐于在困难时期伸出援手；是崇高的王者典范，符合产业界统一传达的意旨，即"我们一起携手共渡难关"（We're all in this together）。如莫德纳所希望的，它因一个看上去是出于社会良知的举动而收获褒奖。不用在意其中很多专利从一开始就不是完全属于公司的——其中大多数归美国政府所有、由美国政府分享或是对其提出合法权要求——媒体放任它保持一副值得信赖的"位高任重"的姿态。用路透社的话说，莫德纳的专利誓言将允许"其他制药商利用该公司的技术来研发疫苗"。

莫德纳知道公众会得出一个错误的结论——公司不惜牺牲自己的利润来促进疫苗的生产——因为他知道公众和媒体对知识产权的认知是过时的。只有那些不明白"专利"只是知识产权的一种形式而把它当作"知识产权"的近义词的人，才会觉得单独挑出 mRNA 技术专利的誓言有意义。就 mRNA 疫苗而言，使用"专利"一词代替"知识垄断"是一种返祖的说法，让这个概念更加模糊，与把你口袋里的"超级计算机"称作"手机"是一样的道理。

几个世纪以来,"专利"象征着一定期限内的社会契约,其中包含利用社会获得的知识来换取一定期限内的垄断特权。由于包含了发明的细节,这样的契约相当于一张有担保的票据。在垄断到期后,政府就会取消发明使用的限制,从而使知识得到传播。不是发明的一部分,也不是其中的一个部件,而是专利中所包含的发明的全部。

随着技术发明越发复杂,专利也需要更加详细的组装说明。1880年以前,美国专利和商标局规定,专利申请要提供发明的缩略三维模型,还要配上详细的说明、蓝图和示意图以确保政府部门能够掌握供"熟悉此项技术的"人拷贝该项发明所需的一切资料。

在2022年,这些要求完全和1849年年轻的亚伯拉罕·林肯为申请专利提交的河船浮力装置微缩模型一样奇怪。

这些要求之所以奇怪,不仅仅是时间的缘故。专利及其曾经象征的社会契约之所以落伍是因为它使一些人受益于拆毁为了社会利益而要求知识传播的宪法轨道。它们被有意地替换轨道,以拖延知识的运用——尽可能长时间地,甚至且特别是被"熟悉此项技术的"人所拖延。制药界清楚这个变化背后的意图。知识产权有一个大的门类被称作未披露信息,其中又包含着技术诀窍、商业秘密和数据的子类,新药常常被归为此门类而被无限期地拖延。

与公共专利档案中披露的信息相对,被称为"未披露信息"的知识依旧属于私有范畴,具有受法律保护的保密权;除非联邦警察突袭,否则很少有什么手段可以迫使公司交出这些知识。放弃知识产权之争以及随后发生的事情,将关注的焦点从专利转向知识产权这只"黑匣子"。

进入20世纪70年代,专利仍旧是装有发明相关知识的主要容器。在美国以知识为基础的产业发展出80年代及以后的世界,并有了一个图景的时候，出现了重新评估：削弱77国集团的力量，把世界封锁在一个全球知识产权制度里，用外国"海盗"政府的恐怖故事升级冷战的剧本。始于芝加哥，旨在构建新的知识产权叙述和法律范式的计划的中坚力量是药物公司。在由制药产业资助的智库和合法诊所里，作为升级和保护知识产权形式之一的商业秘密的想法受到支持，获得了资金和人力的注入。由此形成的宣传材料被编入游说稿本，其中的内容在声援《贝多法案》以及早年在乌拉圭争取类似TRIPS的协定时就已经用过：美国在欧洲和亚洲的竞争对手，其中一些是"海盗"国家，它们窃取知识的行为亟须对有关知识产权的法律和规范做出修改，以保护该国的"竞争力"。

1979年颁布的《统一商业秘密法》被确立为美国的国家标准，以取代各州不同的普通法传统。此前，很多州都把商业秘密界定为"商业运作中一直能用得到的"信息情报。《统一商业秘密法》将商业秘密的法律定义拓宽到索赔人拥有的任何信息，无论其使用情况如何。这可以指"一个配方、一幅图案、一套汇编资料、一件程序装置、一个方法、一项技术或者一套工艺流程，只要该信息满足两方面要求：一是其因未被普及可获得独立的实际或潜在的经济价值；二是其可作为在维持其保密性的情况下采取的合理措施的客体"。

换句话说，所有信息都可以成为商业秘密。在医学背景下，这一规定让通过控股收购所得的全部研究成果都成了商业秘密。曾经利用政府拨款所进行的每一项研究中的每一个文件夹和每一个数据点都是商业秘密。关于生产专利药物的最佳方式的知识，此时是与可口可乐珍贵古老的保密配方不分伯仲的商业秘密。

1985年，一系列修正提案使该法律更加严格，并扩大了损害赔偿和刑事诉讼的范围。1996年《经济间谍法》（Economic Espionage

Act）使这一法律逻辑得到延伸，将窃取或者"误用"商业秘密的行为从原本的民事问题上升为触犯联邦法的罪行。尽管该法案的名称令人联想起1917年的《间谍法》（Espionage Act），但它不仅限于对别国政府有益的行为，更是将美国国内窃取商业信息（包括与医药相关的信息）的行为提高到了以前为国防机密信息保留的水平，允许处以最高500万美元的罚款和最多10年的监禁。该法生效1年后，美国律师起诉一名美籍华裔詹姆斯·许（James Hsu），指控他企图以贿赂一名百时美施贵宝公司员工的手段，非法获取生产抗癌药泰素（Taxol，通用名为"紫杉醇"）相关的专利信息。他被控多项共谋罪和盗窃商业秘密未遂罪，被处以两年缓刑和一笔罚金。①

《经济间谍法》在一种新的知识产权范式周围部署了一圈"剃刀线网"。用这一范式的缔造者之一卡尔·F. 约尔达（Karl F. Jorda）的话说，商业秘密已成为"公司王冠上的宝石"，而专利仅仅是"漂浮在商业秘密的汪洋中的冰山一角"。约尔达长期担任瑞士汽巴－嘉基公司（Ciba Geigy）知识产权方面的首席顾问，该公司于1996年与山德士（Sandoz）公司合并成立了诺华公司。约尔达是一位关键人物，他把20世纪中期专利律师口衔雪茄的时代与他们的后裔所处的

---

① 美国境内首起针对盗窃知识产权的刑事诉讼比这部诞生于1996年的法律还要早6年。案件涉及一名南佛罗里达大学化学系研究生彼得·塔博尔斯基（Petr Táborský），他当时是一名捷克斯洛伐克公民，作为研究助理参与该公立大学和当地一家电力公司佛罗里达前进公司（Florida Progress Corporation）的合作项目。该项目旨在找到一种方法去除废水中的氨，取得专利，然后许可用于制造猫砂。在该项目最终失败后，塔博尔斯基回到他的私人实验室，把该问题作为他论文课题的一部分继续研究。在他取得突破性进展后，南佛罗里达大学管理部门和佛罗里达前进公司提出所有权要求。塔博尔斯基拒绝转交自己的研究成果，校方则控告他窃取商业秘密，佛罗里达州一家法院判他1年软禁，缓期15年执行。在塔博尔斯基得到美国专利局授予的该发明专利后，校方再度提出多项刑事指控，这些指控把这名交换生送进了一所最高安防级别的监狱，在监狱的废物管理厂内，他被用铁链和其他囚犯拴在一起劳作。2年有余的时间里，校方在该案件上花费33万美元，是联邦政府同意为其与佛罗里达前进公司的合作项目提供的拨款金额的10倍。——作者注

信息时代衔接了起来，后者更加认同自己是"竞争情报"的专家而非律师，是工业间谍的双重游戏中正直的好人。他们的工作不是保护有效期20年的专利，而是实现约尔达所说的"协同整合专利和商业秘密，以获得无可辩驳的专有权"。[1] 20世纪90年代末，在汽巴-嘉基公司待了大约25年后，约尔达在时为富兰克林·皮尔斯法律中心（Franklin Pierce Law Center），现为新罕布什尔大学富兰克林·皮尔斯法学院的创新和创业法律中心（Center for the Law of Innovation and Entrepreneurship）担任主管，该中心由产业界资助，是"未披露信息"时代知识产权策略与管理的创新理论的孵化器。

约尔达所说的"无可辩驳的专有权"是指无限期。与专利不同，对"未披露信息"的所有权要求没有期限约束。这不止一次，而是两次使原始的专利协议无效。这使得发明的关键知识不能进入公有领域，这样一来，反而不合常理地延长了它对市场的控制。公司没有给社会提供有意义的担保来换取暂时的垄断，而是移交出了它们本无意全面公开的技术中的部分内容——一些意在使人感到挫败、混乱和无法理解的内容片段，所提供的知识对于真正意义上实现这项发明是必要的，却不够充分。

至比尔·克林顿签署《经济间谍法》之时，这样的背叛已不只是美国的问题了。与20世纪90年代中期的很多其他事物一样，商业秘密制度行将遍及全球。

1993年，美国在《北美自由贸易协议》（North American Free Trade Agreement）的知识产权款项中插入美国国内商业秘密法律的

---

[1] 约尔达2007年入选了"知识产权名人堂"（Intellectual Property Hall of Fame），那场典礼的主持人称赞他"对知识产权的法律和实践做出了杰出贡献，从而帮助确立知识产权是21世纪关键商业资产之一"。——作者注

内容。第二年,《建立世界贸易组织的马拉喀什协议》(Marrakesh Agreement Establishing the World Trade Organization)中,知识产权条款看上去几乎是完整的。TRIPS 协定第 39 条第 7 款保证给予"未披露知识",即任何"未被普遍知晓"但"因为是秘密而具有商业价值"的东西以保护。

TRIPS 协定没有列出任何关于公共卫生或国家突发状况可作为强制披露这样的信息的例外情况。多哈谈判产生的见于第 31 条中的"灵活性",并没有拓展至第 39 条。

两条条例之间的分歧所造成的难题,因新冠肺炎而呈现了出来:在 TRIPS 协定的语境下,强制披露商业秘密以生产疫苗将需要什么样的权力格局? 鉴于强制许可所发生的情况,甚至很难想象任何一种情况下,这样的尝试都不会使第 31 条这个布设诱饵的恐怖迷宫看起来像在周日午后合唱灵歌"康巴亚"(Kumbaya)。放弃包括未披露信息在内的知识产权将会使北南之间就技术转让和知识产权问题的不休争论进入未知领域。

就美国的情形而言,采取此种做法的先例很少。联邦贸易委员会和五角大楼都会强行占有商业秘密,但目的从来不是在公共卫生突发情况下把秘密提供给外国公司。对于除联邦突袭查抄之外的任何形式的权威,药物公司一概抵制,它们大概率会起诉政府,并故意拖延时间,以示抗议。这将有效削弱任何足以帮助各国生产 mRNA 疫苗等复杂新药的豁免。有了商业秘密这个幌子,药物和生物技术公司就能保住自己的技术设计和规格、工艺过程和质量控制程序、最佳生产方法、指导手册和试验数据。从事知识产权的理论研究并为《财富》500 强企业提供相关咨询的罗伯特·舍伍德(Robert Sherwood)称商业秘密是"技术转让的役马"。没有它们,你还不如用专利证书来叠纸飞机。

这一切都解释了为什么在拜登政府宣布将支持放弃知识产权的一周后，莫德纳公司的首席执行官斯特凡内·班塞尔（Stéphane Bancel）告诉华尔街分析师，他"没有因为这则消息而睡不着"。①这也同样解释了为什么6个月前，班塞尔还一直愿意放弃一些专利执行以换取一个有利的新闻周期。在几乎只有国家核武器计划才享有的法律保护级别下，这些"王冠上的宝石"在别处得到了可靠稳妥的保管。

当然，产业界对于事态的转变并不全然乐观。拜登政府的声明导致业界股价下跌，而业界也从未丢弃其围绕知识产权问题的传统红线。先例是危险的，可能会带来不可预测的后果。围绕先例展开的对话也是如此，效仿先例的做法亦如是。美国药品研究和制造商协会（Pharmaceutical Research and Manufacturers of America）2021年第一季度用在联邦游说上的开支超过850万美元，凭着这股势头有望突破其2019年创下的3000万美元的游说开支纪录。同样，它的媒体预算也全速飙升。在拜登政府宣布放弃知识产权的前后数周内，这个行业团体在数字广告宣传上的花费超过24.5万美元，目的是向华盛顿特区的观众发出警告，"拜登有害的知识产权立场"不仅解决不了疫苗不平等的问题，还使美国人的健康遭受威胁。

托马斯·库埃尼在2020年5月C-TAP计划启动前一天的媒体活动会上传达出相似的观点。在被问及各国颁发新冠肺炎疫苗强制许可的可能性时，他露出诡秘一笑。

"对疫苗（专利）的关注恰恰表明人们缺乏了解，因为就疫苗而言，关键全在技术诀窍，"他说，"在知识产权的历史上，从来没有过

---

① 莫德纳公司报道2021年第一季度营收近20亿美元，几乎全部来自其与美国国立卫生研究院合作开发的新冠肺炎疫苗的销售所得。——作者注

有关疫苗的强制许可。因为强制许可实际上根本解决不了问题。"

他说得没错。这也正是疫情暴发早期支持汇聚研究的那拨人所提出的观点。切实有效地增加疫苗生产将需要提前规划，构建准许转让包括商业秘密在内的技术诀窍的技术转让机制。为了实现这一目标，要评估依据一个简单的 TRIPS 协定就放弃知识产权的行为的不足之处，可行的做法是，假设一个国家在新冠肺炎以及未来大流行病期间行使其在第 31 条条例下的权利，然后预演一下整个过程。

强制许可最成功之处便是将其作为威胁的筹码加以利用。当一国政府有了它所需要的生产一款非专利药的全部信息，或者知道另一个国家有这些信息的时候，理论上它可以迫使专利所有者与之进行谈判。新冠疫情的第一年，印度便用了这一招，从而获得了在本土生产非专利瑞德西韦的许可。最著名的是，这种威胁作为一个支点，与一场历史上由活动人士发起的运动一起，为发展中国家提供了治疗艾滋病的综合疗法。

然而，要使这一威胁发挥作用，必须让人确信它是能付诸实践的。若药物公司知道自己的专利被商业秘密和技术诀窍两把挂锁牢牢锁住，强制许可的威胁会被它们放心地忽略掉；或者，要是托马斯·库埃尼的话，他会带着含蓄的讥讽提醒说，有些锁是撬不开的。

想象一下，一个国家在一次公共卫生危机发生期间设法生产或者外包生产一种非专利疫苗，比方说，出现在 2021 年《特别 301 报告》"重点观察名单"中的国家之一：智利。在凝聚了政治意愿并鼓足勇气向产业界及与其结盟的大使馆的联合势力发起挑战后，智利政府向控制着专卖权的药物公司提供了一个选择机会：公司可以尝试依法质疑，或是用私人威胁来阻挠执行非专利疫苗的强制命令；公司也可以提出就达成自愿的折中方案进行谈判；或者，如果讨论中的产品受到"未披露信息"的保护,公司大可表示对强制执行非专利疫苗令的轻蔑。

如果这家公司选择第三个选项,智利科学家(或者他们的承包商)必须试着去利用所有公开的信息生产不受专利保护的疫苗。如果他们成功得到了该疫苗的一个可行配方,他们就必须对其中的每一种组分和活性成分采取同样的做法,而它们可能是不公开的——商业秘密就像俄罗斯套娃,一个套着一个。

这些科学家接下来所面临的障碍是在无法获得数百条甚至可能是数千条的商业秘密和技术诀窍的情况下,拿出一套可运作的制造方案。在商业机密盛行以前,专利是需要提供与产品的"最佳生产方法"相关的全部信息的。现在,专利所有者得到准许,只需满足低得多的生产标准;在保护期限终止之前,他们可以不透露最佳生产方法的细节。

如果智利政府成功克服上述一切不利条件,得出了与原研药分子完全一样的产品,那时他们肯定会遭遇药物知识产权的大佬——垄断体系中遏制非专利药竞争的最后一道保障。

这位大佬就跷着脚坐在这个国家的监管机构的一张桌子后面。它的名字叫作"数据"。

独享数据的权利是指对一款药品或疫苗在研究、开发和测试阶段采集的全部数据进行保密的权利。从垄断资本家的角度看,数据权有多种用途。在一场"疫苗竞赛"的早期,数据权允许研究失败或是陷入困境时阻止知识的传播,这些知识如果被公开,或许会节省竞争对手的时间。此次疫情初期,开放科学的拥护者们支持创建开放数据池也正是出于这样的原因:数据池会深化合作和知识交流,而不是形成阻碍,并通过团队之间相互汲取经验教训而加速研究进展。

对大规模疫苗人体试验来说，汇集且透明的数据产生的益处似乎是最不言而喻的。但是 WHO 计划进行的全球比较试验从未实施，原因是，在制药和生物技术领域，数据的宝贵之处在于提交给监管部门的试验结果包含了一款药物的安全性和疗效的证据。在其他一切手段都不能保住垄断权后，独有的试验数据则是最后一道防线——"未披露信息"的安全屋。

"如果原创公司拥有独享试验数据的权利，那么你的所有工作都得重头来过，"第三世界网络组织的法律顾问 K. M. 戈帕库玛说，"即使你完美无缺地复制了原创发明，且其产品没有专利保护，得到受保护数据的要求也会使监管机构转变成商业秘密的执法者。"

制药产业是建立在新药开发成本的谎言之上的，但它说临床试验昂贵，确是如此，往往只有最大的药物公司才能负担得起临床试验的费用。如果非专利药制造商能证实自己的产品几乎与原研药一样，监管者则可以依据品牌药的试验数据批准此非专利药，除非品牌公司声称这些数据是"未披露信息"而将它们隐藏起来。

各国对数据专有权的期限各不相同，但延长期限则是双边和地区贸易谈判中运用 TRIPS Plus 条款进行政治施压的一个常规议题，例如近来签署的《美国－墨西哥－加拿大协议》（United States-Mexico-Canada Agreement）。"20 世纪 90 年代，专利被认为是医药获取支持者需解决的首要难题，"曾经代表制药产业的专利律师、现在纽约大学教书的克里斯托弗·莫滕（Christopher Morten）说，"今天，这个难题是专有临床试验数据、监管排他性权利以及其他形式的非专利专有权。"

在让专利变得略逊一筹的所有形式的"未披露信息"中，数据是一种具有独特灵活性和隐蔽性的手段，即使在没有产品专利的情况下，它也能形成溯及既往的垄断。

这种怪异现象的出现是在2016年欧盟和乌克兰签署《深入和全面自由贸易区的协议》（Deep and Comprehensive Free Trade Area Agreement）之后。作为该协议的一部分，乌克兰被迫采取授予药物公司8年数据独有权的欧盟政策。乌克兰在签署该协议之时正从埃及进口一款治疗丙型肝炎的非专利药，其原研药出自吉利德公司，且价格不菲。虽然吉利德公司的这款品牌药在乌克兰并没有专利权，但公司还是起诉了乌克兰政府侵犯其试验数据，称基辅以这些数据为基础向埃及制的非专利药（化学属性上一致）授予许可。依据欧盟的这份贸易协议的条款，乌克兰不得不撤销授予这家埃及公司的许可。在吉利德公司可怕的垄断控制下，丙型肝炎患者的救命药丸价格上涨至每颗几百美元。

2021年版的《特别301报告》中没有任何内容表明，美国政府将强制要求披露商业秘密、数据或者"未披露信息"的任何其他子类。作为美国意图的信号，该报告就像一个巨大的霓虹箭头，指向的方向与实际意向正好相反。与最新的欧盟报告一样，美国的这份报告强调商业秘密保护是美国政府贸易政策中日益受到关注的领域。这是对几十个以未披露的数据为基础，批准非专利药和农用化学产品的发展中国家发来的严厉警告。《特别301报告》强调，为了促进"药品和医疗设备的创新"，需要贸易伙伴为商业秘密积极提供有效保护和强制实施。报告称，这些数据不仅仅是商业核心资产，更是涉及国家安全的议题，需要国家反情报与安全中心（National Counterintelligence and Security Center）的协助。

从美国贸易代表办公室的视角来看，阻断北南之间医学技术转让并非保护商业秘密的不幸的副产品，而是国家安全和产业战略不可分割的一部分。在《特别301报告》名为"强制技术转让、自主创新和自主知识产权优惠待遇"（Forced Technology Transfer, Indigenous Innovation, and Preferences for Indigenous IP）的章节中，政府明确表达了它对技术转让要求的不满，这些要求欺骗性地"被称为激励美国国内'自主创新'的方法"，却"置珍贵的商业秘密于公开的危险之中"。为说明问题，报告援引的例子是，印度尼西亚和印度对外国公司销售药品的权利设置前提条件，即"将技术转让给印度尼西亚的实体企业或者把药品的部分生产放在印度尼西亚进行"。这和70年前药物公司对贾瓦哈拉尔·尼赫鲁建设青霉素工厂招标条款的指责如出一辙。报告敦促这些国家重新评估并"考虑自愿且共同同意的商业伙伴关系或约定的重要性"。

新冠病毒的大流行提供了一个对垄断体系中"自愿且共同"的意义一探究竟的机会。将TRIPS协定强加于世界并坚持TRIPS Plus条款的国家，给这些词语所下的定义不同于与它们建立"商业伙伴关系或约定"的较弱势国家所下的定义。新冠肺炎疫苗经济也在提醒，往往一开始并没有伙伴关系或约定，原因是一方无法承担垄断价格或者是垄断者认为一些市场不值得他们投入时间、精力和专有技术。当彭博社记者问为什么拜耳公司没有许可其癌症药物多吉美（Nexavar）在印度生产时，拜耳公司的首席执行官马尔金·戴克斯（Marijn Dekkers）说："说实话，我们不是为印度市场开发这个产品，我们的这款药是为西方国家能买得起它的病人开发的。"

新冠肺炎推动了药物垄断、知识产权和技术转让的相关议题的发展，超出了《特别301报告》和制药产业的"药品故事"的范畴，更加接近关乎全球安全、卫生和正义的迫切的公共问题。可以理解药物公司对此感到的愤懑。在南非艾滋病诉讼案中，制药产业自证其罪；数十年过后，在新冠疫情期间，对垄断医药进行审判意味着制药产业要面临加倍的定罪概率。以任何一个视其药品为最卓著成就的文明的标准来看，致使药品价格高不可攀并限制相关制造知识的制度，必然且已经被裁定为失败。剩下的任务则是执行这一判决。

关于参考文献的说明

走出迷雾

医药发展的足迹往往深不可见。除了古代的石片或纸莎草上褪色的文字中首次提到治愈百病的神奇植物之外,倘若没有偶尔出土的与鸦片争夺头号药品之名的大麻化石,关于医药的记录就是一片空白。任何关于吉利德科学公司行使垄断的描述都是从笼罩在《圣经》所载的基列香膏之上的迷雾开始的。在人类 5000 年的医药记载中,知识产权不仅是咄咄逼人的外来者,而且是到了极晚期才出现的后来者。大约在首次出现无线电传输的时间点前后,专利与医药挂上了钩,在这以前,对于人类长期与死亡和疾病的殊死搏斗有着多样的演绎和叙述,但从来都不是一个商业与金融的故事。

一部引人入胜的文学巨著专门讲述了在用第一只对冲基金买下第一家药物公司之前的医药时代。Paul Devereux, *The Long Trip: A Prehistory of Psychedelia*(2007)一书探讨了医药的萨满起源。Wade Davis, *One River: Explorations and Discoveries in the Amazon Rainforest*(1996)以精湛的叙事手法再现了理查德·埃文斯·舒尔特斯(Richard Evans Schultes)于 20 世纪三四十年代在亚马孙雨林调查研究当地土生土长的药用植物和原住民传统的探险经历。亚历山大大帝征服埃及是漫长的药物发展史上的一件大事，就此给法老的尸体化学防腐和太阳神宗教的土壤上播撒下了阿拉伯科学和希腊生物学及哲学的种子。这一文明间的交融给现代医药产生的影响在 John Read, *From Alchemy to Chemistry*（1961）一书中做了梳理。尼古拉斯·埃弗雷特（Nicholas Everett）的评注版翻译著作 *The Alphabet of Galen: Pharmacy from Antiquity to the Middle Ages*（2012）展现了青铜时代晚期希腊医师盖伦对医药的形成和发展所做出的贡献。Gary B. Ferngren, *Medicine and Religion: A Historical Introduction*（2014）一书详细记载了基督教信仰是如何取代非基督教异端思想，成为人们理解苦难和治疗疾病的主要依据的。关于炼金术向理性科学发生转变以及制药行业的诞生，参见 Stuart Anderson, *Making Medicines: A Brief History of Pharmacy and Pharmaceuticals*（2005）。

早期的专利法律

20 世纪以前的医药发展史不太提及专利，原因是多个世纪以来专利对医药事务和规范的影响微乎其微。基于同样的理由，早期研究专利体系的学者们也不怎么谈论医药（至于食品垄断激起民愤是另一回事）。要了解文艺复兴时期的意大利以及中世纪的英格兰专利的目的和政治，参阅 Christ Dent, "'Generally Inconvenient': The 1624 Statute of Monopolies as Political Compromise"（2010）。关于英国普通法移植到美洲殖民地以及早期美国人对待授予新的发明以有限的市场垄断权的矛盾心理的 3 部优秀作品是：Oren Bracha, *Owning Ideas: The Intellectual Origins of American Intellectual Property, 1790–1909*（2016）；Craig Allen Nard, "Constitutionalizing Patents: From Venice to Philadelphia"

（2006）; Randolph J. May and Seth L. Cooper, "The 'Reason and Nature' of Intellectual Property: Copyright and Patent in *The Federalist Papers*"（2014）。

Lewis Hyde, *Common as Air: Revolution, Art, and Ownership*（2012）从"怀疑论者"杰斐逊和富兰克林的视角重新审视美国宪法第 1 条第 8 款。这两位人物都受到那场跨大西洋的思想启蒙运动的影响，对待知识的看法同古人一样，认为知识是人类共同的财富，并认为每一次发现都是对一项世代耕耘、不断累积的人类事业的一次贡献，不存在"唯一发明人"。这些观点与早期美国共和政体的民主精神相吻合，反对带有王室特权意味的私人所有权要求。这一反对的强烈程度在历史上绝无仅有，关于其起源，参阅经典专著 Gordon S. Wood, *The Radicalism of the American Revolution*（1991）。关于国会和法院从贸易到外交政策是如何利用"进步条款"以宪法之名、行违宪之实的评论，参见 Jeanne C. Fromer, "The Intellectual Property Clause's External Limitations"（2012）。

杰克逊翻新专利的定义，使之成了一种工具，且越发具有工业产权的特性——私有、独占、可转让以及不用承担任何社会责任，相关研究，请见 Herbert J. Hovenkamp, *Enterprise and American Law, 1836–1937*（1991），以及更加集中研究专利的文章 "The Emergence of Classical American Patent Law"（2016）。"后杰克逊时代"专利体系的使用甚至滥用，对于触发农村地区格兰其和平民主义者的激进主义运动有很大影响。关于这些运动及其所反映的社会和经济变革的精彩叙述，请参阅 Richard R. John, *Ruling Passions: Political Economy in Nineteenth-Century America*（2010）和 Lawrence Goodwyn, *The Populist Moment: A Short History of the Agrarian Revolt in America*（1978）。

19 世纪下半叶，法院对于形成知识产权相关法律和规范发挥着日益重要的作用。高级法院判决支持阻碍创新的产业专利策略并使基于专利的垄断和卡特尔免于《谢尔曼法》的制裁，于是，专利作为财产权被合法化了。专利和一个现代化的制药产业交汇的时刻正加速到来，但对医药创新实行垄断的想法在 19 世纪 50 年代胜家缝纫机专利案初审时是会被认为太过荒唐可笑的。关于胜家的案子以及联邦最高法院对形成后谢尔曼时代专利法所起的作用，参阅 George E. Frost, "The Supreme Court and Patent Abuse" (1965) 以及 Adam Mossoff, "A Stitch in Time: The Rise and Fall of the Sewing Machine Patent Thicket" (2011)。19 世纪晚些时候，对亚历山大·格拉汉姆·贝尔提出电话的"发明"所有权要求的法律质疑，将复活关于进步和发现的本质的更古老的辩论，并预示后来出现在"专利怀疑论"以及新政反托拉斯政治纲领中的观点，参阅 Christopher Beauchamp, *Invented by Law: Alexander Graham Bell and the Patent That Changed America* (2015)。

在美国人从最新的报刊头版中关注胜家和贝尔案子的进展时，欧洲各国正在争论是否要承认任何的专利。关于欧洲对知识产权概念普遍而坚决的反对，参阅 Fritz Machlup and Edith Penrose, "The Patent Controversy in the Nineteenth Century" (1950)。

"有道德的"医学界分裂

进入 20 世纪，医学界和大部分的民众把取得药品专利，无论是本义还是引申意义上，与欺骗联系在一起——这既是一场阴谋，也是对使医学成为人道且崇高职业的深厚传统的背叛。万能药小贩的欺诈行为在这个世纪出版的多部小说中有所刻画，特别是 Herman Melville, *The Confidence-Man: His Masquerade* (1857) 与 Mark Twain,

The Gilded Age（1873）。关于马克·吐温个人与万能药之间又长又复杂的关系，参阅 K. Patrick Ober, *Mark Twain and Medicine: "Any Mummery Will Cure"*（2003）。要发自肺腑地理解为什么 19 世纪那么多美国人宁愿选择万能药，也不愿找受过训练的医生看病，参阅 Wyndham Miles, "Benjamin Rush, Chemist"（1953）。

关于 19 世纪医学和药学的领导核心是如何围绕"医学道德"之思想发展自身，以及如何在鲜明而坚定地反对医药专利的基础上使自身稳固的可靠叙述，参见 Joseph M. Gabriel, *Medical Monopoly: Intellectual Property Rights and the Origins of the Modern Pharmaceutical Industry*（2014）。关于使用**"有道德的"**一词来形容 19 世纪医学的讽刺性和局限性，Harriet Washington, *Medical Apartheid: The Dark History of Medical Experimentation on Black Americans from Colonial Times to the Present*（2006）做了强有力的阐释。Jill A. Fisher, *Advers Events: Race, Inequality, and the Testing of New Pharmaceuticals*（2020）同样论述了这段历史，但更加偏重于近几十年的情况。

质疑专利禁忌神圣地位的第一人来自"有道德的"医学界内部：位于底特律的帕克-戴维斯药物公司。对此，Joseph M. Gabriel, "A Thing Patented Is a Thing Divulged: Francis E. Stewart, George S. Davis, and the Legitimization of Intellectual Property Rights in Pharmaceutical Manufacturing, 1879–1911"（2009）基于那一时期的私人记录和公司档案做了全面记述。Jonathan Liebenau, *Medical Science and Medical Industry: The Formation of the American Pharmaceutical Industry*（1987）和 Thomas Martin Reimer, "Bayer & Company in the United States: German Dyes, Drugs, and Cartels in the Progressive Era"（1996）探讨了德国的化学联合企业如何加深专利禁忌的裂纹。要了解带头抵抗德

国专利的那些街角小店中的药商们的生活以及他们的职业关注，可参见那个时代的档案 *The Druggists Circular: A Practical Journal of Pharmacy and General Business Organ for Druggists*（2018）。

"科学的医学"的兴起带来了产业内部更广泛的变革，详见 Graham Dutfield, *That High Design of Purest Gold: A Critical History of the Pharmaceutical Industry, 1880–2020*（2020）。Jonathan Liebenau, *Medical Science and Medical Industry, 1890–1929: A study of Pharmaceutical Manufacturing in Philadelphia*（1981）对"有道德的"医学的腹地做了个案研究。Alfred D. Chandler Jr., *Shaping the Industrial Century: The Remarkable Story of the Evolution of the Modern Chemical and Pharmaceutical Industries*（2005）提供了商学院看待"后道德时代"制药产业兴起的一种观点。关于那次少有人记得但为战后无节制的专利要求扫清道路的战前法院判决，请参阅 Christopher Beauchamp, "The Pure Thoughts of Judge Hand: A Historical Note on the Patenting of Nature"（2012）。

第一次世界大战后，关于医药专利的道德问题的争端通过大学得到解决，大学的管理层正在试验取得公共资金资助发明的专利，并将专利使用费的管理外包给第三方。要了解斯廷博克和维生素 D 专利的故事以及威斯康星校友研究基金会（WARF）的诞生，请参阅 Rima D. Apple, "Patenting University Research: Harry Steenbock and the Wisconsin Alumni Research Foundation"（1989）。至于胰岛素首次被多伦多大学"有道德地取得专利"，请参阅 Michael Bliss, *The Discovery of Insulin*（1982）。Nicolas Rasmussen, "The Moral Economy of the Drug Company: Medical Scientist Collaboration in Interwar America"（2004）深入研究了学术研究界在大学取得专利的时代所遭受的身份危机。

20世纪上半叶，在医学组织内，《美国医学会杂志》的编辑莫里斯·菲什拜因就是上帝的嘴替。他在30年代发表的演说和社评反映了伴随着"道德"秩序濒临崩溃时的极度痛苦、不确定性以及内部冲突，参见 AMA *Journal*, "Medical Patents"（1937）以及 *Journal of the Patent Office*, "Are Patents on Medicinal discoveries and on Foods in the Public Interest?"（1937）。关于专利禁忌的瓦解与科学家个人动机和职业诱因的关系，参阅 Robert K. Merton, *The Sociology of Science: Theoretical and Empirical Investigations*（1973）。

科学巨人和第二次世界大战

关于美国科学政策最全面的历史概述，请参阅 Michael S. Lubell, *Navigating the Maze: How Science and Technology Policies Shape America and the World*（2019）。关于第二次世界大战之前政府的公共卫生开支是多么无效且有害，请参阅 Stephen P. Strickland, *Politics, Science, and Dread Disease: A Short History of United States Medical Research Policy*（1972）。

同盟国"二战"时在"青霉素计划"上的合作是一则对后世产生复杂影响的科学探险故事，Eric Lax, *The Mold in Dr. Florey's Coat: The Story of the Penicillin Miracle*（2004）对此做了精彩讲述。鉴于随后发生的关于政府专利政策的讨论而对此"青霉素计划"进行评价的3篇文章是：Robert Bud, "Upheaval in the Moral Economy of Science? Patenting, Teamwork, and the World War II Experience of Penicillin"（2008）; Peter Neushul, "Science, Government, and the Mass Production of Penicillin"（1993）; Roswell Quinn, "Rethinking Antibiotic Research and

Development: World War II and the Penicillin Collaborative"（2013）。

"二战"后调整科学和专利政策方向的斗争围绕着范内瓦·布什和哈利·基尔戈两人展开。要审慎而全面地了解布什的生平以及在 20 世纪中叶的几十年间他像个巨人般跨立的世界，请参阅 G. Pascal Zachary, *Endless Frontier: Vannevar Bush, Engineer of the American Century*（2018）。关于布什在波士顿和华盛顿时所处环境的描写，还可参阅 Jennet Conant, *Man of the Hour: James B. Conant, Warrior Scientist*（2017）。Daniel Lee Kleinman, "Layers of Interests, Layers of Influence: Business and the Genesis of the National Science Foundation"（1994）, Daniel J. Kevles, "The National Science Foundation and the Debate over Postwar Research Policy, 1942–1945: *A Political Interpretation of Science—The Endless Frontier*"（1977）和 R. F. Maddox, "The Politics of World War II Science: Senator Harley M. Kilgore and the Legislative Origins of the National Science Foundation"（1979）论及决定了科学与专利政策争论的发展方向的政治和企业影响力，也包括取代基尔戈提出的创立国家科学基金会的立法的共和党议案。布什通过书名《科学：无尽的前沿》轻叩出深深的文化共鸣，参阅 Greg Grandin, *The End of the Myth: From the Frontier to the Border Wall in the Mind of America*（2020）。

就公益性科学和专利政策所做的代表新政思想的陈述典范，依旧是戴维·劳埃德·克里格（David Lloyd Kreeger）所编纂的 508 页的司法部报告。克里格在 1941 年至 1946 年间是瑟曼·阿诺德的特别助理，后来成为盖可保险（GEICO Insurance）的首席执行官。这份总述 *Investigation of Government Patent Practices and Policies: Report and Recommendations of the Attorney General to the President* 集合了战时提交给基尔戈委员会的证词中的重点，发表于 1947 年。克里格也以个人名义就这份司法部报告中的发现和结论发表过一篇法律评论文章,即"The Control of Patent Rights Resulting from Federal Research"(1947)。这篇文章拉开了一个时代的序幕,"从联邦政府开展或资助的科学研究和开发中源源不断地流淌出一条可授予专利发明的金色小溪"。

新政、反托拉斯与芝加哥学派

1932年,使药物公司与芝加哥大学的法学和经济学系结成战略伙伴关系的新自由主义计划,在共和党全党对罗斯福的憎恨和恐惧中开始。参阅 Eric Rauchway, *Winter War: Hoover, Roosevelt, and the First Clash Over the New Deal*(2018)。至于该计划又是如何演变成各种极端形式的,请参阅 Frank Mintz, *The Liberty Lobby and the American Right*(1975), Kim Phillips-Fein, *Invisible Hands: The Making of the Conservative Movement from the New Deal to Reagan*(2009), Rick Perlstein, *Before the Storm: Barry Goldwater and the Unmaking of the American Consensus*(2001),以及 Nancy MacLean, *Democracy in Chains: The Deep History of the Radical Right's Stealth Plan for America*(2017)。另请参阅 Smedley Butler, *War is a Racket*(1935)和1934年11月21日的 edition of *The New York Times*, "GEN. BUTLER BARES A 'FASCIST PLOT'"。

罗斯福在产业界的敌人最惧怕的是,他将开始大力实施这个国家的反托拉斯法,用更通俗的话说,他将领导政府恢复这个国家被遗忘的反垄断传统,重塑全部产业,回拨公民的专利时钟。关于专利和竞争的新政思想主要源于瑟曼·阿诺德在成为司法部部长前写的 *The Folklore of Capitalism*(1938),另请参阅 Alfred Kahn, "Deficiencies of American Patent Law"(1940)。新政专利立场的法律、历史、政治和经济基础在 TNEC 的报告 Walton Hamilton, *Investigation of Concentration of Economic Power, Monograph No. 31: Patents and Free Enterprise*（1941）中得到精确呈现。

Alan Brinkley, "The Antimonopoly Ideal and the Liberal State: The Case of Thurman Arnold"（1993）和 Alan Brinkley, *The End of Reform: New Deal Liberalism in Recession and War*（1996）严谨地评价了瑟曼的影响和成就。关于阿诺德与 TNEC 的关系以及他对美国医学会的调查，参阅 Spencer Weber Waller, "The Antitrust Legacy of Thurman Arnold"（2004）。Barry C. Lynn, *Cornered: The New Monopoly Capitalism and the Economics of Destruction*（2011）将阿诺德和罗斯福新政置于更为广泛的美国反垄断传统背景下进行研究。

Matt Stoller, *Goliath: The 100-Year War Between Monopoly Power and Democracy*（2020）是在一项全景式的研究中讲述新政反托拉斯计划的故事，涵盖了从该计划存在之前的共和党政策到推翻其成就的新自由主义计划的最终胜利。关于致使新自由主义成为一种新颖但终究是异端形式的"古典经济学"的专利和托拉斯修正论，参阅 Robert Van Horn, "Chicago's Shifting Attitude Toward Concentrations of Business Power, 1934–1962"（2011）和 Robert Van Horn and Matthias Klaes, "Chicago Neoliberalism versus Cowles Planning: Perspectives on Patents and Public Goods in Cold War Economic Thought"（2011）。

制药产业与芝加哥学派经济学家乔治·施蒂格勒的长期工作关系的起源，参阅 Edward Nik-Khah, "Neoliberal Pharmaceutical Science and the Chicago School of Economics"（2014）。关于药物专利和管制的新自由主义论点在 *The Journal of Law and Economics*（1958—1968）中多次试探性地被提及。Amy Kapczynski, "The Right to Medicines in an

Age of Neoliberalism"（2019）对该思想体系在医药获取问题上的深远影响有精彩说明。关于芝加哥学派着重研究专利和反托拉斯修正论的成就，在两卷文集中做了评价：Dieter Plehwe, Quinn Slobodian, and Philip Mirowski, *Nine Lives of Neoliberalism*（2020）和 Robert Pitofsky, *How the Chicago School Overshot the Mark: The Effect of Conservative Economic Analysis on U. S. Antitrust*（2008）。

制造怪物

20世纪50年代处方药的繁荣在很多方面造就了我们今天所熟知的制药产业——它的营销手段、与医生和医药期刊之间共生的财务关系以及与医学组织结成的反动联盟。这些问题在开创性著作 Dominique A. Tobbell, *Pills, Power, and Policy: The Struggle for Drug Reform in Cold War America and Its Consequences*（2012）中被一一挖掘后进行了综述。美国医学会和药物公司之间长久且引发重要后果的伙伴关系，因共同反对政府管制和扩大社会福利计划的规模而得到巩固，参阅不朽巨著 Paul Starr, *The Social Transformation of American Medicine: The Rise of a Sovereign Profession and the Making of a Vast Industry*（1982）。Richard Hofstadter, "What Happened to the Antitrust Movement?"（1965）反映了这一时期反托拉斯力量的衰退，表达了作者对于反垄断议题在公共辩论中的消失而隐约感到的困惑不解。

畅销处方药的出现被记录在两个出色的个案研究作品中：Andrea Tone, *The Age of Anxiety: A History of America's Turbulent Affair with Tranquilizers*（2008）和 Nicolas Rasmussen, *On Speed: The Many Lives of Amphetamine*（2008）。另请参阅选编文集 Andrea Tone, with Elizabeth

Siegel Watkins, *Medicating Modern America: Prescription Drugs in History*（2007）。Steven Wilf, "The Making of the Post-War Paradigm in American Intellectual Property Law"（2008）评论了"二战"后最初几十年里变幻的法律背景。

索尔克的脊髓灰质炎疫苗是最为人们称颂的话题，正好与"二战"后受利益驱使的"后道德时代"的制药产业形成对比，参阅 Charlotte Jacobs, *Jonas Salk: A Life*（2015），以及 Jeffrey Kluger, *Splendid Solution: Jonas Salk and the Conquest of Polio*（2006）。要看接近同时代的调查性报道，参阅 John Rowan Wilson, *Margin of Safety: The Fight Against Polio*（1963）。

20世纪50年代，联邦贸易委员会关于抗生素产业价格垄断问题的报告，与受这些报告启发而召开的基福弗听证会的记录一样，可以在线查阅。基福弗去世时正在写一本关于这些听证会的书，其手稿交由他以前的手下艾琳·蒂尔发表，即 *In a Few Hands*（1965）。另请参阅 Daniel Scroop, "A Faded Passion? Estes Kefauver and the Senate Subcommittee on Antitrust and Monopoly"（2002）和 Joseph Bruce Gorman, *Kefauver: A Political Biography*（1971）。

肯尼迪、卡特与《贝多法案》

唯一详细研究肯尼迪1963年专利备忘录和由此引发的行业抵制的，是4卷本的"哈布里奇报告"（*Harbridge Report*），即 *Government Patent Policy Study*（1968），由参议院委托编制。关于产业界反对肯尼迪政策的明确陈述，由作为《贝多法案》的主要设计师、监督撤销该政策的那名商务部官员撰写，参阅 Howard Forman, "How the Chemical-

Pharmaceutical Industry Views the Government's Patent Policy"（1970）。

任何研究《贝多法案》系列事件的人停留查看的第一站都是新罕布什尔大学法学院知识产权中心（IP Mall）保存的《贝多法案》的档案资料。其中多数文献，包括法案的两名倡议人的个人文章在内，都可在线查阅。要停留查看的第二站是 Gerald Barnett 的博客 *Research Enterprise* 上关于《贝多法案》的文章档案。关于《贝多法案》对学术研究文化的影响的批判性观点，参阅 Rebecca Eisenberg, "Universities: The Fallen Angels of Bayh-Dole?"（2018）；David Dickson, *The New Politics of Science*（1988）；Daniel S. Greenberg, *Science, Money, and Politics: Political Triumph and Ethical Erosion*（2001）；Philip Mirowski, *Science-Mart: Privatizing American Science*（2011）。Clifford M. Gross and Joseph P. Allen, *Technology Transfer for Entrepreneurs: A Guide to Commercializing Federal Laboratory Innovations*（2003）对《贝多法案》的描述比任何学术著作都更加可信。

77国集团、世界卫生组织与世界贸易组织

关于联合国的成立和早年的运转，以及南北分歧尖锐化情况的概述，参阅 Paul Kennedy, *The Parliament of Man: The Past, Present, and Future of the United Nations*（2006）和 Mark Mazower, *Governing the World: The History of an Idea*（2012）。关于联合国贸易和发展会议在制定"全球南方"的政治纲领上所体现的重要性和发挥的功能，参阅 Diego Cordovez, "The Making of UNCTAD: Institutional Background and Legislative History"（1967）。John Toye, "Assessing the G77: 50 Years After UNCTAD and 40 Years After the NIEO"（2014）对贸发会议取得

的成就和国际经济新秩序做了评价。Nasir Tyabji, "Gaining Technical Know-How in an Unequal World: Penicillin Manufacture in Nehru's India"（2004）是关于贾瓦哈拉尔·尼赫鲁的工业化和自给自足理论的研究。Peter Drahos and John Braithwaite, *Information Feudalism: Who Owns the Knowledge Economy?*（2002）仍旧是研究促使成立 WTO 的关贸总协定乌拉圭回合谈判的最佳著作。从"全球南方"的视角多方面批判性地审视 TRIPS 制度，参阅 *Political Journeys in Health: Essays by and for Amit Sengupta*（2020）, Carlos Correa, *Trends in Drug Patenting: Case Studies*（2001）以及"Bilateralism in Intellectual Property: Defeating the WTO System for Access to Medicines"（2004）。

有关"特别 301 条款"的产生和运用，参见 Judith H. Bello, "Section 301: The United States' Response to Latin American Trade Barriers Involving Intellectual Property"（1989）。Johanna von Braun, *The Domestic Politics of Negotiating International Trade: Intellectual Property Rights in US-Colombia and US-Peru Free Trade Agreements*（2012）论及了美国谈判代表在 WTO 体系内外使用的各种强制手段。埃伦特·霍恩的 *Private Patents and Public Health: Changing Intellectual Property Rules for Access to Medicines*（2016）和 *Practical Applications of the Flexibilities of TRIPS: Lessons Beyond HIV for Access to New Essential Medicines*（2018）是两本基于理论和实践来详细研究 TRIPS 制度的著作。

遗憾的是，纪实性描述制药产业未能使投资和创新满足全球公共卫生需求的书籍比比皆是，参阅 Peter J. Hortez and Soledad O'Brien, *Forgotten People, Forgotten Diseases: The Neglected Tropical Diseases and Their Impact on Global Health and Development*（2020）, Susan Craddock, *Compound Solutions: Pharmaceutical Alternatives for Global Health*

（2017），以及把全球卫生问题作为人权议题给出毒辣论述和无情刻画的 Paul Farmer with Amartya Sen, *Pathologies of Power: Health, Human Rights, and the New War on the Poor*（2005）。

新型冠状病毒感染、疫苗和商业秘密

Kendall Hoyt, *Long Shot: Vaccines for National Defense*（2012）如实记录了制药产业自第二次世界大战开始就稳步减少对疫苗研究的投入。制药产业没能引入新的解决方案应对艾滋病危机，后来又对政府资助的科学研究成果取得专利，再以垄断价格进行销售的真实情况，见之于同时代发表在《华盛顿邮报》和《纽约时报》上的连续报道以及国立卫生研究院口口相传的历史档案中。参阅美国医学研究所由莱斯莉·M. 哈迪（Leslie M. Hardy）编辑的文字记录 "Roundtable for the Development of Drugs and Vaccines Against AIDS"（1994）。

关于制药产业的研究动机与大流行病威胁之间的不一致，以及新型冠状病毒感染之前侥幸避免的大流行病，参阅 Mike Davis, *The Monster Enters: COVID-19 and the Plagues of Capitalism*（2020）。关于比尔·盖茨的作用以及由公司团体形成的巨型慈善（Megaphilanthropy）所引发的更大的政治问题，参阅 Linsey McGoey, *No Such Thing as a Free Gift: The Gates Foundation and the Price of Philanthropy*（2015），Michael Barker, *The Givers That Take*（2022），以及蒂姆·施瓦布（Tim Schwab）在《国家》（*Nation*）杂志发表的对盖茨基金会做的调查。

关于 WTO 放弃知识产权的争议以及与知识产权造成的障碍相关的实际议题，参阅南非和印度等国提交的议案原文 South Africa, India et.al., "Waiver from Certain Provisions of the TRIPS Agreement"（2020）。

从政治主张到技术层面对该争议的持续报道，见于南方中心、知识生态国际组织、第三世界网络和人民卫生运动组织发布到线上档案馆里的文章和政策简报。另请参阅 Nirmalya Syam, Mirza Alas, Vitor Ido, "The 73rd World Health Assembly and Resolution on COVID-19: Quest for Global Solidarity for Equitable Access to Health Products"（2020），以及 Krishna Ravi Srinivas, "Intellectual Property Rights and Innovation in the Times of Corona Virus"（2020）。David G. Legge, Sun Kim, "Equitable Access to COVID Vaccines: Cooperation Around Research and Production Capacity is Critical"（2020）对关键问题做了简明扼要的概述。关于未披露信息和商业秘密的法律和政治议题，参阅 Medicines Law & Policy, "Data Exclusivity in the EU: Briefing Document"（2020），K. M. Gopakumar et al., "Trade Secrets Protection and Vaccines: The Role of Medicine Regulatory Agencies"（2021），Tar Nealey et al., "Trade Secrets in Life Sciences and Pharmaceutical Companies"（2015）和 Allison Durkin et al., "Addressing the Risks That Trade Secret Protections Pose for Health and Rights"（2021）。

许多组织和研究人员提出了在没有知识产权壁垒的情况下提高疫苗产量的可行办法。参阅 WHO 启动 C-TAP 计划时发布的倡议书 "Call to Solidarity"，以及人民疫苗联盟（People's Vaccine Alliance）、无国界医生组织、乐施会（Oxfam）、PrEP4all、知识生态国际组织、I-MAK、"健康差距"倡议团体和医学法律与政策（Medicine Law & Policy）的线上档案。这些组织和许多其他团体提出了可行的非垄断的激励和奖励医学创新的模式，这种办法不仅能在大流行病期间解一时燃眉之急，更是一种长久之计。托马斯·波格（Thomas Pogge）提出的替代模式，参见 HealthImpactFund.org。James Love 提出的模式，参见 Delinkage.org。

致　　谢

犹太人有一个老笑话——要是你知道，请打断我——说的是一个男人向上帝祷告，保佑他中彩票："我妻子病了，孩子们需要衣服穿，我一直为人正直、恪尽本分——就这一次，我需要您的帮助。"几个星期过去了，他望向天空："不是说'有求必有应，敲门门会开'吗？我每天祈祷，尽管如此，我还没有中彩票！"上方传来一个低沉回响的声音说："你得替我做件事，亲爱的——先去买张彩票！"

花数月的时间思索此书的写作，"买彩票"的结果是给凯特·加里克（Kate Garrick）去一封电子邮件。她是一位精明出色、求之不得的代理人。在她的帮助下，我的一个不甚完善的想法变成了一个可行的计划，然后又使我在丹·斯梅坦卡（Dan Smetanka）负责编辑管理的康特珀恩特（Counterpoint）出版社受到了热情接待。丹在稿件和作家管理上的耐心指导和时间利用堪称大师级别。我同样感谢出版社的丹·洛佩兹（Dan López）、凯瑟琳·基格（Katherine Kiger）、劳拉·贝里（Laura Berry）和张华明（Wah-Ming Chang），他们四人眼力极佳。负责出版发行工作的莱娜·摩西-施米特（Lena Moses-Schmitt）的热情可谓在一切工作进入最后阶段时急需的强心剂。

医学和制药产业的史学家形成各种小圈子的联合会，并无学术背景的我不请自来，没有理由期待得到友善的接待。但事实证明，这个领域很多有成就的学者毫不吝啬自己的时间和知识，令我愧不敢当。其中一些学者向我提供特有的关于自己的研究和专业知识的书面记录，其中可见他们的思想和评论；另一些为我朗读尚未定稿的章节。另一个横跨科学界和行动主义的团体贡献了有价值的洞见和评论。同时要感谢刘易斯·海德、沙米索·辛松比（Shamiso Zinzombe）、格雷厄姆·达特菲尔德、金善（Sun Kim，音译）、戴维·莱格、约瑟夫·加布里埃尔、多米尼克·托贝尔、普拉比尔·普尔卡亚斯塔、J·M·利贝瑙、安德里亚·托恩、克里斯托弗·莫滕、布鲁克·贝克、爱德华·民克－克汉、詹姆斯·洛夫、埃伦特·霍恩、莫赫加·卡马尔－雅尼（Mohga Kamal-Yanni）、奎因·斯洛博迪安、萨蒂亚吉特·拉特（Satyajit Rath）、托马斯·波格、艾尔弗雷德·恩格尔伯格、尼古拉斯·拉斯穆森、蒂鲁·巴拉苏布拉马尼亚姆（Thiru Balasubramaniam）、杰拉德·巴奈特和罗希·马尔珀尼（Rohit Malpani）。

书中多个章节的早期版本曾发布到网上，并从以下诸位的批注和意见中获益：《新共和》（The New Republic）杂志的克里斯·莱曼（Chris Lehmann）和琉·斯佩思（Ryu Spaeth），《新共和》的研究员兼记者詹森·戴维斯（Jensen Davies）、诺亚·弗洛拉（Noah Flora）和帕克·理查兹（Parker Richards）；《拦截》（The Intercept）的瑞安·格里姆（Ryan Grim）、贝齐·里德（Betsy Reed）、马娅·希贝特（Maia Hibbett）和马克斯·乌夫伯格（Max Ufberg）；《雅各宾》（Jacobin）杂志的康纳·基尔帕特里克（Connor Kilpatrick）和巴斯卡尔·孙卡拉（Bhaskar Sunkara）。同样感谢约翰·斯特劳斯博（John Strausbaugh）、戴维·哈定（David Harding）、斯科特·马莱克（Scott Malec）、娜奥米·鲍姆加德（Naomi Baumgard）、布伦廷·莫克（Brentin Mock）、本·阿利希尔（Ben Aleshire）、杰夫·科延（Jeff Koyen）、亚当·巴尔杰（Adam Bulger）、克里斯·凯查姆（Chris Ketcham）、KC 霍耶（KC Hoye）、乔希·福克斯（Josh Fox）、卡德里·库普（Kadri Koop）、亚登·卡茨（Yarden Katz）、迈克·曼维尔（Mike Manville）、锡德里克·豪（Cedric Howe）、亚历克斯·劳森（Alex Lawson）、马克·扎伊奇克（Mark Zaitchik）。若有错漏与不足，责任在我。